本专著受国家社科基金青年项目"要素价格扭曲影响中国制造业全球价值链攀升的微观机理研究"（项目编号：15CL044）资助出版

要素价格扭曲影响中国制造业全球价值链攀升的微观机理研究

蒋含明 ◎ 著

MICRO-MECHANISM RESEARCH OF
FACTOR PRICE DISTORTION INFLUENCE ON
CHINESE MANUFACTURING
GLOBAL VALUE CHAIN UPGRADE

经济管理出版社
ECONOMY & MANAGEMENT PUBLISHING HOUSE

图书在版编目（CIP）数据

要素价格扭曲影响中国制造业全球价值链攀升的微观机理研究/蒋含明著．—北京：经济管理出版社，2018.12

ISBN 978-7-5096-6243-4

Ⅰ.①要… Ⅱ.①蒋… Ⅲ.①价格—影响—制造工业—研究—中国 Ⅳ.①F426.4

中国版本图书馆 CIP 数据核字（2018）第 273054 号

组稿编辑：胡　茜
责任编辑：胡　茜　杜奕彤
责任印制：黄章平
责任校对：赵天宇

出版发行：经济管理出版社
　　　　　（北京市海淀区北蜂窝 8 号中雅大厦 A 座 11 层　100038）
网　　址：www.E-mp.com.cn
电　　话：（010）51915602
印　　刷：北京玺诚印务有限公司
经　　销：新华书店
开　　本：720mm×1000mm/16
印　　张：12.75
字　　数：208 千字
版　　次：2018 年 12 月第 1 版　2018 年 12 月第 1 次印刷
书　　号：ISBN 978-7-5096-6243-4
定　　价：49.00 元

·版权所有　翻印必究·
凡购本社图书，如有印装错误，由本社读者服务部负责调换。
联系地址：北京阜外月坛北小街 2 号
电　　话：（010）68022974　　邮编：100836

前　言

随着价值链地理边界的不断扩散与日益深化，全球价值链和全球生产网络逐渐成为经济全球化的主脉，更加广阔的全球协同发展格局和更加广泛的网络合作为企业内部能力发展及跨国产业融合提供了新的机遇。尽管如此，我国制造业目前仍然面临"内忧外患"的局面。从内忧看，长期以来以依靠劳动力、土地、资源、环境等生产要素的低成本比较优势参与国际分工和竞争为特征的贸易增长模式在当前经济新常态背景下，难以为继；从外患看，世界经济的持续低迷，各经济发达体纷纷掀起的再工业化浪潮，新兴国家凭借成本优势大力承接中低端制造产业的转移，美元升值的预期导致的资本外流，都给我国制造业全球价值链攀升造成了巨大的外部压力。

与此同时，沿袭中国市场经济改革早期试图建立"政府主导型的市场经济"的思路，迫于政绩考核的压力，政府仍然保持着支配资源的大部分权力，这在很大程度上导致了劳动、资本、能源等要素的价格不能反映要素真实的稀缺程度，进而干扰了企业生产组织模式选择并对产业发展造成了诸多不良影响。基于此，课题组试图提出并拟解决的关键问题是，在全球价值链背景下，政府压低并扭曲要素市场价格的发展策略是否会成为决定中国制造企业在同海外跨国公司围绕公共领域资源能力的控制权和组织租金的分割而展开的动态博弈中，总是处于被动地位的关键性因素。围绕这一议题，课题组从理论分析和实证研究两个角度针对要素价格扭曲在微观层面对我国制造业全球价值链高端攀升造成的影响及作用机理展开分析。课题组的主要研究结论包括理论和实证两个层面。

首先，理论层面的分析结论是：

（1）在以最终品面临的需求价格弹性高于产业内不同环节间替代弹性为特征的互补型产业中，生产供应商越处在价值链分工的上游，越倾向于分配到更高比例的超额租金分配份额；而在以最终品面临的需求价格弹性低于产业内不同环节间替代弹性为特征的替代型行业中，生产供应商越处在价值链分工的下游，越倾向于分配到更高比例的超额租金分配份额。

（2）从微观层面看，要素价格扭曲会通过抑制行业生产率显著提升价值链组织者身份的超额租金分配份额，进而对各阶段中间品供应商在国内所处产业的价值链高端攀升产生负面影响。

（3）从微观层面观察，要素价格扭曲分别通过降低企业在研发方面的投入、资源配置国有偏向两类渠道，在上述理论机制发生作用的前提下，对各阶段中间品供应商在国内所处产业的价值链攀升产生阻碍作用。

实证层面的分析结论包括：

（1）通过行业上游度反映的供应商在全球价值链中所处的位置，对能够反映价值链攀升水平的出口国内增加值率的影响在具有不同行业特征的样本中表现出十分显著的差异。

（2）不对行业和区域进行划分的全样本回归结果显示，资本、劳动、能源三类要素市场扭曲程度的加深均在不同程度上对我国制造业各部门通过分行业贸易附加值率体现的价值链攀升水平的提升产生了较为严重的负面影响。

（3）不按照行业和区域进行划分的全样本回归结果显示，劳动及能源市场扭曲与研发投入强度的交互项系数显著为正，说明在控制其他因素的情形下，要素市场扭曲对贸易附加值率的负向影响会因为更高的研发投入而削弱；而资本、劳动及能源市场扭曲与企业平均国有资产交互项的系数显著为负，并且都通过了10%的显著性检验，这表明在控制其他因素的情形下，要素市场扭曲对贸易附加值率的负向影响会因为更高的国有企业资产比例而增强。

此外，按区域划分样本的回归结果显示，要素价格扭曲通过影响资源配置国有偏向抑制当地制造业价值链攀升水平提升的效应在西部地区更为显著，而在东、中部地区并不明显；通过削弱企业内研发投入抑制当地制造业价值链攀升水平提升的效应在西部更为显著，而在东、中部地区则相对较弱。此外，相比非技术密集型产业而言，技术密集型产业的要素扭曲通过研发投入来影响价值链攀升的作用更为显著且相应的系数绝对值更大,非技术密集型产业的资本、劳动、能源等要素扭曲通过资源配置国有偏向阻碍价值链攀升的影响更为显著且相应的系数绝对值更大。

相应的实证结果和理论分析相符,证实长期以来,我国对外贸易主要依靠劳动力、土地、资源、环境等生产要素的低成本比较优势参与国际分工和竞争,但在当前经济新常态背景下,这种粗放型外贸增长模式显然难以为继。事实上,课题组认为,这种严重依赖初级要素禀赋的模式与要素价格扭曲及其所引发的资源误置、制度扭曲密切相关。基于此,课题组分别从加快推进土地制度改革、加强劳动力市场建设、完善金融市场功能、完善能源市场价格形成机制、优化生产要素企业间行业间的配置结构、引导企业内部要素配置结构不断优化以及转变政府职能七个维度,提出了一系列有关如何充分发挥资源配置中市场决定作用的倒逼机制,以促进中国制造业逐步摆脱密集使用低成本要素的粗放型生产模式,并借此实现全球价值链高端攀升的政策调整建议。

目 录

第一章 引言 ··· 1

  第一节 研究意义 ··· 1
    一、理论背景与理论意义 ·· 1
    二、现实背景与现实意义 ·· 3
  第二节 国内外研究现状及发展动态分析 ····································· 5
    一、研究要素价格扭曲内涵及测算方法的中外文献 ·························· 5
    二、我国制造业价值链攀升的内涵及测算方法的相关文献 ···················· 6
    三、研究要素价格扭曲通过微观渠道对制造业价值链攀升
       产生影响的文献 ·· 8
    四、现有文献评述 ·· 8
  第三节 研究思路 ··· 10
    一、核心变量指标构建及测算 ·· 12
    二、要素价格扭曲影响我国制造业价值链攀升的微观
       理论机制分析 ··· 13
    三、实证检验要素价格扭曲影响中国制造业价值链攀升的
       微观机制 ··· 15
    四、以要素价格市场化视角探求当前我国制造业价值链攀升的
       政策调整路径 ··· 17
  第四节 项目的创新之处 ··· 18

第二章 要素价格扭曲的现状及形成机理分析 19

第一节 要素价格扭曲的现状与历史沿革分析 19
一、要素价格扭曲的形成现状 19
二、要素价格扭曲的历史沿革分析 22

第二节 要素价格扭曲的形成机理分析 31
一、要素市场中有效的经济组织的形成机理分析 31
二、政府干预要素市场的动机分析 33
三、要素市场化改革滞后的制度性因素分析 35

第三章 要素价格扭曲影响制造业价值链攀升的微观机制阐述 37

第一节 制造业全球价值链攀升理论模型的构建 37
一、基准模型 37
二、均衡厂商行为 43

第二节 要素价格扭曲微观层面影响制造业价值链攀升的理论假说 46
一、关于 β 的经济学含义阐述 47
二、关于参数 ρ 和参数 α 的理论假说提出与分析 47
三、关于参数 θ 的理论假说的初步提出与分析 48
四、关于参数 θ 的理论假说的进一步提出与分析 49

第四章 核心变量指标构建与测算结果分析 53

第一节 要素价格扭曲的测算 53
一、行业层面要素价格扭曲的测算 53
二、区域部门要素价格扭曲的测算 60

第二节 中国制造业全球价值链攀升水平的测算 65
一、价值链攀升水平测算思路的比较与分析 65
二、竞争型投入产出表下制造业价值链攀升水平的测度 71
三、非竞争型投入产出表下制造业价值链攀升水平的测度 75

第五章 要素价格扭曲微观渠道影响制造业全球价值链攀升的实证检验 131

第一节 微观层面模型构建、指标选取与数据来源 131

一、实证模型构建 ··· 131
　　二、相关变量指标选取与构建 ··· 134
　　三、数据来源及相应处理 ·· 136
第二节　基础及拓展性实证结果与分析 ·· 137
　　一、基础实证结果与分析 ·· 137
　　二、拓展性回归结果与分析 ··· 142
　　三、按区域进行样本划分的拓展性回归结果与分析 ····················· 143
第三节　稳健性检验结果与分析 ·· 149
　　一、基础模型的稳健性检验结果 ·· 149
　　二、拓展模型的稳健性检验结果 ·· 151
第四节　内生性处理与工具变量回归结果分析 ····································· 162
　　一、内生性问题与工具变量选取 ·· 162
　　二、基础模型的工具变量回归结果与分析 ·································· 163
　　三、拓展模型的工具变量回归结果与分析 ·································· 165

第六章　研究结论与政策调整建议 ·· 168
第一节　研究结论 ··· 168
第二节　政策调整建议 ·· 170
　　一、加快推进土地制度改革，规范政府对土地的管理 ················· 171
　　二、加强劳动力市场建设，逐步破除劳动力区域间流动障碍 ······ 173
　　三、完善金融市场功能，加快推动利率和汇率市场化改革 ········· 174
　　四、完善能源市场价格形成机制，促进环境成本内部化 ············· 176
　　五、优化生产要素在企业间和行业间的配置结构，践行供给侧改革 ··· 177
　　六、引导企业内部要素配置结构不断优化，鼓励企业自主进行
　　　　价值链攀升 ·· 179
　　七、转变政府职能，进一步完善制造业价值链攀升的政策
　　　　支持体系 ·· 180

参考文献 ·· 184
后　　记 ·· 192

第一章 引言

第一节 研究意义

一、理论背景与理论意义

要素价格扭曲激发中国制造企业偏向出口导致工业品出口的"量"快速扩张已经被现有文献所证实（施炳展、冼国明，2012）。尽管如此，但令人遗憾的是，到目前为止，关于这种扭曲对中国工业品出口的"质"会产生怎样影响的研究相对缺乏（李金华、李苍舒，2010）。事实上，根据产品空间结构理论的观点，真正关系一国经济实力的不是它出口"多少"，而是它出口"什么"（Atkinson and Halvorsen, 1980; Amiti and Freund, 2008; Amurgo and Pierola, 2008; Allen, 2001; Berry S., 1994; Gervais, 2009; 殷德生，2011）。本课题组提出并解决的关键问题是：第一，出于"GDP竞赛"的动因，我国地方各级政府竞相出台的通过行政干预要素市场引发要素价格扭曲的种种政策措施，是否会通过促使出口企业长期依赖于通过低价获取生产要素所形成的成本竞争优势，削弱中国制造业出口厂商在全球分工体系嵌入进程中进行价值链攀升的动力，从而使我国出口制造业在国际价值链分配系统中长期处于不利的地位。第二，在当前市场在资源分配中所起的基础性作用尚需加强的背景下，政府往往将手中控制的大量生产要素及稀缺资源通过各种渠道低价配给具备政治关联的国有企业。这种现象的发生又是否会通过企业间资源配置的扭曲进而对制造业的全球价值链攀升产生不利的影响？简单地说，即本项目旨在分析我国"对内改革"渐进性造成的要素价格扭曲对于"对外开放"的"质"产生的影响及作用机制，这在一定程度上体现了本项目的理论研究意义。

此外，基于产业层面的现有相关文献，大多运用国内投入产出数据，通过测算行业出口附加值来反映我国制造业价值链攀升的状况（王岚，2013）。但由于国内投入产出数据难以体现行业内部出口企业的异质性，所以单纯运用它往往只能简单假设同一部门使用同样的投入产出系数（唐东波，2011），而现实中，不同部门以及不同国家出口企业的生产技术千差万别（Melitz，2003）。这在很大程度上导致了有关制造业价值链攀升的现有研究大多停留在行业层面的核算而难以深入其变化机制中（Aldwin and Harrigan，2011）。基于此，在研究方法方面，课题组综合了WIOD世界投入产出数据，以全球序贯生产模式的视角，在考虑到全球迂回生产方式可能对传统贸易统计口径造成冲击与影响的情形下，采用了Upward等（2014）所提供的对出口国内增加值率的微观测算方法，不仅能够在一定程度缓解重复测算对结果所可能造成的干扰，同时也为课题组更加准确地从微观层面研究要素价格扭曲影响我国制造业价值链攀升的机制，提供了基础，体现了本项目的学术价值。

另外，随着我国资源短缺及能源供需矛盾的日益加剧，贸易进程中相关交易信息的不完备及交易成本的外部化，对中国常年依赖的"粗放型"外贸增长方式产生的影响不容忽视（李小平、卢现祥，2010；张友国，2009；王姝，2008；沈利生、唐志，2008）。与此同时，伴随新新贸易理论的迅速发展，基于不完全契约视角，通过关注产品品质与技术含量差异体现企业增加值创造水平差异的文献也日趋增多（Hallak and Sivadasan，2006；Helble and Okubo，2008；Gervais，2009；殷德生，2011）。这表明基于完全契约视角，单纯从完全竞争市场这一假设前提出发，现有文献对本课题核心内容的考察可能并不全面。基于此，课题组在构建具有微观基础的理论模型的基础上，将价值链中各个生产环节供应商与价值链组织者签订不完全契约合同这一重要因素纳入我国制造业价值链攀升的理论分析框架中，并进一步推导出了能够阐明课题核心假说的理论模型，相应地也将中国制造业价值链攀升的研究领域从产业层面进一步延伸到了微观与制度层面。这为研究要素价格扭曲影响中国制造业价值链攀升的具体机制提供了相对比较全面的视角，在理论方面也同样具备一定的创新。

二、现实背景与现实意义

改革开放以来，贸易规模的持续快速增长为30多年来我国国民经济平稳较快发展做出了重要贡献，但不容忽视的是，贸易增长的质量和效益却难以实现同步提高（向洪金等，2009）。由于我国制造出口厂商在关键生产领域缺乏核心技术，众多工业制成品缺乏具有国际声誉的一线品牌，出口工业品在产品耐用性、舒适性等方面与发达国家相比仍存在较大差距（杨永华，2013；李廉水、周勇，2006），所以"高耗能、高污染、资源性"的粗放型增长模式成为我国外贸扩张的一个重要特征（刘强等，2008）。这不仅在很大程度上严重透支了国内的资源与生态环境，还导致国内出口制造行业长期进行简单的生产加工并被长期锁定于国际价值链低端（钱学锋，2008）。

同时，我国改革开放进程中出现了一个"不对称"现象，即包含资本、劳动等在内的各类生产要素价格的对内市场化改革进程显著落后于对外开放（黄益平，2009）。具体而言，在资源配置方面，尽管商品主要由市场配置，但行政力量决定资源配置的情形也非常普遍。地方政府为了实现"GDP竞赛"的战略考核目标，而对各种关键要素资源的配置在管制和定价等方面过多干预是造成类似现象发生的主要原因（盛仕斌、徐海，1999）。这在本质上阻碍了要素的自由流动并且人为压低了要素的真实价格，进而最终导致了要素价格的偏向型扭曲（张杰等，2011；蔡昉等，2001）。

现有研究已经表明，正是由于中国政府故意压低并扭曲要素市场价格的发展策略导致了发展的不均衡，进而促使中国广大制造企业热衷于急剧扩张偏出口贸易规模（施炳展、冼国明，2012），但令人遗憾的是，到目前为止，证明这种扭曲是否对中国工业品出口的"质"产生影响以及怎样影响的理论和实证文献还十分缺乏。事实上，只要政府掌握着大量得不到有效监督的资源掌控权，那么，包括各类私营企业及个体经济在内的所有企业都仍然会沦为政府的附庸（Gervais，2009），这将有可能在一定程度上导致中国制造出口企业陷入国际价值链低端的陷阱，所以，本项目旨在分析我国"对内改革"渐进性造成的要素价格扭曲对于"对外开放"的"质"产生的影响及作用机制，围绕关于"使市场在资源配置中起决定性作用"这一党的十八届三中全会提出的重要决议，对我国地方政府长期以来通过压低资本、劳动等要素价格进行招商引资的政策进行反思，进而基于进一步深化要素价格市场化改革这一方向，提出了促进制造业价值链攀升的政策体系调整建议，充分体现了本项目的现实意义。

此外，不容否认，过度依赖各类生产资源的高投入所拉动的粗放型贸易增长模式曾经一度为中国经济增长带来了巨大的动力，然而在全球经济一体化背景下，这种增长模式正受到越来越严峻的挑战（钟昌标，2004）。盲目追求数量增长的贸易扩张模式不仅严重透支了国内的资源与环境，单纯依靠低成本的价格竞争优势带来的出口商品数量的迅速增长更是带来了巨大的国际压力（张亚斌等，2007）。商务部的统计显示，中国已经连续17年成为全球贸易摩擦事件发生最多的国家。根据商务部贸易救济调查局的统计，以2017年上半年为例，仅半年时间，我国产品就遭遇了来自15个国家和地区发起的37起贸易救济调查，其中反倾销28起、反补贴4起、保障措施5起，涉案金额总计达53亿美元，而根据世界贸易组织、世界经济合作与发展组织（OECD）和联合国贸易和发展会议共同发布的《2017二十国集团贸易投资措施报告》，中国常年位居贸易救济调查最大目标国位置已经是不争的事实（Brenton and Richard，2007）。与此同时，由于禀赋结构相似，中国经济的日渐融入也使得其他亚洲发展中国家感受到了强烈的竞争威胁。对于这些国家而言，中国在低技术产品领域的挤出效应相当明显（鲁晓东、史卫，2011；Dean et al.，2011）。在这一背景下，由于我国工业制成品存在贸易附加值、出口产品品质和出口产品技术含量相对较低等问题，所以相关的贸易摩擦往往导致大量出口厂商或倒闭或因此蒙受巨大损失。尤其在金融危机的冲击下，我国的外贸扩张模式已经充分暴露出了其内在的脆弱性。在多重因素影响下，中国出口制造业的价值链攀升已经势在必行（陈绵水、陈秋云，2010），而处于后金融危机时代，随着美国的强势推动，在市场准入、生态环保要求及劳工权利保障等方面均以高标准为导向的各项贸易协议也将会在亚太地区迅速推进。

在这一背景下，准确分析我国在国家分工体系中的地位和贸易利得，从学术研究角度研究我国出口制造业在融入全球化生产体系进程中，究竟如何进行积极调整以应对新规则构建中被边缘化的危机，更是应当成为可持续发展战略中一个亟待解决的重要的现实问题。

第二节 国内外研究现状及发展动态分析

这一部分，课题组主要围绕有关我国制造业价值链攀升的内涵及测算方法、要素价格扭曲内涵及测算方法以及要素价格扭曲如何对制造业价值链攀升产生影响的三方面研究展开。需要特别说明的是，尽管一些研究成果对于我们构建要素价格扭曲影响制造业价值链攀升的理论渠道奠定了基础，但直接关注要素价格扭曲如何影响制造业价值链攀升的文献仍然相对缺乏。

一、研究要素价格扭曲内涵及测算方法的中外文献

从经济学上定义，要素价格扭曲是一种市场失灵现象，指由于要素流动存在障碍，导致要素的真实价格偏离了其应有的自然价格。冼国明、程娅昊（2013）认为要素市场扭曲可以分为劳动市场扭曲、资本市场扭曲以及中间品市场扭曲。劳动市场的扭曲成因是我国户籍制度对不同地区劳动力市场的分割，阻碍了劳动力要素的自由流动；资本市场的扭曲成因是政府对金融市场的干预，企业特别是国有企业通过贷款获取资金的成本较低；中间品市场包括能源、原材料和进口中间品，前两者扭曲的成因是政府对中间品价格的行政干预，后者扭曲的成因是跨国公司的转移定价策略，二者都会使中间品市场缺乏竞争性，导致价格扭曲。

由于量化标准各异，导致现有研究对于如何测定要素价格扭曲尚未形成统一的模型。Rader（1976）在构建生产函数的基础上，对印度、美国两国农业中的要素价格扭曲进行了估计，但其生产函数形式的不一致往往使结果存在较大差异，因此这种方法在稳健性方面存在较大欠缺。Parker（1995）从成本函数的角

度进行了要素价格扭曲的重新测量，在一定程度上缓解了生产函数设置方法的随意性问题。Skoorka（2000）首次用随机前沿方法估计了生产可能性边界，并对整个市场价格的扭曲程度进行了实证分析。盛誉（2005）采用随机前沿分析法，通过对一国最优要素生产可能性曲线与实际生产可能性曲线之间的差距测度，开辟了衡量要素市场扭曲程度的另一视角，但是上述方法的缺陷在于假设条件过于严苛，所得实证结果与现实差异较大。郝枫、赵慧卿（2010）基于参数化随机前沿分析法所建构的理论模型通过选择超越对数生产前沿函数（TL）来对弹性不变的约束加以放松，使结果更具一般性。此外，陈永伟、胡伟民（2011）将资源错配和效率损失加入传统的增长核算中，以要素使用的实际比例和理论比例之比来考察要素的扭曲程度。赵自芳、史晋川（2015）首次通过建立时变弹性生产函数模型，降低生产要素的数量和价格在现实生活中逐期变化所引发的误差，使得更加准确地测算中国整体要素价格的扭曲程度得以实现。和以往文献相一致，他们的实证结果同样表明，我国资本和劳动存在要素价格负向扭曲，并且资本的扭曲程度比劳动高。

二、我国制造业价值链攀升的内涵及测算方法的相关文献

通过测算出口附加值来衡量出口行业在全球价值链中的地位是现有研究中基于产业视角反映我国制造业价值链攀升的重要指标（唐海燕、张会清，2009；邓军，2014）。作为发展中的转轨大国，全球价值链分工正逐渐成为中国在融入全球化生产体系的进程中，解决产业升级等相关问题时所必须考虑的重要议题（张少军，2009），而根据 Johnson 和 Noguera（2011）的观点，在全球化不断加深和全球产业链（Global Production Chain，GPC）逐步分解的情形下，传统的建立在贸易顺差之上的贸易政策正慢慢失去指导意义。Kraemer 等（2011）进一步提出，通过贸易增加值反映的贸易增值程度以及相应的增值如何在全球进行分配，正成为愈来愈重要的问题。此外，他们还指出，从某种意义上而言，当前的贸易很大程度上不再是单纯的商品贸易（trade in goods），而是附加值的贸易。一国参与全球化的程度及产业价值链攀升的速度都应该根据该国某项行业在全球价值链上的相对位置和贡献额的变化来加以度量。

关于出口附加值的测算早在20世纪90年代就开始逐步成为产业经济研究领域的热点（Koopman et al.，2008）。Hummels 等（2001）就曾指出，精确测度一个国家分行业的出口附加值不仅可以体现这个国家在全球分工中的地位，还有助于核算这个国家在国际贸易过程中所获取的真实利得。有关出口附加值的测算，就目前而言，基本的思路是设法从出口价值中不断扣除所包含的进口中间品成分，测算方法大体可以分为两类。第一类方法是宏观估算方法，该类方法主要基于行业层面的投入产出表；第二类方法是基于中国工业企业数据库、中国海关贸易数据库的微观测算方法。

基于竞争性及非竞争性的 I-O 表的估算方法首先由 Hummels 等（2001）提出。具体是，他们通过编制包含进口矩阵的投入产出表，基于投入产出分析技术推算出一国出口中所包含的进口中间品价值，进而获得扣除进口价值之和的出口贸易额（高敏雪、葛金梅，2013）。需要指出的是，该类测算方法不能区分加工贸易与一般贸易，所采用的投入产出分析技术必须建立在进口中间品在加工贸易与一般贸易的出口产品中具有相同的投入比例的假定基础上，鉴于加工贸易在中国出口中的重要地位，所以这个假定显然不符合中国现实（张军等，2012）。此外，I-O 表编制周期相对较长，相关研究往往难以获取一国连续较长年份的数据同样也成为该种方法的重要缺陷（Hallak，2008）。依赖细分贸易数据的可获得性，基于中国工业企业数据库及中国海关贸易数据库的微观测算方法近年来开始走进人们的视野。通过直接在企业层面将其出口产品中所含进口成分予以减除并将商品贸易数据与三位数编码的行业数据进行匹配，Upward 等（2012）首先运用微观测算方法对 2003~2006 年中国出口制造业的贸易附加值率进行了详细测度。他们的研究结果表明，2003~2006 年中国出口制造业的贸易附加值率仅由 53% 上升到了 60%。张杰、刘元春、郑文平（2013）在综合考虑不同进口贸易方式与资本品进口问题后，从微观层面对我国出口贸易附加值进行了测算。他们的研究表明，我国加工贸易的出口附加值显著低于一般贸易。由于微观测算方法能够反映行业内部企业的异质性特征，所以其不仅能将加工贸易与一般贸易加以识别，还能够通过与企业微观特征数据相结合使从微观层面深入考察附加值的决定因素及变化机制成为可能。同时，微观测算方法还解决了 I-O 表的连续年份数据可获取性问题，但是，由于受数据限制，能够体现企业相互间投入关系的数据尚且缺乏,所以微观测算方法在测度准确性方面较宏观测算方法还处于一定劣势。

三、研究要素价格扭曲通过微观渠道对制造业价值链攀升产生影响的文献

尽管市场在当前中国经济的资源配置中所扮演的角色的重要性随着改革开放的深入推进逐步凸显,但各级政府出于自身利益的考虑,仍然保持着对许多重要经济资源的配置权力(樊纲,2010),特别是在生产要素领域。虽然对于要素市场的管控在很大程度上提高了政府调整经济能力的潜在可能,但其通过不同渠道影响制造企业行为偏好所造成的均衡增长模式的偏离问题,不容忽略。同时,政府的干预、市场分割以及工会的存在是造成要素价格扭曲的主要原因。以往学者的研究(施炳展、冼国明,2012)发现,要素价格的扭曲将会使一国的出口贸易量增加,即要素扭曲对于出口贸易是有正面效应的。例如,唐海燕、张会清(2009)通过对制造业的大量数据进行实证分析后发现,要素价格扭曲对出口量的增加是有利的。有些学者还进行了细分层次的研究,例如,耿伟(2014)利用三元边际分解框架,实证分析了要素扭曲对贸易广度、贸易数量及贸易质量的影响,结果发现,要素扭曲对贸易广度和数量的提升是正面影响,但对贸易质量的提升却是负面影响。此外,他的研究还发现,虽然要素价格扭曲使贸易规模扩大,但同时也导致出口产品质量较差、价格低,反而抑制了出口企业所能够获得利润的相应提高。

四、现有文献评述

(一)现有研究成果为本书提供的基础

已有的相关研究成果对本书提供的基础主要体现在以下几个方面:

首先,尽管一些文献并没有直接关注要素价格扭曲如何影响制造业价值链攀升,但这些文献的研究成果对于我们构建要素价格扭曲影响制造业价值链攀升的理论渠道在两方面奠定了基础。

一方面,相当多的研究表明,要素价格扭曲对企业的研发投入产生了显著的抑制作用，这在很大程度上导致了企业内资源配置的扭曲，进而纵容了企业高耗能、低附加值的粗放经营模式，并对节能技术和节能设施的推广产生了不利影响。林伯强、杜克锐（2013）的研究表明，1997~2009年，要素价格扭曲阻碍了地区企业价值链攀升，使企业形成了粗放型生产模式的锁定，对我国能源效率的提升产生了显著的负面影响，最终导致了全球贸易的失衡。踪家峰、杨琦（2013）基于2004~2007年我国29个省级区域的出口数据，分析了要素扭曲对各省出口技术复杂度的作用及影响机制。他们的研究发现，要素扭曲对于出口技术复杂度存在着显著的倒U形影响，并且，要素扭曲通过阻碍FDI和R&D投入的正向效应抑制了出口技术复杂度的提升。这表明地方政府对要素市场的控制严重阻碍了出口技术复杂度的提升，要从根本上改变这一现状，就要全面加快和推进我国要素市场化进程和改革。李平、季永宝（2014）的经验研究表明，地方政府对于资本和劳动等关键要素定价权的控制一定程度地破坏了技术创新所需的市场化土壤，并进而对企业技术创新产生了显著的抑制作用。

从另一方面看，大量研究证明政府在将价格低廉的生产资源配置给企业时，往往偏向具备政治关联的国有企业，这在很大程度上导致了企业间资源配置的扭曲。罗德明等（2012）的研究表明，政府往往利用税收和国有部门的利润来进行补贴，导致进入退出机制扭曲，使得许多濒于破产的国有企业得以生存。要素价格扭曲通过保护那些生产率变化遵循较劣路径的企业，不仅压抑了私有部门的扩张，也使得整个经济的全要素生产率（TFP）增长速度显著降低。张杰、刘元春、郑文平（2013）就要素价格扭曲对不同企业的出口和收益之间关系的影响进行了深入研究，结论显示，企业所有制身份是影响企业增加值率的重要因素，国有企业相对民营企业而言，通过要素价格扭曲获得出口收益的内在能力最低。这个结论说明，具备政治关联的国有企业在获取大量廉价生产资源的情形下并没有体现出相应的高附加值。

其次，大量关于要素价格扭曲通过调整不同部门，以及不同类型生产活动的成本收益关系所导致的制造企业行为偏离与整体效率的损失为我们从微观层面构建要素价格扭曲影响制造业价值链攀升的实证机制创造了条件。

最后，已有的关于要素价格扭曲的测算方法已经较为成熟，相关成果为课题组构建要素价格扭曲影响制造业价值链攀升的计量模型提供了支撑。

（二）现有研究成果的不足

从现有成果看，关于要素价格扭曲对我国制造业价值链攀升影响的相关研究还存在深度不够的问题。主要体现在以下几个方面：

首先，对要素价格扭曲影响中国制造业价值链攀升的理论机制进行的系统性分析相对缺乏。现有研究大多集中在要素价格扭曲通过不同渠道影响制造企业行为偏好造成均衡增长模式偏离，较少从理论及微观层面专门关注要素价格扭曲对出口的"质"造成的影响。

其次，关于要素价格扭曲影响中国制造业价值链攀升的实证研究有待完善。仅有的几篇关注要素价格扭曲对出口制造业影响的实证研究，证实了要素价格扭曲能够通过促使制造企业偏向出口使得中国工业品出口的"量"急剧扩张。

最后，验证要素价格扭曲影响制造业价值链攀升微观机制的经验研究相对缺乏。通过测算出口附加值来衡量出口行业在全球价值链中的地位是现有研究中基于产业视角反映我国制造业价值链攀升的重要指标。已有的测算方法主要基于宏观层面的投入产出表，同时由于传统的投入产出分析方法仍然无法解决由迂回生产模式引发的重复测算问题，所以关于制造业价值链攀升的现有研究大多存在一定程度的缺陷。

第三节　研究思路

课题组根据"提出问题（假设提出）→分析问题（假设检验）→解决问题（得出结论）"的研究思路，采用定性分析和定量研究相结合的方法进行论证。具体研究思路及技术路线如图1-1所示。图1-1的中间部分表示研究内容，左侧和右侧方框的内容分别表示研究方法和所需要的理论知识。在研究思路图后，本项目对研究工作所遵循的研究思路分步进行阐述。

第一步，对中国市场经济改革进程中由于改革滞后性所导致的要素价格扭曲的形成现状及历史沿革进行背景性描述。在此基础上，课题组从中提炼出具有科学价值的命题，即改革开放滞后性对外开放的"质"造成的影响与机制。针对提出的研究问题，课题组在综合现有文献的基础上总结贡献并分析不足，为本项目研究思路的确定提供基础。

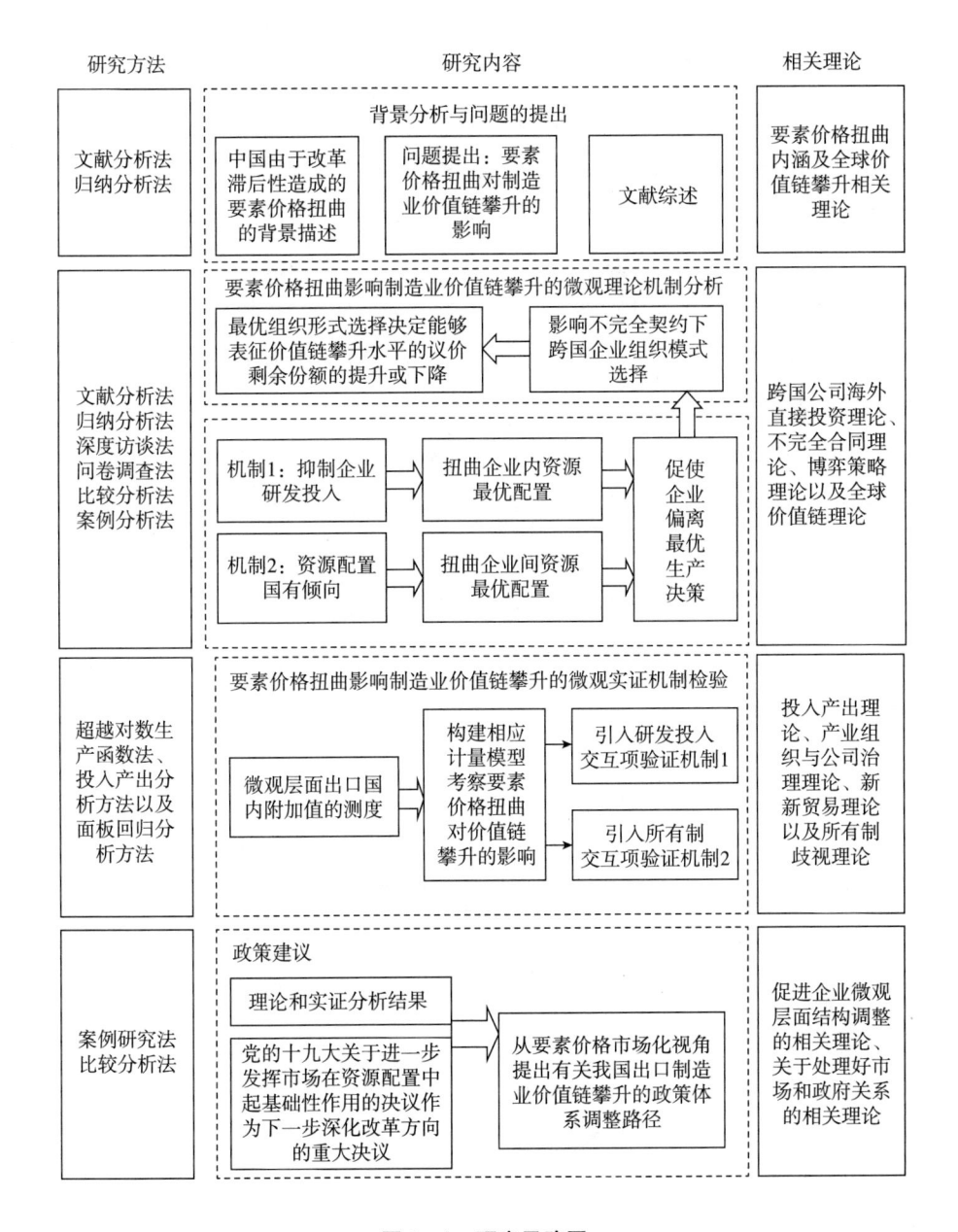

图 1-1 研究思路图

第二步，在对要素价格扭曲影响我国制造业价值链攀升的渠道进行定性研究的基础上，在行业和区域层面，分别通过构建道格拉斯生产函数及超越对数生产函数对我国制造业的要素价格扭曲状况进行全面测度。此外，采用 WIOD 数据库，分别基于竞争型和非竞争型投入产出表，通过对我国出口产品价值的彻底分解来对我国出口制造业的贸易附加值加以测算。

第三步，在对相关研究成果进行综述的基础上，课题组通过文献分析方法和归纳法对要素价格扭曲影响我国制造业价值链攀升的渠道进行定性研究。其中，主要从全球化序贯生产及利益分配模式这一维度，考虑到契约不完全的情形，基于产业关联视角构建具备微观基础的，能够较为全面反映我国制造业价值链攀升的相应指标，并提出要素价格扭曲分别通过扭曲企业内资源配置和企业间资源配置抑制出口制造业的价值链攀升的两种机制。

第四步，在利用微观测算方法测算出能够反映价值链攀升水平的贸易增加值的基础上，通过构建面板模型来对要素价格扭曲对于我国出口制造业贸易附加值的影响加以检验。在此基础上，通过引入要素价格扭曲与企业研发投入的交互项来检验要素价格扭曲通过扭曲企业内资源配置抑制制造业价值链攀升的作用机制；通过引入要素价格扭曲与企业所有制类型的交互项来检验要素价格扭曲，通过扭曲企业间资源配置抑制制造业价值链攀升的作用机制。

第五步，根据研究结论，结合党的十八届三中全会关于将进一步发挥市场在资源分配中起的基础性作用作为下一步深化改革的重要取向的重大决议，通过案例研究法与比较分析法从要素价格扭曲视角对于我国地方政府为了 GDP 更快增长，长期以来通过对劳动、资本的要素价格进行控制以实现招商引资的发展策略进行反思，并在此基础上结合产业结构调整和升级的相关理论分别从宏观和微观层面对我国地方政府促进制造业价值链攀升提出政策调整建议。相应的研究思路具体体现为如下几个部分。

一、核心变量指标构建及测算

本书首先要解决的内容是通过构建恰当的模型对相关变量进行较为准确的测算。具体包括，分别针对我国历年细分行业的要素价格扭曲和价值链攀升水平进行的全面测度。其中,主要变量包括出口制造业贸易附加值、我国资本和劳动的要素价格扭曲水平。关于对行业及区域层面要素价格扭曲的测算需要指出的是,课题组主要借鉴了陈永伟、胡伟民(2011)和 Skoorka(2000)[①] 的随机前沿分析方法。关于对价值链攀升水平的衡量,课题组采用 Upward 等(2013)提供的出口国内增加值率(DVA)这一指标,来对中国制造业在全球价值链中的攀升水平加以反映。接下来,本书对上述测算结果进行统计性分析,主要包括两方面内容。其中,一方面是对我国近几年制造业价值链攀升的情况从多个维度进行较为全面的研究。具体涉及就贸易附加值等指标进行全面测算与比较,以期对我国出口制造业价值链攀升的水平和定位有深入的了解,并在此基础上更加明确出口制造业实现价值链攀升所建立的优势与存在的不足。另一方面内容则是对我国当前制造业要素价格扭曲的状况进行分析。具体涉及资本、劳动的要素价格扭曲在我国制造业的行业分布情况以及近年来资本、劳动的要素价格扭曲在我国的总体变化趋势等问题。

二、要素价格扭曲影响我国制造业价值链攀升的微观理论机制分析

本书接下来结合我国对内改革的进度长期滞后于对外开放的背景,依据中国地方政府长期以来通过压低土地、资本、劳动等生产要素价格吸引投资的举措,在考察我国出口制造业普遍存在的行业附加值偏低、产品技术含量和品质不高、能耗较大等问题的基础上,运用产业组织、策略博弈、企业技术进步、产品空间结构升级以及所有制歧视等相关理论,从理论层面对要素价格扭曲影响我国制造业价值链攀升的微观作用机制进行归纳分析。核心内容是研究要素价格扭曲如何对我国制造业价值链攀升产生影响,并借此实证检验我国"对内改革"渐进性造成的要素价格扭曲对"对外开放"的"质"产生的影响及作用机制。基于此,课题组在不完全契约理论的视角下,首先构建了具备微观基础的,能够反映并决定我国制造业在全球价值链中超额利润分配份额的理论模型,然后课题组结合对现实经济的观察,并参照现有文献将要素价格扭曲区分为要素市场的绝对扭曲

---

① 具体方法参考 Skoorka(2000)。

(生产要素的价格与其边际生产力之间偏离）和相对扭曲（部门之间的工资/租金率/贷款利率不相等）的做法，具体提出要素价格扭曲通过扭曲企业内资源配置及企业间资源配置两种微观机制抑制制造业价值链攀升的结论。

（一）扭曲企业内资源配置抑制制造业价值链攀升

关于要素价格扭曲影响制造业价值链攀升的第一种渠道，本课题组的基本观点如下。制造企业可利用的资源是有限的，并且对出口产品进行升级是需要进行研发投入并承担相应风险的。倘若经济体所形成的制度环境使政府对制造出口企业所需投入的大量资源能够充分掌控，那么必然造成生产要素价格的严重偏离。在这一背景下，制造出口企业将更多的资源用于获取低成本的生产要素很可能实现更加快速的增长，这也必然导致制造出口企业减少内在能力的建设，降低出口产品品质、能耗、技术复杂度升级等方面的研发投入，从而使其更加难以提供高附加值率的出口产品。上述机制显然对于制造业价值链攀升产生了严重的制约作用。

从现实层面看，在诸多资源被政府管控的情形下，为了获取掌控在政府手中的廉价资源，在创新方面具备优势的企业不得不耗费资源用于维护政治关联，这对于企业在核心能力建设方面的努力产生了干扰和削弱作用。由于产品在技术、能耗以及品质方面的升级是需要依靠研发投入并承担风险的，所以要素价格扭曲显然扭曲了资源在企业内的配置。上述分析从理论层面表明，要素价格扭曲不仅抑制了制造出口企业在出口工业制成品的技术、品质及能耗升级方面进行投入的动力，而且显然还将对我国出口制造业在国际价值链中的地位的提升产生不利影响。

（二）扭曲企业间资源配置抑制我国制造业价值链攀升

关于要素价格扭曲影响制造业价值链攀升的第二种渠道，本课题组的基本观点如下。在一个政府掌握着企业所需的大量资源并且拥有很大的自由处置权的经济环境下，出口制造企业无论是通过自身能力的建设对出口产品进行价值链攀升，还是致力于投入大量精力寻求政府建立相应政治关联进而取得相对低成本的生产要素，都会造成企业有限资源的损耗。因此，现实中企业往往需要通过权衡利弊来进行抉择。课题组认为很可能存在这样一种逆向选择，即倘若制造出口企业能够识别出将更多的投入用于政治关联比加强内在能力建设更能显著带来利润的提高，则其更不太可能提供附加值水平更高的出口产品。两种抉择所导致的利润空间的差异会使制造出口企业不得不寻求降低成本的其他方法，这在很大程度上强化了制造出口企业对政府的依赖和对生产成本的控制，最终可形成经济的恶性循环。一些在自身能力建设方面投入较少，但热衷于政治关联的制造出口企业会获得更加丰富的要素资源，而大量注重自身能力建设但不具备政治关联的制造出口企业则会得不到所需的生产资源，或者必须比市场中具备政治关联的制造出口企业支付更加昂贵的要素价格，即要素资源的分配原则并不以企业对于该资源的利用能力为导向，而以企业与政府是否构建政治关联及花费多大投入用于构建政治关联为导向。上述分析表明，要素价格的相对扭曲从整体上影响了资源在经济体中各制造出口企业间的有效配置，这将在整体上对出口制造业的价值链攀升产生严重的不利影响。

需要指出的是，在一个政府掌握着企业所需的大量资源并且拥有很大的自由处置权的经济环境下，政府通过要素价格扭曲对企业伸出帮助之手并不是一视同仁的，与政府能够有效建立政治关联的企业往往能够获取更多的机会。由于政府官员往往通过对那些与其有政治关联的企业施加压力形成的特殊的治理结构作为对其利益进行进一步维护的需要，所以由此而形成的不公平的竞争环境，显然在很大程度上不利于企业激励机制和团队的建设。这在整体上影响了资源在经济体中各出口企业间的有效配置，进而对出口制造业的价值链攀升产生不利影响。

总体来看，在政府掌握生产要素定价权的局面没有得到改善的背景下，传统的出口贸易扩张对廉价的环境成本、税收优惠及各类生产要素使用成本方面依赖明显。这在很大程度上导致了中国经济增长过度依赖于资本、劳动等初级要素的投入，进而阻碍了产业结构的高级化进程。与此同时，政府在将价格低廉的生产资源配置给企业时，往往偏向具备政治关联的国有企业。在这一背景下，资源配置的人为扭曲导致的直接后果就是要素价格往往不能反映其稀缺程度，这显然会导致出口制造企业在错误的信息中定制生产决策，对于出口制造业的价值链攀升同样也会产生不利影响。

三、实证检验要素价格扭曲影响中国制造业价值链攀升的微观机制

本项目的一个重要研究内容是构建计量模型对于上述从理论层面进行的机制

研究加以检验，并在此基础上估算要素价格扭曲对于我国出口制造业贸易附加值产生影响的强度。考虑到制造业不同行业在价值链中所处不同位置的特质对回归结果所可能造成的影响，本项目基于契约不完全视角，借鉴 Antras 等（2013）的研究，在微观测算方法测算企业层面出口国内增加值率的基础上，采用两种不同方法对行业上游度加以测算，并将测算结果引入到能够纳入企业特征的回归模型中，进而构建能够更加接近于实际情况的面板模型，以期得到更加准确稳健的实证结果。

第一步，实证检验要素价格扭曲对于我国制造业价值链攀升产生的总体影响。

考虑到遗漏变量可能对回归结果造成的偏误，课题组构建了面板模型，并在方程中将企业研发投入和企业所有制类型这两项纳入控制变量中，使得我们可重点关注要素价格扭曲的系数 α，最终方程的形式具体如下：

$$\ln Dva_{it} = \beta + \alpha \ln Dist_{it} + Control_{it} + \mu_{it} \qquad (1.1)$$

其中，$\ln Dva_{it}$ 是被解释变量，分别表示制造行业中各个部门单元 i 在第 t 时期的贸易附加值率，核心解释变量 $Dist_{it}$ 是要素价格扭曲。通过回归可以得到 α 这一组课题组要着重观察的关键系数，具体反映了要素价格扭曲对制造业价值链攀升的影响方向及强度。α 的符号预期显著为负，表明要素价格扭曲对出口制造业附加值增加产生了阻碍作用。

第二步，实证检验要素价格扭曲影响我国制造业价值链攀升的微观机制。

通过在式（1.1）中分别引入要素价格扭曲 $Dist_{it}$ 与 $research_{it}$（通过被解释变量对应六分位行业的全体制造企业平均研发投入反映）及所有制歧视 ps_{it}（通过样本观测值的企业所有制类型是否为国有企业加以判断）来检验要素价格扭曲是否通过扭曲企业内资源配置或企业间资源配置，抑制我国制造业价值链攀升的作用机制。

$$\ln Dva_{it} = \beta + \phi \ln DistK_{it} + \delta_1 \ln DisK_{it} \times \ln research_{it} + Control_{it} + \mu_{it} \qquad (1.2)$$

$$\ln Dva_{it} = \beta + \tau 1 \ln DistK_{it} + \delta_2 \ln DisK_{it} \times ps_{it} + Control_{it} + \mu_{it} \qquad (1.3)$$

式（1.2）~式（1.3）中，δ_1 和 δ_2 是课题组所要着重观察的关键系数。其中，δ_1 的符号预期显著为正。这表明，在低研发投入企业样本中，要素价格扭曲对制造业价值链攀升的阻碍作用比较大，而在高研发投入企业样本中，要素价格扭曲对制造业价值链攀升的阻碍作用比较小。由于已经存在文献证实要素价格扭曲会抑制企业研发投入，因此，总体来说，依据 δ_1 的符号及显著性水平分别能够判定要素价格扭曲，是否通过抑制企业研发投入对出口制造业附加值的提升产生阻碍作用。

δ_2 的符号预期显著为负，这说明要素价格扭曲对制造业价值链攀升的阻碍作用在国有企业样本中会比较大。这证明，一方面，国有企业通过要素价格扭曲获得收益较多；另一方面，多获取的收益并没有对国有企业的核心竞争力产生强化作用。相反，国企借助政治关联大量获取廉价生产资源在很大程度上进一步削弱了其通过价值链攀升提升出口核心竞争力的动机。总体来说，依据 δ_2 的符号及显著性水平分别能够判定要素价格扭曲是否通过将生产要素低价配置给国有企业从而扭曲企业间资源的自由配置，进而对出口制造业附加值的提升产生阻碍作用。

四、以要素价格市场化视角探求当前我国制造业价值链攀升的政策调整路径

本书另外一个重要内容是反思我国各级地方政府长期以来通过压低生产要素价格获取竞争优势的策略。事实上，只要政府掌握着社会当中大量得不到足够有效监督的资源处置权，那么，包括各类个体经济及民营企业在内的所有企业都仍然会扭曲为政府的附庸（Goldstein，1995；Gervais，2009）。根据前面的分析，这终将导致中国制造出口企业陷入国际价值链低端的陷阱。本书认为，进一步处理好政府和市场的关系，加速推进要素价格的市场化改革进程应当成为促进中国制造业价值链攀升的关键。本书提出的宏观政策调整建议具体包括：推动政府从介入过深的经济领域特别是出口制造领域适度退出、改变政府在制造出口领域充当生产资源配置主角的局面，并进一步发挥市场在资源配置当中所起的决定性作用，逐步减少地方政府控制制造出口企业生产要素使用价格的权限以及积极推动要素市场化的改革进程；微观政策调整建议具体包括：积极制定在关注出口规模基础上更加重视贸易利得的出口战略、努力改善提升中国出口的非价格竞争力（如品牌竞争力、文化竞争力和创新竞争力）的措施方法、完善政策法规、通过构建完善平等的竞争环境推动贸易与技术创新协同发展等方面。

第四节 项目的创新之处

首先，前期相关研究大多基于理论层面对我国制造业价值链攀升的影响因素加以探讨，关于其微观影响机制的实证研究则较少出现。本项目将出口制造业的价值链攀升视为企业生产行为模式变化的结果，在提出要素价格扭曲影响制造业价值链攀升的两种微观途径的基础上，从生产全球化这一维度基于行业关联层面，运用微观数据对要素价格扭曲影响制造业价值链攀升的机制进行了较为系统且全面的分析，应该说这是本项目的一个理论创新。

其次，考虑到现实贸易领域广泛存在着的契约不完全与契约摩擦对全球价值链理论造成的影响积极而深远，然而对相关问题的讨论在现有国内文献中尚且缺乏。课题组基于不完全契约理论构建了理论模型，并在此基础上进一步推导了要素价格扭曲影响制造业价值链攀升的理论假说。

最后，本课题组要解决的一个核心命题是，只有使市场在资源配置中起决定性作用，才能更好地激发制造出口企业自主创新的动力，从而真正实现出口制造业的价值链攀升。本项目得出的结论为地方政府响应党的十八届三中全会的号召提供了有益的启示和指导，其中具体包括正确处理好政府和市场的关系、全面推进市场化改革进程以及积极推动资源配置依据市场规则实现效率最优化等改革措施。此外，研究结论还提示国内制造出口企业应该投入更多的资源致力于出口产品的转型升级，并进一步通过逐渐增强非价格竞争力、逐步提升出口的贸易附加值，以加快满足国际化经营和规避贸易摩擦的需要。

第二章 要素价格扭曲的现状及形成机理分析

本章首先交代要素价格扭曲的现状；其次是从历史沿革视角对要素价格扭曲进行深入分析；最后基于现实背景，对要素价格扭曲的形成机理进行进一步梳理。

第一节 要素价格扭曲的现状与历史沿革分析

一、要素价格扭曲的形成现状

从20世纪末到现在的20多年间，我国在社会主义市场经济体制改革方面取得了显著成效，社会生产力得到空前发展，人们的物质生活水平不断提高，战胜自然的能力不断增强，但在部分微观领域，传统体制的烙印却依然十分明显。例如，在生产要素领域，我们既缺乏真正平等、独立的市场交易主体，又缺乏规范和完善的价格运行机制，更缺乏市场竞争秩序赖以维持的公正、透明的监管机制，这必然导致我国要素市场发展的滞后和运行的低效。上述分析表明，尽管这种局面的形成并非一朝一夕之功，有其深刻的历史根源，但紧密结合我国要素价格扭曲的现状，有针对性地从土地、资本、劳动等要素入手，深入考察各个要素市场体制的发展及其沿革，对于课题研究目标的实现是十分必要的。

（一）土地要素方面

土地要素的价格扭曲主要表现在政治关联偏向和本地偏向这两方面。首先是政治关联偏向方面。众所周知，我国建设用地主要包括住宅、商服及工业用地三类，地方政府鉴于最大化现任班子的可支配资源，往往在征得土地之后，针对不同用途的土地，以不同基准定价出让的方式获取收益。在这个进程中，考虑到工厂给当地带来的巨大收益和就业带动作用，地方政府倾向于将更低的地价配置给本土的工业制造企业（曹建海，2004；靳涛，2008），这一情况导致工业用地的价格长期落后于商服用地，尤其是住宅用地的价格。国土资源部的统计数据显示，2007年第一季度，我国主要城市商服用地的平均价格达到1891元/平方米，而工业用地的平均价格仅为473元/平方米，约相当于前者的25%。到2016年底，全国商服用地的价格为6767元/平方米，工业用地的平均价格仅为766元/平方米，前者达到了后者的8.8倍。由此可知，本地偏向性是土地出让一个非常典型的特征。本地企业在生产运营中，往往借助政治关联构建方面具备的优势获得相对于外地企业更多的"扭曲租金"。

（二）资本要素方面

资本要素市场同样存在政治关联偏向性造成价格扭曲的现象。资本要素对政治关联的偏向性主要表现为，具备政治关联的企业尤其是制造企业能够相对容易地从银行获取贷款。这既有银行运行体系本身的原因，也有不同企业对政府贡献方面的原因。企业方面，制造企业相对服务企业来说通常更能吸纳劳动力、增加本地财政收入和带动GDP增长，因而能够达成政府的愿望和诉求，与政府关联更为紧密。服务企业按服务对象有生产者服务业和消费者服务业之分。生产者服务业所提供的服务是工业的高附加值中间投入，包括研发、设计、会计、法律、保险、营销、广告和人员培训等，这些环节都包含较高价值的无形资产，因而决定了这些行业内的企业以小规模和专业化为主要特征；消费者服务业因需要，即生产与消费同时进行，具有本地化和即时性的特点，这就决定了消费者服务业更难形成大规模集中生产的方式，因而同样存在分散化、规模小的局限性，而真正能够以相对优惠价格获取资本的企业一般具有规模大、投资大、产品易于大规模运输等特征，这样，本地具备政治关联的企业尤其是如上所述的制造型企业，相对于主要投入人力资本和知识为特征的生产者服务业与以消费者和生产者"面对面"地交易为特征的消费者服务业来说，由于更加具备刺激地方政府在"GDP竞赛"中脱颖而出的功能，所以各级地方政府迫于政绩考核的压力，往往更加偏好将更优质廉价的生产资源配给大型制造企业，这就导致各类服务性企业在谋求银行贷款时融资难度更大，融资成本也较高。

（三）环境和自然资源要素方面

微观企业的生产和利润最大化过程也是环境要素投入经济生产并转化为最终产品和废弃物的过程，经济理论中经典的外部性理论可以对这个现象给予较好的解释。政府在制定能源价格策略时应该遵循的一致规则是，将污染环境的成本内部化，通过逐步增加负外部性的企业私人成本来匹配不断递增的环境治理成本，以实现社会资源的最佳利用。可现实是，各级地方政府之间的竞争，使许多地方政府大幅降低本辖区的环保标准，并放松对超标污染企业的管制。此外，发达国家从20世纪七八十年代开始便已陆续征收环境税与资源税，而其在中国的实施却是步履维艰，最终导致的结果便是许多资源价格完全不能补偿生产对生态环境的破坏。因此，忽略外部性的存在，开采成本只能占社会成本的一小部分，最终的能源价格也不能使自然资源与环境的稀缺性得到真正体现，这进而促成了扭曲。

（四）劳动力市场方面

劳动力市场扭曲主要表现为劳动者在各项隐形福利的获取方面存在的不公平。具体而言，一个典型的特征在于，体制内的劳动力要素价格被各种契约机制人为抬高，而体制外劳动者在社会保障、住房及教育等方面却很难获取相应的资源，主要原因是各种制度安排使得劳动力资源很难在体制内和体制间进行自由流动，进而相应的优化配置也无法实现。此外，劳动力市场的扭曲还包括城乡二元结构扭曲等方面。从城乡差异方面来看，虽然改革开放以来，尤其是2014年7月国务院印发的《关于进一步推进户籍制度改革的意见》以来，农村剩余劳动力进城务工的情形变得十分普遍，农业转移人口转变为市民身份的障碍也逐步变少，但许多大中城市仍然在医疗、就业及社会保障等领域对外来劳动力存在一定歧视。此外，需要特别说明的是，与土地、资本、环境和自然资源、能源要素那样显而易见的政治关联偏向不同，劳动力要素扭曲的政治关联主要是通过与以上四个市场的扭曲结合间接地表现出来。

中国人口众多，实施多年的传统户籍制度曾在相当长一段时间内使劳动力市场的运行机制发生了扭曲。进城务工人员首选进入一般加工组装行业和消费者服务业，然后就很难再进入生产者服务业，因为生产者服务业对技术和知识的要求相对较高，而一般加工组装企业或消费者服务业仅需对这些劳动力进行简单培训就可以进行生产。因此，工业企业或消费者服务业大规模雇用这些低技能型的劳动力资源，能够使它们获取额外的超额利润，但是，工业服务业的产品可贸易程度显著高于消费者服务业，工业进行大规模生产并吸纳更多劳动力的可能性显著高于以小范围分散化经营为特征的消费者服务业。这也是劳动力市场要素价格扭曲形成的一个原因。

二、要素价格扭曲的历史沿革分析

要素价格扭曲的历史沿革和改革开放的历史进程是紧密关联的。需要特别指出的是，土地、资本及劳动力资源的配置扭曲，同样都与我国实行有计划的行政配置方式紧密关联。

（一）劳动力市场扭曲的历史沿革

1. 正规就业市场

从正规的劳动力市场看，蔡昉（2007）指出一个完备成熟的劳动力市场总是在不断变化成长转型的状态中逐渐发展的。在计划经济主导的配置模式下，劳动力的供需双方无法处在一个自由竞争的市场，政府部门和城乡集体组织共同决定着劳动力的就业量，劳动力价格也由这些部门及组织按照行政级别和工作岗位的标准制定。这样就导致了劳动者在部门和地区间无法自由流动，已经得到工作的劳动者会珍惜工作的来之不易而很少失去工作。该配置方式得以实现的前提是国家通过较为严苛的户籍管理制度等一系列措施将劳动力牢牢"绑在"各自的工作岗位上。

但是，该配置方式自身功能的减弱而非市场化改革的冲击，导致其逐渐衰败。"文化大革命"使工农业生产遭受极大破坏，致使国民经济停滞甚至倒退。当时，国家已无力安排城镇新增人员的工作，于是在20世纪60年代后期，国家通过知识青年"上山下乡"的运动,把新增就业人员下放到农村去了,但"文化大革命"结束后,这些人员的返城给城镇就业带来了巨大的压力。到20世纪70年代末,有1500万失业人员需要政府去安置。针对如此庞大的就业人群,旧的行政配置方式已不适用,因此从20世纪80年代开始,国家逐步改变了按计划工作分配的人力资源行政配置方式。此后,劳动力市场开始出现分化:一部分主要涉及体制内的劳动力资源仍由国家统一安排工作,而另一部分以体制外的人力资源为主,则受市场调节,自由择业。

劳动力资源配置的市场化,从根本上来讲就是用市场手段来配置劳动力,让劳动力自由流动,自己找工作,使劳动力市场处于自由竞争的状态,劳动力价格由供需双方自主决定。杨雪(2010)提到,在我国劳动力资源配置的"市场化"过程中,政府自身正逐渐转变职能,我国劳动力市场发育与政府干预之间关系的演变恰恰体现了这一点。20多年来,旧的劳动力行政配置方式早已退出舞台,劳动力资源按照市场化的配置方式不断向前发展。劳动力资源配置的市场化表现在以下两个方面。

一方面,行政干预劳动力资源自由配置的范围不断缩小。在改革开放初期的传统体制下,各种类型的企业按照各级地方政府的要求向城市全体居民招工,这往往导致劳动力市场供过于求。随着各类个体经济自主权的逐步扩大,企业冗员的问题凸显。为解决这一问题,20世纪80年代,我国中央政府出台了《国营企业实行劳动合同制暂行规定》,将劳动合同制运用于新招录的工人。城镇新增的劳动人员第一次拥有了自由选择职业的权利,企业可以按需择优录取,劳动力供需自主决定工资水平。合同制工人的要素扭曲价格现由工人和企业在一定行政约束下协商决定,而非原来完全由国家控制。结果,用工的双轨制在国有经济内产生了:行政部门统一安排原有员工、统一分配大中专毕业生和退伍军人;新招录员工采用依循市场规律的合同制,这使得劳动力供求双方基于劳动合同的双向选择制得以确认,国有经济内部用工的双轨制结束。自20世纪90年代中期起,我国正式进入改革攻坚阶段。国企改制、转产及经济结构调整,导致国有企业大量人员下岗失业。国家为促使下岗工人再次就业,采用促进下岗再就业等多种方式新增就业人群。

另一方面,市场配置劳动力资源的领域在不断扩大。工人的雇用与要素价格扭曲决定自改革开放以来，在传统体制之外成长起来的非国有经济就是一种市场行为。劳动力来源主要包括三大群体：第一，以各类个体经济构建为特征的、改革前传统体制无法吸纳的城镇新增就业人员；第二，土地经营制度改革过程中在城乡之间大规模流动、获得解放的农村剩余劳动力，他们开始成为乡镇、三资企业的就业主体；第三，按照市场化的原则，在国有单位或在非国有企业中实行合同制或聘用制的新增就业人员。这些劳动力是由调节劳动力市场供求状况的市场机制来实现劳动者的要素价格扭曲、资源配置的决定的。此外，劳动力市场中的真实价格打破了要素价格扭曲标准体系在国家制定下的统一，并成为国有部门合同制和聘任制中薪金标准设定的重要参考依据。

国有经济部门行政配置的劳动力存量资源随着经济的不断发展及时代的自然更迭将不断降低，然而，就目前而言，历史和体制上的突破并不能掩盖由于行政干预导致的劳动力资源配置双规制的事实。这种双规制具体表现为一种制度性壁垒存在于城乡之间和体制内外。其相应问题的日益严峻不仅会阻碍劳动力市场化的进程，还会引发各种社会冲突与矛盾。

2. 非正规就业市场

我国在社会主义市场经济改革中形成的非正规就业市场，不仅是经济体制转轨的产物，同时也是国家进入工业化和现代化历史阶段的必然结果。我国非国有经济的发展就体制转轨的意义而言，获益于非正规就业市场，而非正规就业提高的市场化程度也一定程度地保障了非国有企业劳动力在市场上进行的资源配置。在我国城乡隔断的历史前提下，体制转轨导致了大规模的农村人口迁徙，但由于城市化不足、公共产品供给存在严重缺口，城市实际供应远不及实际人口规模的需求，且国家政府对此也未做足制度准备。因此，非正规就业市场可在一定程度上填补政府制度的缺陷，缓解社会冲突。

非正规就业虽然具备体制转轨转型的正面意义，但也存在问题。第一，大规模降低社会保障的覆盖程度。尽管近几年我国社会保障覆盖的广度和深度在逐步上升，但非正规就业比重的不断提高导致其上升速度趋缓。虽就目前而言，非正规就业形式促进了社会就业和社会保障，但在未来负债终偿，定大幅度加剧社会负担。第二，缺乏基本的权益保障。尽管薪酬水平高于迁移之前，但由于非正规部门不够稳定的特点，劳动者保障层次与水平相对恶劣，因此，《劳动法》及其他相关劳动保护规制对这些劳动力的保护作用不大。第三，缺乏专业的社会服务系统。年纪大、文化素质及技能不高成为非正规就业者的主要特点，所怀技能需要专业度低。受自身专业素质、经济地位等因素的限制，被迫进行非正规就业，而丧失公平合理的权益，进而丧失对提高自身劳动技能的欲望。因此陷入一个"素质低带来收入低，收入低导致缺乏对劳动技能的提升的培训投资，劳动技能低端导致自身就业竞争力低"的恶性循环。

（二）土地市场扭曲的历史沿革

在土地市场方面，我国同样经历了由计划经济体制到市场经济体制的历史变革过程。在计划经济时期，国家的基础建设目标决定了投资计划，进一步又决定了土地依照计划进行行政性的划拨，这种模式的土地资源配置方式一直持续到1987年。由于计划经济体制下的土地资源的利用效率存在一定问题，改革开放后，国家对土地市场进行了大刀阔斧的改革。该系列改革包括前期在一线及二线城市的土地使用权有偿转让试点工作，以及第七届全国人民代表大会第一次会议通过的宪法修正案，将第十条第四款"任何组织或者个人不得侵占、买卖、出租或者以其他形式非法转让土地。"修改为："任何组织或个人不得侵占、买卖或者以其他形式非法转让土地，土地的使用权可以依照法律的规定转让。"以此为开端，我国政府对土地出让或转让进行了详尽的立法，出台了各项条例，最终形成了目前土地市场的特征，即地方政府垄断土地出让，政府主导土地使用权转让、出租及抵押。刘建平（2014）的研究认为，地方政府攫取了土地租金的绝大部分，城镇发展的成本被转嫁到失地农民等弱势群体身上，策略化的治理方式迫使农民接受既定的征地补偿标准，最后由于地方政府未能向失地农民提供就业服务、养老保险等，使失地农民的利益受损更加严重。反观目前土地市场的现状，依然是以政府为主，市场为辅，政府对市场的干预仍然普遍存在，可能出现的要素市场扭曲问题也由此产生。以下我们具体分析地方政府垄断的一级土地市场、政府主导的二级市场以及民间自发形成的土地市场的大致情况。

1. 地方政府垄断的一级土地市场

一级土地市场的政府垄断权由《中华人民共和国土地管理法》赋予，规定了国有土地的使用需依法申请，1990年颁布的条例对土地使用权出让、出租及抵押做出了进一步规定，逐步改变了以往行政划拨的土地资源配置方式。李涛、胡学君（2006）总结了中央与地方政府双方的协调模式，认为地方政府获得的土地资源比例越大，其对土地收益的重视程度就越高，就更注重土地市场建设和土地经济价值的实现。这使地方政府对土地利用和合理配置的积极性大大提高，城市土地单位产出有所提高。另外，法律还对农民集体所有的土地进行了使用权不得出让、转让或者用于非农建设的限制规定，只有纳入国有土地，农村集体土地才能进一步在土地市场中出让、出租及抵押。

20世纪80年代，在当时的现有法律框架下，地方政府如果试图在土地市场中通过出让土地推动当地经济发展，可以采用的手段只有回收已占用土地。由于计划经济体制下大量的城镇土地已被行政划拨完毕，如果对城镇土地进行回收，其成本巨大，不利于地方政府发展当地经济。因此，地方政府主要采用的土地回收手段就是征用农民集体所有的土地，征用土地后对农民进行相应的补偿，通过这种方式地方政府就能有效解决一级土地市场的土地供给问题，但我们可以看到的是，征地补偿制度的现有相关法律规定对失去土地的农民的赔偿相对较低，地方政府用相对不高的成本完成了城镇建设的资本累积，这种情况下，地方政府逐渐对土地的一级市场供给产生了路径依赖。

20世纪90年代后，城市政府对土地的出让方式经历了一个由政府与需求方协议出让土地到法律规定招标拍卖挂牌出让国有土地的过程。自2002年始，以土地协议出让城镇土地的方式逐渐被取代，因此这种方式所可能引发的寻租行为必然造成土地资源配置不能按照市场化最优配置的要素市场扭曲，而取而代之的"招拍挂"方式被明确认为是土地出让政策的巨大进步，对土地资源的有效配置起到了极大的促进作用，但是由于土地来源依然是地方政府垄断，因此，地方政府扩大利益的需求依然存在，"招拍挂"方式在解决要素价格扭曲方面所能起到的作用受到了严重抑制。

2. 政府主导的二级市场

由于地方政府对土地一级市场进行着垄断，以种种法律及条例进行着限制，所以其主导的土地二级市场存在的主要问题就是进入成本过高。市场中的土地来源多种多样，其中以行政划拨方式得到土地的使用者，出让土地需要办理一系列国有土地使用权出让手续，按百分比交纳一笔土地出让金，百分比为20%~40%不等。另外，还有一系列税费，包括房地产税和所得税等。这种情况下，想要出让土地的使用者就会对土地出让成本进行权衡，以目前法律及条例规定的出让成本来衡量，最终可能导致很多土地无法进入二级市场，或者采用不合法手段进行转让。

此外，增量土地的出让价在目前的二级土地市场中也是较高的。由于政府从农民手中获得的农民集体用地。按照规定必须用来建设包括基础设施、工业用地及经济适用房在内的多种政府支出建设费用的土地。余下的部分大约占所有征地的15%能够作为增量土地。因此，地方政府为了推动经济发展必须要出让这部分增量土地进行开发，才能够缓解财政压力、累积城市建设资金。从农民集体用地中征来的土地，其赔偿金与拍出给需求者的金额存在较大差异。地方政府对于土地的垄断可以让其开出垄断价格，这类增量土地的出让价格年年攀升，地王层出不穷。然而市场决定了商品房及商业地产的价格，开发商在预期利润与高成本的压力下，只能闲置土地或者采取捂盘等方式处理拍来的土地和开发的产品，土地市场的扭曲也由此产生。

就地方政府垄断的一级市场和政府主导的二级市场来看，一个共同的特征是，在土地资源配置的过程中，政府都是利用其垄断地位及行政权力直接干预土地资源的价格，而真正的市场力量对于土地价格的影响相对较弱，这最终导致了土地市场作为生产要素配置的关键领域，其运行效率是扭曲并且低效的，宏观上在稳定国家经济方面存在一定弊端，微观上也不利于社会资本发挥最大效用。更为重要的是，由此造成的政府土地财政问题、征地拆迁导致的社会矛盾问题，在要素市场渐进性改革进程中均有所凸显。

3. 隐性的土地市场

改革开放以来，在土地资源配置效率相对较低的情况下，我国出现了民间自发形成的土地交易市场，针对改制的国有企业出现的变通的土地市场，开发商进行收购、合作、买断方式的土地市场等。这些隐性的市场同样也经历了几个时代的演化过程。

20世纪80年代，改革开放初期，民营经济逐渐走上市场经济建设的舞台，农村集体所有土地在此时有力地支持了民办乡镇企业的发展，使其在市场经济体制不够成熟的时期突破法律与条例开创了民间自发的土地配置资源方式。虽然这种民间自发形成的市场得不到政府政策的支持与认可，但是在国家经济制度转型时期的80年代末，这种自发行为为国有经济在市场经济体制下的稳步退出提供了有力支持，个体、私营及联营企业都从中获得了土地供给，在转型时期生存了下来，土地市场的真实价格也在行政监管的视野盲区中形成。

20世纪90年代，国有企业在市场经济制度下的弊端导致其逐渐走向衰败，出现大面积亏损，产生巨额不良资产，在这种情况下只能使用企业占用的土地来谋求出路。然而，前文所提到的土地使用权的出让金往往是这些濒临破产的国企无法承受的，因此，地方政府会变通地采取保留划拨地、减免土地出让金等办法扶持转型困难的企业。对于支付得起土地出让金的国企，地方政府又会返还出让金给企业用于专项辅助资金，帮助企业安置职工、减少负债。当出让土地被用于商业后，政府会默许企业以入股的形式获得收益。

21世纪以来，改革开放逐渐由沿海到内地稳步推进，地方政府对城市建设的资金需求也日渐增多。在这种情况下，有投机心理的开发商往往在城市建设初期购置大量土地，但是开发的成本压力会在土地资源越来越多的时候显现出来。由于开发商很难在正规的土地二级市场中进行符合市场规律的土地要素买卖，这就迫使他们将目光投向隐性的土地市场，以盘活手中开发成本过高的闲置土地。开发商与土地需求者一般采取收购股权的方式，获得土地的实际开发权，或者采取合作开发或买断土地的方式获得土地使用权，分得土地增值收益。

（三）资本市场扭曲的历史沿革

1. 计划经济体制下资本市场

我国最初的资本市场形成于晚清洋务运动时期，标志就是李鸿章督办的轮船招商局在1872年公开发行股票，开创了我国股份制企业的先河。自此以后，陆续有多家企业在上海、广州等地进行股票买卖，形成了初期的资本市场，但是这个时期的资本市场未能长久持续，也没有开展多层次的业务。民国时期，资本市场成为企业投机、政府敛财的场所，但在国民党于1948年进行额币制改革停止了证券交易后，资本市场被民国政府取消。

中华人民共和国成立后，证券交易在当时的体制下被明令禁止，尤其是50年代政治运动兴起后，上海、天津等地正在逐步复苏的资本市场在运动中成为被清理的对象，被政府要求停业。在意识形态因素的影响下，当时的人民对资本市场的认识逐渐走向误区。在计划经济体制的作用下，以及国家对资产阶级及私营企业的打压下，人民排斥并且痛恨所谓的资本市场，证券交易、股份制公司更是不复存在，资本市场的发展进入了冰封期。与之相应的是，国家对国有企业的固定资产投资实行拨款制度，对企业的流动资金实行定额拨付和银行补充流动资金的制度。

2. 改革转型初期的资本市场

党的十一届三中全会作出了改革开放的重要决定，确立了市场经济的地位，开创了中国特色社会主义的市场经济，开始一步步地克服过去计划经济中的顽疾，其中很重要的一项改革举措就是放开资本市场。在当时，国家对于是否建设资本市场存在很大争议，改革开放的总设计师邓小平同志面对质疑与否定，采取了他一贯的处理方式，也就是摸着石头过河。在这种搁置争议谋求发展的指导思想指引下，资本市场用试运行的方式在20世纪80年代初期逐步建立起来。

1979年改革开放后，随着中央关于放权让利改革的逐步推进，财政收入在国民收入中的比重不断减小，而基础设施建设的资金需要却在日趋增多，这在一定程度上导致中央政府在对国有企业实行资金的无偿使用制度方面无能为力。于是在1983年，政府实行了企业流动资金全额信贷政策，1985年又相继实行了固定资产投资的"拨改贷"，由此形成了国有企业生产和建设资金过度依赖银行贷款的局面。这种局面在当时存在一种严峻的情况，即信贷资金的供给往往受到国家宏观调控的制约，致使大量企业陷入资金短缺的困境。在此情况下，一些企业开始尝试探索股权融资的方式。例如，中国人民银行在1980年向辽宁省抚顺市的砖厂职工卖出了280万股"红砖股票"，这是我国改革初期资本市场建设的开端。同时，国债也于1981年发行上市，成为债券市场在我国改革开放时期的第一次试水。随着资本市场日渐活跃及国家政策的逐步放开，人民对资本市场的理解与认识逐步得到加深，整个社会对资本市场也做到了逐步的包容。我国股票和证券市场由此在几个重要城市纷纷开业，其中就包括上海。付芳（2014）提到，多层次资本市场真正建立与完善的最大障碍在于不同层次之间的转板机制缺失，在构建合理的资本市场结构的基础上，完善不同层次资本市场之间的转板机制是多层次资本市场法律建设的重中之重。观察当时的资本市场我们可以清楚看到的是：企业数量少、股票发行量小、不同层次资本市场之间的转板机制不充分、市场结构亟待完善、市场规模有待扩张、政府对市场的制约力度强等是资本市场初级发展阶段的显著特征。

3. 新阶段资本市场的建设

在改革开放资本市场发展初期，市场结构中只有一级发行市场，缺少二级市场的流通环节。进入新世纪后，随着我国市场经济的稳步发展，资本市场也逐步正规，各项政策条例也完善起来（宁佰超，2012），同时，在市场中发行股票的企业数量也迅速增多，这使得发行市场的规模扩大，流通市场的出现成为发展的必然结果。企业债券和股票交易成为这个新兴市场的主要业务，在20世纪90年代初期，沪深两大证券交易所成立，以及1993年4月，国务院颁布了《股票发行与交易的管理暂行条例》。政策、法规的出台，奠定了我国股票市场行政干预与集中管理的基本制度架构，具体包括如下几个方面。第一，股权分置的政策设计。根据《股票发行与交易的管理暂行条例》的政策规定，股份公司的股权结构按投资主体划分为国家股、法人股、社会公众股和外资股四个部分，其构成比例完全由政府有关部门而非市场决定。一个特别需要关注的情况是，国家股不得与社会公众股一样在证券交易所自由转让，同时，法人股则只能在法人之间进行转让。该政策设计在防止国有资产流失方面起到了积极的作用，但其从一开始就破坏了股票市场"同股、同权、同利"的基本原则，在以牺牲社会投资人利益为代价来满足国有股东的权益的情况下造成了资本市场的严重扭曲。第二，行政审批的发行制度。从各国证券市场的实践来看，股票发行监管制度主要有三种类型：审批制、核准制和注册制。在我国，由于政府在一定程度上对于社会公众可能通过"圈钱"改造国企的行为存在一定担忧，因此，一直采取行政审批的发行制度。具体而言，在2001年以前的大部分时间里，无论是"额度控制"还是"总量控制、限制家数"，都属于典型的行政审批，其间包含计划经济的做法。典型的事实是，公司上市与否并非由企业自己根据市场变化做出决策，而是取决于国家的产业政策及宏观经济发展规划。从发行价格来看，发行价格不是由市场需求来决定，而是由政府管理部门干预定价。在这方面同样存在显著倾向，即优先鼓励和支持国有企业发行股票，并通过国有企业发行股票来收购兼并亏损的企业，这实际操作的一系列做法显然违背了市场经济的基本原则，在很大程度造成了资本市场的要素价格扭曲。第三，集中控制的管理模式。从1992年起，中央政府逐步加大了对股票市场的控制深度和广度。除了下发全国统一的规范性文件外，1998年4月，根据国务院机构改革方案，国务院证券委还与中国证监会合并组成国务院直属正部级事业单位，确立了证监会在全国证券主管部门中的核心地位。至此，中央政府对证券市场包括证券市场的发行规模、参与证券市场的主体资格、证券市场的交易规则以及证券交易的需求变化的管制权被再次强化。

综上所述，分析土地、资本及劳动力市场扭曲的历史沿革，我们能够发现，中国要素市场化改革呈现明显的双轨运行状态。具体而言，土地、资本、劳动力资源会随着要素资源配置而自发地向民间市场进行配置。民间要素资本市场的配置功能对于我国民营经济、产品市场化的发展起了不容小觑的作用。同时，在改革开放进程中，要素资源配置始终存在着强大的行政干预力量的背后必然存在着其深刻的体制原因和利害关系，而对于其中的体制原因和利害关系进行深入分析，对于我们实现课题的研究目标具有更为重要的理论与现实意义。

第二节 要素价格扭曲的形成机理分析

要深入推进要素市场化，让市场决定要素的价格，必须要解决的问题是如何使政府逐步降低对要素市场的干预。本章这一节拟从要素市场有效的经济组织演进及政府干预要素市场的动机入手进行探究分析，旨在从内部分析要素价格扭曲的形成机理，提出了要素市场遵循收益递增路径的模式演进规律，可为更深层次的分析和把握要素市场改革落后的体制原因提供帮助。

一、要素市场中有效的经济组织的形成机理分析

事实上，任何国家都是以向社会提供社会公共产品为交换，增强自身与潜在竞争者的竞争力。虽然同制定出一套可以缩减交易成本的规则相比较，两者之间存在明显的矛盾，但是如果想要得到更多的租金，国家必须出台一套规则使得社会的总体收益达到最大，因为这不仅关系到有效的经济组织能否健康发展，更关系到市场波动甚至是国家的繁荣与衰败。

对要素市场的成长而言，明确和完善市场主体的财产权利将对降低交易费用产生重大影响。究其根本，市场主体拥有独立的财产权利，是要素市场进行交易即主体权利交换的基础。其中存在的一个突出问题是，在现阶段要素市场交易中，政府通过法律赋予的特权，在一定程度上侵占了社会财产权利，阻碍了市场主体的正常发展，同时也不利于维护市场的基本功能。为此，有必要采取一定措施保护和激励市场主体，通过不断创造能够使市场主体得以稳定的契约环境，使市场主体可以通过持续的创新行为实现自身收益最大化并最终实现社会总产出的最大化。

以土地市场为例，要素交易本应该建立在具有同等地位的要素所有者和使用者之间，然而目前推行的《土地管理法》在维护好贸易双方的合法权益，维持基本的市场交易规则方面存在一定的缺失。政府有关土地"征用"和失地"补偿"等行为准则在一定程度上加剧了土地要素市场的扭曲程度。如果国家根据基础设施建设的需要向农民征用土地，那么无论从什么方面来探讨都是有必要的，但是在大部分情况下，地方政府常把从农民手中征用来的土地变为谋取商业利益的工具。这种做法涉及两种不同产权之间的贸易，所以应该按照市场的方式进行谈判，直到交易双方达成协议之后才能进行交易。同时，从经济学角度来看，按照逻辑思维，这种做法涉及财产所有权的转移，所以出让所有权的一方可以要求获取改变土地用途而产生的级差收益。作为交易中的一方，政府缺乏可靠的理由单方面开出交易的条件并通过所谓合法合理的行政方式强迫农民进行交易。

在资本市场中，资本要素在供需双方之间传递的本质是权利在元素所有者之间的传递。然而，当政府作为国有资本的所有者代表而非凌驾于资本要素流转交易双方的仲裁者时，其为了谋求自身权益的不断优化，会提出一套对增加国有资本有利的分配方案并委任一批负责人到市场中去进行单方面的操作。与此同时，为了进一步保障市场规则按照实现政府利益最大化的预期方向发展，平等交易的市场可能再次产生倾斜，公众投资人的利益能否不受国有企业的侵害难以得到有效保障。举例来说，政府制定股权分配政策减少国有资产的损失；出台行政审批的发行制度保证国有企业能够顺利上市并成功向社会筹集资金；政府采取对流通股配股和增加股票发行量的手段给予国有企业充足的资金支持。政府只考虑国有资本所有者的权益是否达到最大化，忽视了广大投资人的合法权益，致使平等交易在不同所有者之间发生了扭曲,广大投资主体的地位得不到重视。这样的市场规则长期存在,必定会让投资人不再对其抱有希望,从而失去再在市场上进行投资活动的信心。

劳动力市场中的各个劳动者都是具有合法权利的个体,劳动力资本的所有权归属于他们本身,他们可以自由选择想加入的行业,也可以自己独立创业,但是现实情况并非如此,劳动者个人往往需要接受超时间的工作安排,在恶劣的环境下进行工作。政府作为社会的管理者,在保障劳动者的合法权益方面仍然缺乏必要的制度安排,例如,没有制定相关法律规定工人最低工资标准、工作时间、工作环境标准及各种福利保障措施等,也没有出台对不符合规定的行为的处罚条例,对违法者做出严格的制裁。同时,就实际而言,大部分地方各级政府对于侵害劳动者合法权益行为的监督力度仍然不足,在这一境遇下,大量劳动力所获取的工资水平根本不能体现其劳动的稀缺程度,并进一步造成了劳动市场的要素价格扭曲。

二、政府干预要素市场的动机分析

从政府的角度出发,尤其是地方各级政府,总存在太多成为配置要素资源主体的理由。首先,出于政治需要,为维护我国国家形象,政府需要通过配置要素资源来维护国有权益,做大做强剩下的国有经济部分;其次,要素市场的每一细小变化都可能对经济运行产生巨大影响,为保证经济的平稳运行,实现宏观调控的基本目标,政府必须把握好资源配置的度和量;最后,对要素资源的配置是权利自由交易的象征,一旦将其交给市场主体,将会对利益结构的调整产生重大影响,甚至激发社会矛盾。由此可见,政府的最优选择就是握牢配置权并合理协调各方利益。当然,通过政府的组织领导加快要素市场化进程是可以行之有效的,但是,在这一系列原因的背后还有一个更深层的原因值得深思,那就是在行政垄断的背景下,政府以及某些依附于政府的利益集团可以获取巨大的潜在收益,甚至可以将此作为生存发展的经济基础,对于这部分政府及利益集团来说,他们是否愿意放弃这部分潜在收益呢?答案明显是否定的。

首先,看土地市场的情况。20世纪90年代末期,财政新政的推行标志着我国新一轮城市"圈地运动"的开启。1994年，国家为推进分税制改革进行了许多尝试，但在种种因素的制约下，分税制改革并没能取得预期的效果，中央与地方政府之间的关系并没有被理清，事务权力与财产权力也没有被划分清楚。尽管中央政府获得了较大的财政支持，但中央与地方政府关于事务权力的分割较改革前的变化依旧不大，特别是下级政府的职能、职责未有明显改变，导致该地区政府财政收支极不平衡。现阶段下，政府想做的事情太多，但是税收的来源渠道却较为狭窄，为了增加财政收入，实现收益最大化，政府会千方百计地从土地资源上谋取丰厚的利益。在我国现行土地制度背景下，农村土地的流转必须经过政府的转手，尽管农民拥有农村土地的所有权，但是地方政府可以利用行政手段，用较低的价格从农村征用土地。同时，由于政府垄断着土地，开发商和土地使用单位不得不接受政府开出的较高价格，这样政府便可在土地的转手流通中获取丰厚的增值收益成为最大的受益者，而农民集体只是获得了一点象征性的失地"补偿"。

其次，看资本市场的情况。长久以来，政府通过国有经济主导国民经济运行，左右资本市场中基本政策制定的观念根深蒂固。从国家层面来看，加快社会主义经济建设，搞活市场活力，解决人民群众就业问题是中央政府的重要职责，这就使得对财政和金融两个领域的把控显得尤为重要。在进一步深化经济体制改革的背景下，中央的税赋功能被削弱，几乎只能维持国家机关的运转，而金融功能却得到了加强，可以为国家基础设施的建设和国有企业的生产运营提供资金保障。此时，维持金融，特别是国有银行的垄断地位就成了保证资金的配置按照国家意图供应的必然选择。当然，在市场化改革的背景下，国有企业和银行竞争激烈，出于对缓解银企矛盾的考量，同时为了减轻国有银行的负担，解决国有企业资金短缺的问题，中央政府便把国家融资放到了资本市场当中。从股票市场上的各项制度安排来看，相应制度安排导致的直接结果是，国有企业上市按照股票市场的整套流程进行，其非流通的国有股份的收益率远远高于同期股票市场上流动的股票收益率。

最后，与土地、资本市场发生的情况相比较，劳动力市场遇到的问题是相似的。我国拥有巨大的劳动力市场，面对庞大的就业人群政府无法提供足够的岗位来缓解就业压力，也就是说配置劳动力资源政府获得的利益是负数，于是在1980年，政府便不再对劳动资源进行配置，而是采取了"谁的孩子谁抱走"的做法。

在社会主义城市化、现代化建设中，大规模的农村劳动力不断向城市转移，城市政府的自利性表现得越来越明显，即在大量劳动力资源向城市涌入的情况下，为了维护城市居民利益，由政府提供的就业岗位所形成的稀缺资源对外地务工人员表现出排斥的态度。

从现实情况来看，政府不愿意退出要素市场的根本原因是企图通过要素资源的配置实现自身利益的最大化。在此背景下，资源供给相对稀缺就成了政府是否愿意减少对要素市场干预的关键因素。我国拥有丰富的劳动力资源，对这一要素进行垄断并不能获得特别的利益，因此政府便把目光转向公共产品的供给，希望凭借其供给端所掌握的稀缺性资源形成对产品市场的垄断，并借此向进入者收取超额租金。如果说公共产品的生产能力大小会影响到政府自利性的多少，那么在同一利益结构下，一旦政府跟既得利益集团相互依存，那么政府坚守要素市场将变为必然。

三、要素市场化改革滞后的制度性因素分析

目前，中国虽然在市场化改革的道路上越行越远，但是不得不反思的是，在市场化改革的 30 年中我们是否抓住了现代化市场经济的特征，是否明确了市场经济制度的本质。答案应该是否定的。这 30 年来，我们更多的还是在模仿现代市场经济的形式，这种模仿虽然在短期内可以比较有效地刺激经济，但是用发展的眼光来看，在基本经济制度、主导意识形态、国家政治结构等传统制度机理还对市场有一定影响的前提下，这种模仿最终会阻碍要素市场化的不断前进。

法治经济是现代市场经济的本质特征，它以私有产权和不同所有权之间的平等交易为前提。由于必然有产权被侵占的现象（包括私人之间的产权和政府公权对私人产权两方面），所以人们为了得到政府的产权保护往往自愿"赠送"一部分所得（税收）给政府。然而，当政府拥有的权力越大，它的权力越容易被滥用，对权力的约束就尤为重要。为了防止法律专制及政府滥用权力，我们必须用权力来约束权力，在政府部门之间形成相互监督相互制约的格局。同理，为了确保个人的自由和财产得到保障，人们将收入中的一部分上交给政府，同时国家设立了相应的司法机关。司法机关的职责是监督行政机关拥有对财政的决议权和监

督权。在这样一种相互监督的机制下,相互制衡的关系也表现为当社会成员对政府官员产生不信任时,制约政府侵占社会成员利益的相关行为。

我国在成立之初,模仿苏联的模式建立了一套计划经济体制,利用国有经济领导国家的经济发展。在这种体制下,政府和国有经济密不可分,从资源配置到产品定价,从员工安置到领导安排,政府部门管辖着国有企业的各项权力。为了维持自身消费和控制国家的收入,政府便会通过国有部门来摄取社会其他部门潜在的财富,以立法的形式来巩固自己在资源配置中的垄断地位。值得注意的是,我们这里说的收入从本质上来看是区别于"税收"这一概念的,因为这是政府通过引导国有企业,以各种方法从国民经济中取得的"利润",在很大程度上加剧了要素价格扭曲。在我国体制改革阶段,国有经济占国民经济的比重大幅下降,但是国有经济依旧是政府主导国家经济命脉的重要手段,政府在要素市场的表现刚好证明了这一点。为了更好地掌握国家经济,政府通过掌控国有土地和资本,干预要素市场的自由配置,不断从要素的转手中谋取级差地租,从资本要素市场上通过筹集资金赚取收益,从行业垄断中摄取利润。上述进程在一定程度上是对公众合法权益的攫取。现行法律在如何将公众纳税人对政府权力的有效制约分割开来等方面无能为力,而现行制度也难以制约政府滥用公权的机会主义行为,这是目前体制下存在的最突出的问题。

总而言之,在传统体制的制度机理作用下,我国要素市场化改革进入了一条封闭的通道。在对内改革进程相对落后于对外开放进程的背景下,国家始终把国有经济当作社会主义存在和发展的基础,政府对私人财产的保护仍然没有得到足够的重视。市场主体对市场的信心不足,从而不敢大胆地预测变化放开生产,无形中缩减了社会总产出。社会产出速度过慢,政府财政收入减少,常年的财政赤字使政府所处的环境更加不利,此时,政府通过垄断要素市场来干预国民财富的动机被激发,结果使得要素市场化改革速度减慢,要素价格扭曲日趋严重的情况难以得到缓解。

第三章　要素价格扭曲影响制造业价值链攀升的微观机制阐述

第一节　制造业全球价值链攀升理论模型的构建

为了进一步厘清要素价格扭曲及资源配置低效的症结，课题组从企业微观层面入手，基于不完全契约理论，试图对制造业全球价值链攀升的理论模型进行构建。需要特别指出的是，课题组沿袭的是 Antras 和 Chor（2013）的思路，他们重点考察了厂商在全球价值链序贯生产模式的背景下，究竟是如何安排全球各地的一系列供应商进行专业化生产的，以及由此所产生的准租金在均衡情形下是如何被厂商和供应商分配的问题。占据较低的超额租金份额是中国制造业价值链地位低端锁定的一个典型特征，相应问题的解决，能够在微观层面较好地诠释中国制造企业在融入全球价值链的进程中，如何通过争取更高的超额租金份额以实现全球价值链高端攀升的微观机理，同时也可为我们阐明要素价格扭曲影响制造业价值链攀升的微观理论机制提供基础。

一、基准模型

（一）序贯生产

首先，按照全球化生产产品内分工的要求，每一件最终产品的生产都需要若干阶段的中间产品，这些中间产品由分布在全世界不同国家的不同生产供应商进行相应的投入独立完成。遵循序贯生产的要求，生产过程必须遵循相应的顺序。

其次，假定生产中的任何一个阶段，我们用 $j \in [0,1]$ 表示，j 越大表明该阶段的生产更加接近最终产品，即越处于全球价值链的下游。然后，设 $x(j)$ 为 j 阶段，供应商为厂商生产最终品所产出的中间品。由此可以给出一个最终产品的质量调整生产方程（3.1）：

$$q = \theta \left(\int_0^1 x(j)^\alpha I(j) dj \right)^{1/\alpha} \tag{3.1}$$

其中，θ 表示厂商的生产率参数，α 代表了各个生产阶段，各个供应商所提供的中间产品之间的替代弹性。注意，$\alpha \in (0,1)$，倘若 α 越趋近于1，表明不同环节供应商所提供的中间商品间的替代弹性越强，反之越弱。$I(j)$ 是用来表征序贯生产流程的一个指标函数，且有：

$$I(j) = \begin{cases} 1 & j \text{ 阶段前生产流程全部完成} \\ 0 & j \text{ 阶段前各环节尚未全部完成} \end{cases} \tag{3.2}$$

此外，式（3.1）实质是一个传统的CES生产函数，表明各个供应商所提供的各类中间产品之间存在着不变的替代弹性。指标函数 $I(j)$ 的存在，使得生产阶段必须遵循相对固定的顺序。具体而言，即下游阶段顺利生产，必须建立在上游阶段已经完成并交付相匹配的中间产品的基础上。接下来，通过应用莱布尼茨法则，式（3.1）可以被进一步表达成相应的微分形式：

$$q'(m) = \frac{1}{\alpha} \theta^\alpha x(m)^\alpha q(m)^{1-\alpha} I(m) \tag{3.3}$$

此时，$q(m) = \theta \left(\int_0^m x(j)^\alpha I(j) dj \right)^{1/\alpha}$。式（3.3）给出的是处于 m 阶段的供应商所带来的边际产量，从中我们很容易发现，m 阶段生产供应商所带来的边际产量 $q'(m)$，可以直接用 m 阶段该供应商所提供的中间产品数量 $x(m)$，以及为生产这个阶段所投入的所有中间产品质量调整总量 $q(m)$ 的一个简单的C-D函数来加以表示。

此外，式（3.3）还能够进一步表明，通过边际产量加以体现的 j 阶段供应商的边际贡献，除了取决于本阶段的投入 $x(m)$ 外，还在很大程度上取决于前面流程的完成情况。具体而言，其一，倘若 j 阶段之前各阶段供应商不能交付匹配的中间商品作为 j 阶段的生产性投入时，$I(j) = 0$，此时，无论 j 阶段供应商投入并产出的中间产品有多大,其边际贡献仍然等于0;其二,倘若j阶段之前各阶段的供应商对于他们所处各阶段的中间产品不能进行足额投入,导致其提供的中间产品数量质量偏低,也同样会对j阶段的边际贡献产生很大的负面影响。

从另一方面看,当前面逐个阶段的供应商均不能提供高质量的中间产品时,在$\alpha>0$的情形下,尽管生产需要所有阶段的完成,但$\alpha>0$还是保证了最终生产的产品产量为正。这种情况的具体含义是,虽然有一些阶段在工业生产角度是必不可少的,会影响到最终产品产出的调整质量值,但是这些投入还是能够在一定程度上相互替代。例如,尽管生产一辆汽车需要有方向盘、车轮、发动机等部件,但是一般情形下这辆车在消费者眼中的价值,取决于这些部件构成的整体所带来的价值,这也同时表明,某个部件的高品质是能够对其他部件的瑕疵或者不足加以弥补和修正的。

(二)投入生产

遵循利润最大化原则的供应商,都可以自由选择进入价值链进行相应投入并进行中间产品生产。这种情形在均衡条件下显然满足市场出清,各阶段生产供应商超额利润为零的假设。首先,我们进一步假定每类中间产品都必须由不同的供应商进行加工,为了生产能够和厂商相匹配的中间产品,我们还假设每一个供应商都必须事前进行相应的专用性投资。为了简化,我们假设这些中间产品都是为该厂商高度定制的,因此,这些专用性投资对于任何供应商而言,除了用于交付厂商换取相应报酬之外不存在任何其他的用途,即如果在该供应商不进行价值链上该环节的生产,其所进行的专用性投资及生产的中间产品将无法为其带来任何收益。

其次,我们假设生产阶段是完全对称的,即所有阶段的供应商都会面临相同的投资边际成本,这个投资边际成本等于c。同时,对于所有的阶段$j\in[0,1]$,假设j阶段的生产供应商在获取上游供应商所提供的所有中间产品之后,每增加1单位的投资将产生1单位该阶段与前面各流程相匹配的中间品。

最后,所有的代理商(包括厂商本身)都可能用一个极小的边际成本生产出不匹配的中间产品,但是这些不相匹配的中间产品不会使最终产品增加任何价值。

(三)偏好

课题组所研究的最终产品在消费者眼中存在一定的异质性,这种异质性可以通过需求的不变替代弹性来加以表示。具体而言,ω表示特定的种类,Ω表示种类的集合,用$\varphi(\omega)$表示一个特定种类最终产品的质量,用$\tilde{q}(\omega)$表示这个种类相应产品的消费量。消费者从消费不同类别的产品组合中所获得的加总效用 U 就可以表示为式（3.4）：

$$U = \left(\int_{\omega \in \Omega} (\varphi(\omega)\tilde{q}(\omega))^{\rho} d\omega\right)^{1/\rho} \rho \in (0,1) \tag{3.4}$$

注意，该偏好方程完全满足边际效用递减的特点，一方面是关于消费者消费产品的数量，另一方面是关于消费者消费产品的质量。就汽车生产和消费的例子来说，最后的结果是倘若同时提高一款高端汽车的质量和一款低端汽车的质量，高端汽车的消费者所能够增加的效用相对低端汽车消费者而言更少。

通过使用预算支出函数 $\int_{\omega \in \Omega} p(\omega)\tilde{q}(\omega) d\omega = E$，$E$ 表示消费者固定的预算支出，根据效用最大化条件不难得出，消费者在消费某项特定种类的产品时，其面临的价格弹性恒定等于 $1/1-\rho$。

进一步地，销售第 ω 种类最终产品的厂商的隐含收益函数，可以被表述为一个面临着式（3.4）中所描述的不变价格需求弹性 ρ 的，质量调整产出函数 $q(\omega) \equiv \varphi(\omega)\tilde{q}(\omega)$ 的一个凹函数。结合这个特点和式（3.1）反映出的生产技术，厂商所获得的收益 r 也可以通过式（3.5）被正式地表示出来：

$$r = A^{1-\rho}\theta^{\rho}\left(\int_0^1 x(j)^{\alpha} I(j) dj\right)^{\rho/\alpha} \tag{3.5}$$

函数（3.5）中的 A 为整个产业所面临的需求影响参数，$A > 0$，且为厂商的外生变量。

（四）完全合同

在充分讨论厂商与供应商相互谈判并签订合同相应条款的细节之前，有必要先设定完全合同的情形。在这样的情形下，厂商对于各个生产环节的投资及中间产品投入都具有完全的控制权。

在这种情况下，假设厂商在任何一个环节 $j \in [0,1]$ 均可以提供一份合同 $[x(j), s(j)]$。在这样的合同约定下，一个供应商必须按合同规定生产与 $x(j)$ 相匹配的中间产品，这样才能够获得 $s(j)$ 的报酬。很显然为了获取报酬，各个厂商均具有按序贯生产的充足动力，从而所有阶段 j 中 $I(j) = 1$。同时，我们根据厂商利润最大化条件：

$$\max\{x(j), s(j)\} j \in [0,1] A^{1-\rho}\theta^{\rho}\left(\int_0^1 x(j)^{\alpha} dj\right)^{\rho/\alpha} - \int_0^1 s(j) dj \tag{3.6}$$

s.t. $s(j) - cx(j) \geq 0$

可以求解出所有中间品供应商一个共同的投资水平 $x = (\rho A^{1-\rho} \theta^{\rho}/c)^{1/(1-\rho)}$，同时厂商利润 $\pi = (1-\rho) A (\rho \theta/c)^{\rho/(1-\rho)}$。由此带来的供应商的净利润等于0，这和他们从事任何其他生产活动所获得的净利润完全相同，同时也满足了均衡市场情形下的出清条件。

（五）不完全合同

现实中，上述完全合同的制定与实施显然存在很大的困难，其中一个核心问题在于，法律的相关执行部门必须首先具备能够清晰判定不同阶段供应商所提供的中间产品是否匹配的能力。然而现实中，相关部门鉴别供应商所生产的中间投入是否匹配是存在很大困难的，况且这些看上去相互匹配的中间产品是不是都能满足合同所规定的各项要求，更是难以把握。

值得注意的是，如果这种合约仅仅是以中间产品产出的数量为准而不以产出中间产品是否合乎质量为要求，那么厂商可能更不愿意签订这种合约。因为在这种情况下，供应商可能存在充分的动机，使用很低的成本生产并不符合要求的中间产品而最后还要求厂商照样支付相应的报酬。

此外，如果签订一个能够预见的以总利润为准的合同可能会让供应商有投资的动机，但是，在我们所设定的前提条件下，在上述情形中签订这种合同必然会导致各个供应商的投资水平为0。

总而言之，必须要研究不完全合同的情况，这种情况下，供应商和厂商间的交易条件并非由合同所规定的各项条款全部决定。事实上，最初的合同仅仅包含了一项条款，即明确供应商和厂商之间合作的形式，也就是厂商究竟选择和各阶段供应商采用一体化方式从而扩大原有公司边界，还是选择将非核心业务外包给供应商从而相互保持独立。

在正视完全合同的缺乏所可能导致的不足后，一个被称之为"敲竹杠"的问题就出现了。举例而言，厂商必然是在对 m 阶段的供应商生产中间产品做出充分检验后再进行双边谈判并提出相应的实际报酬支付。这对于一个特定的供应商（假设为阶段 m 的供应商）而言，我们假设这个阶段的谈判是暂且独立于其他阶段的双边谈判。因为课题组之前已经假设供应商所生产的中间产品只能用于特定厂商最终产品的生产，这导致供应商在议价阶段选择不配合，厂商的收益为

0。因此，厂商和供应商相互谈判的准租金可以表述为在 m 阶段的供应商所带来的总收益的增长。

要计算这个贡献，需要注意的是，供应商均不存在为了更接近下游最终产品的生产而改变原有生产序贯的动机。因此，一个自然的推测就是，当任何阶段 $j<m$ 时，均有 $I(j)=1$。这样，由 m 阶段之前所有阶段所承担的中间产品生产所带来的价值可由式（3.7）得出，

$$r(m) = A^{1-\rho}\theta^{\rho}\Big[\int_0^m x(j)^{\alpha}dj\Big]^{\rho/\alpha} \tag{3.7}$$

将莱布尼茨积分法则应用在该表达式中，我们能够将 m 阶段供应商所带来的边际产量用式（3.8）来表示，这个边际产量可以被理解为，到 m 阶段为止，该阶段供应商对厂商最终产品的生产所做的贡献大小：

$$r'(m) = \frac{\partial r(m)}{\partial m} = \frac{\rho}{\alpha}(A^{1-\rho}\theta^{\rho})^{\alpha/\rho}r(m)^{(\rho-\alpha)/\rho}x(m)^{\alpha} \tag{3.8}$$

目前的问题在于，体现为超额租金的 m 阶段供应商所带来的边际产量究竟在 m 阶段的供应商和厂商之间如何分配。

对这一问题的解决，我们借鉴 Grossman 和 Hart（2005）的思路，该思路参考了产权理论对企业边界的解释，他们认为厂商面对一个特定供应商的有效议价能力首先取决于厂商和供应商的合作形式。

具体而言，假设厂商对供应商的所有权是控制权的来源。相较非一体化的供应商，厂商相对能够从一体化的供应商身上获取更高份额的剩余控制权。这就是说，如果合同是不完全的，一个一体化的组织控制了供应商生产所用的物资资产，那么，这个厂商就能够借助一体化组织的力量决定这些资产的使用方向，并以此用组织的偏好来对剩余控制权进行不均等的分配。

为了让模型更便于处理，课题组暂不明确这些谈判的细节，只是简单假设：当厂商选择和 m 阶段供应商以一体化方式合作生产时，厂商会得到 m 阶段供应商所带来的边际产出中的 βv 份额，而厂商选择外包方式合作，供应商作为一个实体独立生产的话，厂商仅会得到 $\beta o(\dot\beta o<\beta v)$ 的份额。

现在我们梳理一下厂商和各个供给中间品的供应商之间的博弈流程：

（1）厂商为生产流程中所有阶段 $j\in[0,1]$ 的供应商提出合同。合同明确了

组织的形式是一体化还是外包,由此,潜在的供应商自由选择进入价值链并在明确该模式的基础上进行生产运营。

(2) 供应商们对各个合同提出申请,而厂商为每一个生产阶段选择一个相应的供应商。

(3) 生产以序贯的形式进行,在每一个 m 阶段开始时,这个阶段的供应商已经获得了这个阶段之前已完成的所有中间产品。m 阶段供应商首先观察由 m 阶段之前所有阶段所承担的中间产品生产所带来的价值(即式(3.7)中的 $r(m)$)。接着,供应商选择一个投入水平,$x(m)$。然后,厂商和供应商围绕 m 阶段供应商对增加的总收益所做出的贡献度(即式(3.8)中的 $r'(m)$)进行双边议价。此后,根据谈判的结果,厂商支付报酬给供应商。

(4) 最终产品的产出在最后一个阶段完成后就可以得到,厂商通过销售实现最终产品的总收益:$A^{1-\rho}q^{\rho}$。

二、均衡厂商行为

(一) 供应商在 m 阶段的投资

用 $\beta(m)$ 来表示厂商与 m 阶段供应商从议价中所能够获得的边际产量 $r'(m)$ 的份额。根据之前的讨论,我们已了解这个份额与厂商供应商间的合作方式有很大关联,具体的关联效应可用式 (3.9) 加以表示:

$$\beta(m) = \begin{cases} \beta_0 & \text{厂商如选择 } m \text{ 阶段外包给相应供应商} \\ \beta_v > \beta_0 & \text{厂商选择 } m \text{ 阶段和供应商进行一体化} \end{cases} \quad (3.9)$$

基于此很容易发现,倘若将 m 阶段之前所有投入的中间产品价值以及这个阶段供应商和厂商的合作模式视为给定,那么 m 阶段的供应商所能够获取的部分是 $r'(m)$ 中的剩余份额,即 $1 - \beta(m) \in [0, 1]$。继而,对 m 阶段供应商均衡投资水平的求解可以通过 m 阶段价值链中各个不同环节供应商利润最大化的条件 $\max_{x(m)} \pi_s(m) = (1 - \beta(m)) \frac{\rho}{\alpha} (A^{1-\rho}\theta^{\rho})^{\alpha/\rho} r(m)^{(\rho-\alpha)/\rho} x(m)^{\alpha} - cx(m)$ 得以实现,具体可以表示为方程 (3.10):

$$x(m) = \left[(1 - \beta(m)) \frac{\rho (A^{1-\rho}\theta^{\rho})^{\alpha/\rho}}{c} \right]^{1/1-\rho} r(m)^{(\rho-\alpha)/(\rho(1-\alpha))} \quad (3.10)$$

方程（3.10）表明，m阶段供应商的投资水平通常与产业整体需求水平A、厂商的生产效率θ、供应商的议价份额$1-\beta(m)$成正比；同时与投资边际成本c成反比。因此，其他条件不变的情况下，一个厂商与供应商外包的关系（相当于较低的$\beta(m)$）会在一定程度上推进m阶段供应商在自身阶段的投资。

我们仔细观察方程（3.10）中的其他因素不难发现，如果$\rho>\alpha$，则可以大致判断各个阶段投资间的选择是"次序互补"型的。具体的原因在于，该阶段之前的各个供应商所进行的投入及由此带来的中间产品产出水平越高（即前面所总结的$r(m)$越大）就越会促使m阶段供应商进行更多的投资；相反的，如果$\rho<\alpha$，此时意味着投资选择是"次序替代"型，因为m阶段上游投资的价值越高，会在一定程度上抑制m阶段的供应商在自身所处阶段的投资。所以，在书的后面，我们将$\rho>\alpha$的情况视为互补型产业，而将$\rho<\alpha$的状况视为替代型产业。

进一步的，为什么当$\rho<\alpha$时，前期的投资对$x(m)$是一个负向的影响呢？原因在于，当ρ较小，而α很大时，这属于一方面厂商对市场的掌握力量比较强，另一方面价值链内各个阶段相互间可替代性也比较强的情况，此时，更高水平的上游投资水平会使下游企业投资的价值显著降低。总体而言，方程（3.10）既描述了前文所述的替代型产业的情形，即当厂商提供的最终产品面临的价格需求弹性小于各阶段供应商间所生产的中间投入之间的弹性时，也就是$\rho<\alpha$时的情形；也描述了互补型产业的情形，即当厂商所提供的最终产品面临的价格需求弹性小于各阶段供应商间所生产的中间产品之间的弹性时，也就是$\rho>\alpha$时的情形。

（二）供应商在价值链上的投资

方程（3.10）用一个包含$r(m)$的方程描述了m阶段供应商的最优投资水平。下面，课题组将从原始模型展开，先对$r(m)$进行求解，然后以此进一步求解出价值链上所有供应商均衡时的投资水平。为此，我们将方程（3.10）代入方程（3.8）中得到方程（3.11）：

$$r'(m) = \frac{\rho}{\alpha}\left(\frac{(1-\beta(m))\rho\theta}{c}\right)^{\alpha/(1-\alpha)} A^{\alpha(1-\rho)/(\rho(1-\alpha))} r(m)^{(\rho-\alpha)/(\rho(1-\alpha))} \quad (3.11)$$

这构成了一个关于$r(m)$的微分方程，可以设$r(m)$和$\beta(m)$是无限可分的，在这一基础上，使用初始条件$r(0)=0$可得方程（3.12）：

$$r(m) = A\left(\frac{1-\rho}{1-\alpha}\right)^{\rho(1-\alpha)/(\alpha(1-\rho))} \left(\frac{\rho\theta}{c}\right)^{\rho/(1-\rho)} \times \left[\int_0^m (1-\beta(j))^{\alpha/(1-\alpha)} dj\right]^{\rho(1-\alpha)/(\alpha(1-\rho))}$$

(3.12)

方程（3.12）说明了 m 阶段之前所有中间商生产中间产品的价值在很大程度上取决于所有上游各阶段中间商所分配的超额租金的份额加总，即 $\int_0^m (1-\beta(j))^{\alpha/(1-\alpha)} dj, (j<m)$。最后，我们将这个解代入方程（3.10）中得到：

$$x(m) = A\left(\frac{1-\rho}{1-\alpha}\right)^{\rho(1-\alpha)/(\alpha(1-\rho))} \left(\frac{\rho}{c}\right)^{1/(1-\rho)} \theta^{\rho/(1-\rho)} (1-\beta(m))^{1/(1-\alpha)} \times$$

$$\left[\int_0^m (1-\beta(j))^{\alpha/(1-\alpha)} dj\right]^{(\rho-\alpha)/(\alpha(1-\rho))}$$

(3.13)

从这个表达式中可以很清楚地发现一个事实，即厂商如果选择将 m 阶段的生产外包给供应商（选择 $\beta(m)=\beta_0<\beta_v$），这将在一定程度上提高 m 阶段供应商的投资水平。同时，m 阶段供应商的投入 $x(m)$ 和前期（上游）供应商—厂商组织形式选择的相互关系主要取决于行业类型究竟是属于前文所述的次序互补型（$\rho>\alpha$）还是次序替代型（$\rho<\alpha$）。此外，厂商在选择其和供应商的最优组织结构时，需要对这些因素进行权衡，因为任何阶段的外包都将使自己获得一个更低的剩余份额。基于此，接下来我们开始研究最佳组织形式的问题。

（三）最优组织结构

厂商旨在最大限度地提高它所获得的准租金的金额，具体表述为厂商能够分得的，各个阶段供应商所产生的价值链上的所有租金的净额。因此，厂商的收益可以表示为：$\pi_F = \int_0^1 \beta(j) r'(j) dj$，倘若代入方程（3.11）和方程（3.12）我们可以得到方程（3.14）：

$$\pi_F = A\frac{\rho}{\alpha}\left(\frac{1-\rho}{1-\alpha}\right)^{(\rho-\alpha)/(\alpha(1-\rho))} \left(\frac{\rho\theta}{c}\right)^{\rho/(1-\rho)} \int_0^1 \beta(j)(1-\beta(j))^{\alpha/(1-\alpha)} \times$$

$$\left[\int_0^j (1-\beta(k))^{\alpha/(1-\alpha)} dk\right]^{(\rho-\alpha)/(\alpha(1-\rho))} dj$$

(3.14)

相应的，很容易证明厂商获得的报酬 π_F（方程（3.14））总为正。容易证明，在市场均衡条件下，所有供应商参与的限制条件可以忽略不计。厂商的决策问题就可以表示为：

$$\max_{\{\beta(j)\}j\in[0,1]} \pi_F$$
s. t. $\beta(j) \in \{\beta_v, \beta_0\}$ (3.15)

即厂商选择怎样和每个阶段 j 的供应商进行合作，其目的在于使方程(3.15)中所表述的，每个阶段的收益总和 π_F 最大化。

关于如何确定对于任何一个给定阶段 m 来说，厂商和供应商合作的模式是一体化还是外包，Antras 和 Helpman（2008）的研究进行了细致的阐述。阐述基于他们自己对 $\beta(m)$ 函数的理解，他们假定 $\beta(m)$ 函数是在所有分段、连续、可微的实际价值量函数集合中自由的选择。首先，他们定义：

$$v(j) \equiv \int_0^j (1-\beta(k))^{\alpha/(1-\alpha)} dk \quad (3.16)$$

接下来，把厂商的选择问题变成如何实现实际价值函数 $\pi_F(v)$ 最大化的问题，得到式（3.17）：

$$\pi_F(v) = \kappa \int_0^1 (1-v'(j)^{1-\alpha/\alpha}) v'(j) v(j)^{\rho-\alpha/(1-\rho)} dj \quad (3.17)$$

其中，$\kappa \equiv A \frac{\rho}{\alpha} \left(\frac{1-\rho}{1-\alpha}\right)^{\frac{1-\alpha}{\alpha(1-\rho)}} \left(\frac{\rho}{c}\right)^{\rho/1-\rho}$ 是一个为正的常数。收益最大化函数 v 必须满足拉格朗日条件，按照方程（3.17）可以给出：

$$v^{\rho-\alpha/(1-\rho)}(v')^{1-\alpha/\alpha-1}\left[v'' + \frac{\rho-\alpha}{1-\rho}\frac{(v')^2}{v}\right] = 0 \quad (3.18)$$

设 v' 至少是分段可微的，令初始条件 $v(0) = 0$，横截性条件为 $v'(1)^{1-\alpha/\alpha} = \alpha$，利用方程(3.16)我们可以得出 m 阶段的最佳剩余分配份额的最终表达式，用 $\beta^*(m)$ 表示，即方程（3.19）：

$$\beta^*(m) = 1 - \theta \times \alpha m^{(\alpha-\rho)/\alpha} \quad (3.19)$$

第二节 要素价格扭曲微观层面影响制造业价值链攀升的理论假说

接下来，我们在由模型推导给出的方程（3.19）的基础上，结合中国现实经济情况，提出要素价格扭曲影响价值链攀升水平的理论假说。

一、关于 β 的经济学含义阐述

根据前面章节的论述,我们可以判断方程(3.19)中的 $\beta^*(m)$ 表示厂商的最优议价份额。结合全球化生产体系的现状我们不难发现,我国在嵌入全球价值链生产体系中所存在的一个突出的问题是,在围绕核心资源的争夺中,普遍缺乏争取较高份额价值链租金分配的能力。具体而言,我国制造业整体质量水平不高,核心竞争力不强,直接表现为在全球价值链中处于价值链的低端,仅是获取加工或装配的收入,在全球价值链治理体系中处于被控制的地位。上述分析表明,$\beta^*(m)$ 所代表的厂商最优议价份额与我国制造业在全球价值链中的地位是紧密相关的,$\beta^*(m)$ 所代表的厂商最优议价份额越高,代表我国制造业在全球价值链分配体系中的议价能力越弱,从而价值链攀升水平越低;反之,$\beta^*(m)$ 所代表的厂商最优议价份额越低,代表我国制造业在全球价值链分配体系中的议价能力越强,从而价值链攀升水平越高。

二、关于参数 ρ 和参数 α 的理论假说提出与分析

参数 ρ 和参数 α 的相对大小,是决定厂商基于不同阶段 m 的供应商所采取不同特定行为选择的关键。在价值链中,相关表述具体体现为,参数 ρ 和参数 α 的相对大小,是决定厂商究竟是通过增多剩余控制权还是减少剩余控制权,达到既保证其在超额租金中的分配份额,又能够持续激励供应商进行更多投入目的的关键。

由此,我们可以得到假说1:最优议价份额 $\beta^*(m)$ 在产业互补型($\rho > \alpha$)的情形下与供应商所处阶段 m 的值成正比,即生产供应商处在价值链分工的下游,其自身超额租金的分配份额更低;在替代型($\rho < \alpha$)的情形下,其与供应商所处阶段 m 的值成反比,即生产供应商处在价值链分工的下游,其自身超额租金的分配份额更高。

直觉上来看,当 $\rho > \alpha$ 时,各阶段供应商的关系是次序互补型,此时,上游各个生产阶段中如果厂商选择和供应商进行一体化是不明智的,因为这会减少上

游这些供应商的投资激励。在互补型产业情形下,根据前文论述,特定阶段之前的各个供应商所进行的投入以及由此带来的中间产品产出水平均会促使特定阶段的供应商进行更多的投资。这表明,如果厂商此时选择和上游供应商进行一体化也会同时削弱所有下游供应商的投资激励。

相反的,当 $\rho < \alpha$ 时,各阶段供应商的关系是次序替代型,此时,厂商如果选择和上游供应商进行一体化是比较明智的,因为这尽管会在一定程度上减少上游这些供应商的投资激励,但在替代型产业情形下,根据前文论述,特定阶段之前的各个供应商所进行的投入以及由此带来的中间产品产出水平均会抑制特定阶段的供应商进行更多的投资。这表明,如果厂商此时选择和上游供应商进行一体化反而会对所有下游供应商的投资构成激励,这显然最终会使厂商在整个价值链中得到的超额租金数量更大。

另一种直观的解释是,在不完全合同下,假定关于厂商在超额租金中的分配比例 $\beta(m)$ 在各生产阶段都相同,$\rho > \alpha$ 时投资水平将会随着供应商逐渐接近价值链下游而不断上升,$\rho < \alpha$ 时投资水平将会随着供应商逐渐接近价值链下游而不断下降。由此,方程(3.19)中对最佳 $\beta^*(m)$ 的选择可以被理解为一个用来减小由不完全合同带来扭曲的次优方式。具体包括,在产业互补情形中,厂商通过将上游阶段的生产环节外包给供应商来激励投资,并通过一体化下游阶段各生产环节供应商来抑制投资过剩。

三、关于参数 θ 的理论假说的初步提出与分析

由方程(3.19)中我们很容易看出,参数 θ 的相对大小是决定厂商最优议价份额的关键,直观上看,参数 θ 越高,表明供应商生产率越高,这时供应商谈判能力越强,导致厂商最优议价份额变低。

近些年,越来越多的研究开始着重从资源配置的视角对生产率进行研究,这表明,由于要素价格扭曲所导致的资源配置效率损失会对代表生产率的参数 θ 产生非常重要的影响。目前,跨企业的资源配置不当会降低行业整体生产率已经成为相应研究领域的共识。

郭庆旺和贾俊雪(2005)将 TFP 分解成技术进步率与能力实现能力,并结

合中国数据分析证实,导致中国 TFP 较低的原因是经济生产能力利用水平与技术效率低下,这些都可以通过要素价格市场扭曲来加以解释。冯猛和王琦晖(2013)从资源配置的有效程度角度,研究了中国企业与日本企业生产率的差异及其演变过程。他们的研究指出,由各个政府对资源掌控动机和能力的不同所导致的要素价格扭曲差异,是导致中日两国企业生产率差异的重要原因。Hsieh 和 Klenow(2009)的研究指出,导致发展中国家(例如中国、印度)与发达国家(例如美国)TFP(全要素生产率)之间差异的一个重要原因是要素价格扭曲导致的资源配置不当。简泽(2011)对制造业微观数据的研究进一步表明,资源再配置和产业重组所导致的微观层面资源配置效率的改善是中国各个区域代表性产业总量生产率增长的重要源泉。他的研究还同时说明,改革和消除要素价格的竞争扭曲是进一步促进中国产业组织结构合理化和制造业部门总量生产率增长的关键。

由此,我们可以得到假说 2:从微观层面看,要素价格扭曲会通过抑制行业生产率显著提升厂商的最优议价份额 $\beta^*(m)$,进而对中间阶段供应商的产业价值链攀升产生负面影响。

四、关于参数 θ 的理论假说的进一步提出与分析

上述分析表明,要素价格扭曲程度的加剧显然会促使厂商提高最优议价份额 $\beta^*(m)$,进而很可能对我国制造业价值链的攀升产生负面影响。基于对现有文献的总结归纳我们不难发现,这种机制的实现,从微观层面来说,实际上主要是通过扭曲企业内资源配置及扭曲企业间资源配置两种途径影响行业生产率加以实现的。相应机理具体阐述如下。

(一)要素价格扭曲引发企业内资源配置偏离最优

要素市场出现绝对扭曲的一大原因,是我国以出口为导向的外向型经济发展需要。出口是 GDP 增长的重要途径,出于 GDP 增长的需要,政府会对市场上要素资源的价格进行人为压低,以降低出口企业的固定成本,在国际市场上形成价格上的竞争力,这在短期的确带动了出口及经济的高速增展,施炳展、冼国明(2012)就验证了要素扭曲对出口的促进作用,但同时他们也提出这在长期不利于甚至抑制出口企业生产率的提高。另外,我国人口红利有逐年消失的现实,外国消费者对产品本身的质量、技术含量及环保性要求越来越高,价格优势已难在未来继续推动我国出口贸易的健康发展。从前面的分析不难看出,单纯依靠要素市场的绝对扭曲刺激出口、发展经济是缺乏可持续性的,同时这对于行业生产率的提高也产生了较强的阻碍作用。

张杰、周晓燕、李勇(2011)的实证研究表明,尽管地方政府管控要素市场短期内会对地方政府调动资源进而实现促进经济增长的目标带来帮助,但这会在一定程度上显著抑制地区内企业的研发投入。夏晓华、李进一(2012)指出要素价格扭曲主要体现于要素价格偏低,由此造成的后果是处于产业链下游的企业以低价格获取资源满足低端加工制造业的定位,而仅能赚取低廉的加工费,这导致相关企业以低价格参与市场竞争,没有成本和市场的压力。因此,低端的加工制造业企业就没有以技术替代资源的内生动力,进而更加缺乏技术创新、管理创新及寻找更经济的替代资源或可再生性资源的动力。这在很大程度上纵容了企业高耗能、低附加值的粗放经营模式,并对节能技术和节能设施的推广产生了相应的不利影响。

林伯强和杜克锐(2013)的研究表明,1997~2009年,由于要素价格扭曲阻碍了地区企业转型升级,导致企业形成了粗放型生产模式的锁定,最终对我国能源效率的提升产生了显著的负面影响。施炳展、冼国明(2012)利用1999~2007年中国微观制造企业数据,从要素价格扭曲视角重新审视了中国制造企业的出口行为。他们的研究表明,要素价格扭曲通过激励制造企业低附加值出口使中国工业品出口规模急剧扩张,最终导致了全球贸易的失衡。踪家峰、杨琦(2013)基于2004~2007年我国29个省级区域的出口数据,分析了要素扭曲对各省出口技术复杂度的作用及影响机制。他们的研究发现:要素扭曲对于出口技术复杂度存在着显著的倒U形影响且要素扭曲通过阻碍FDI和R&D投入的正向效应抑制了出口技术复杂度的提升。这表明地方政府对要素市场的控制严重阻碍了出口技术复杂度的提升,要从根本上改变这一现状,就要全面加快和推进我国要素市场化的进程和改革。李平、季永宝(2014)的经验研究表明,地方政府对资本和劳动等关键要素定价权的控制在一定程度上破坏了技术创新所需的市场化土壤,进而对企业技术创新产生了显著的抑制作用。

上述分析充分表明，要素价格扭曲显著抑制了企业进行研发的积极性，从而抑制了研发投入在总投入中所占比重的提高，这在很大程度上造成了企业内资源配置的扭曲，进而降低了行业生产率。相应机制实现的过程可以细化为两方面。一方面，从寻租行为观察，寻租指通过一些非生产性的行为来追求利益，如企业为取得低价土地资源、低息贷款等对相关部门的官员进行贿赂。廉价的生产要素可以降低出口企业的生产成本，增加产品的竞争力，使企业获取更高利润，企业面对如此诱惑因此会将时间、精力及资金用于寻租，而对具有风险且成本高昂但提高行业生产率所必需的 R&D 活动缺乏投资动力，张杰等（2011）对要素扭曲与中国企业 R&D 的研究证明，要素市场的扭曲对社会整体生产率都具有抑制作用。再者，罗德明、李晔、史晋川（2012）研究发现企业生产率的变化与其研发投资是密切相关的，寻租活动对 R&D 的抑制会使出口企业的生产率得不到有效提升甚至下降。落后的生产技术得不到更新，生产率得不到提高，就会导致生产活动中的资源使用效率低下，最终降低出口贸易生产活动中的整体效率。另一方面，从投机行为观察，经济学的基本假设在于，资源是有限的，但由于发展地方经济及提高政绩的需要，地方政府可能偏好于生产周期短、经济效益见效快的产业，而投资者看到这一点后，便容易投其所好进入受政府支持的产业中以便获取有限且廉价的生产要素。但林伯强、杜克锐（2013）认为要素市场的扭曲会导致对粗放增长模式的锁定效应，即要素市场扭曲导致要素价格被低估，市场退出机制不完全，企业即使生产耗能高、效率低下，也仍不能凭借低成本优势获利而不被淘汰且同样缺乏进行创新活动的动力。出口企业面临的情况也是如此，出口作为地方 GDP 的一大增长点，出口企业更加容易因为投机行为陷入低端产业中，导致行业生产率下降。

（二）要素价格扭曲引发企业间资源配置偏离最优

大量研究证明，政府在将价格低廉的生产资源配置给企业时，往往偏向具备政治关联的国有企业已经成为近年来一个具有现实背景的典型现象。具体而言，考虑到国企的行业特质，杨洋、魏江、罗来君（2015）认为，国有企业本身可以说在建立之初自带丰富资源，这使得他们在获取政府额外分配的廉价生产要素之后产生了所谓的资源冗余问题，加上多重代理、监管不严等诸多内部问题，便出现了资源浪费、特权主义及高额工资等现象，这会使国企在其出口活动中的生产成本提高，加上低效行政管理进一步增加了其运营成本，最终导致其出口贸易中的能耗上升。此外，资源冗余会进一步加强国企对资源密集型生产方式的依赖，减少技术研发的投入而无从提高生产率，也就无从改变资源使用效率不高的局面。鉴于企业所有制及政治关联导致的资源误置，谢攀、李文溥（2015）认为尽管我国要素市场的市场化改革正在不断推进，但是要素市场的扭曲问题仍然严重，比如在企业融资方面，显性信贷"所有制歧视"得到减少，但隐形的资金价格双轨制依然盛行，国企能够得到政府的所谓"信用背书"，金融机构和投资者愿意为国企提供低成本、多渠道的融资途径，民企则缺乏此种优势。类似的要素市场扭曲现象使资源流向倾向于国有企业，而不是流向最有效率的企业，具有盲目性，导致整个社会的企业的生产效率损失，在企业的出口贸易中进一步体现为出口的效率低下。综上，要素价格扭曲通过保护那些生产率变化遵循较劣路径的企业，既压抑了私有部门的扩张，也使得整个经济的全要素生产率（TFP）增长速度显著降低。张杰、刘元春、郑文平（2013）对要素价格扭曲对不同企业的出口和收益之间的关系进行了深入的研究，研究结论显示，企业所有制身份是影响企业增加值率的重要因素，国有企业相对民营企业，通过要素价格扭曲获得出口收益的内在能力最低。这个结论说明，具备政治关联的国有企业在获取大量廉价生产资源的情形下并没有体现出相应的高附加值。不仅如此，上述分析还能表明，要素市场扭曲短期内可降低产品成本促进出口贸易发展和经济高速增长，但问题主要在于长期的要素市场扭曲会抑制企业 R&D 活动，阻碍生产率和能源使用效率的提高，使企业陷入高耗能的低端行业。再者，要素资源配置的国有倾向导致生产要素的流向受政府导向，未能按照市场导向原则流向最具效率的企业，且形成了对低端产业的锁定效应，加剧了出口贸易中资源使用效率低下的程度。

根据前文分析，我们可以提出有待进一步验证的假说 3：从微观层面观察，要素价格扭曲分别通过降低企业在研发方面的投入、资源配置国有偏向两类渠道，在上述理论机制发生作用的前提下，对产业价值链攀升产生阻碍作用。

第四章 核心变量指标构建与测算结果分析

第一节 要素价格扭曲的测算

一、行业层面要素价格扭曲的测算

(一) 行业部门要素价格扭曲测算的基准模型

对要素价格扭曲程度的测算,国内外学者最早采用的是生产函数法,这也是现有文献中运用比较多的测算方法。基于此,课题组参考了陈永伟和胡伟民[①](2011)等的研究成果,在此基础上通过引入"扭曲税"这一变量来对要素市场的扭曲程度加以体现。

假设部门 i 的生产函数为:

$$Y_i = A_i \cdot K_i^{\beta_{Ki}} \cdot L_i^{\beta_{Li}} \cdot E_i^{\beta_{Ei}} \tag{4.1}$$

其中,Y_i 表示部门 i 的产出;A_i 表示部门 i 的生产率水平;K_i、L_i 和 E_i 分别代表资本、劳动和能源的投入量;参数 β_{Ki}、β_{Li}、β_{Ei} 分别表示资本、劳动和能源

[①] 陈永伟、胡伟民:《价格扭曲、要素错配和效率损失:理论和应用》,《经济学季刊》2011年第4期,第1401–1422页.

的贡献比例。假设 $\beta_{Ki} + \beta_{Li} + \beta_{Ei} = 1$，这意味着生产函数的规模报酬保持不变。

另外，假定 P_K、P_L、P_E 分别是完全竞争时资本(K)、劳动(L)、能源(M)要素的价格，存在要素扭曲时，这三者的价格分别为 $(1+\tau_{Ki})P_K$、$(1+\tau_{Li})P_L$ 和 $(1+\tau_{Ei})P_E$，其中 τ_{Ki}、τ_{Li} 和 τ_{Ei} 分别表示三种要素的"扭曲税"。

行业 i 的利润可表示为：

$$\pi_i = P_i Y_i - (1+\tau_{Ki})P_K K_i - (1+\tau_{Li})P_L L_i - (1+\tau_{Ei})P_E E_i \tag{4.2}$$

要使利润最大化，同时资本使用量最优化，就得满足以下条件：

$$\frac{\partial \pi_i}{\partial K_i} = 0 \tag{4.3}$$

联立以上两式可以得到：

$$\beta_{Ki} \cdot P_i \cdot A_i \cdot K_i^{\beta_{Ki}-1} \cdot L_i^{\beta_{Li}} \cdot E_i^{\beta_{Ei}} = (1+\tau_{Ki})P_K \tag{4.4}$$

根据 Hsieh 和 Klenow（2009）的设定，总共有 M 个行业，因此社会总产出 Y 可以表示为：

$$Y = \sum_{i=1}^{M} P_i \cdot Y_i \tag{4.5}$$

资源约束条件如下：

$$\sum_{i=1}^{M} K_i = K, \sum_{i=1}^{M} L_i = L, \sum_{i=1}^{M} E_i = E \tag{4.6}$$

假定 M 行业的生产率水平、各要素的扭曲税及 K、L、M 都是给定的，则要素扭曲条件下市场均衡时 K_i 的值为：

$$K_i = \frac{\dfrac{\beta_{Ki}P_i Y_i}{(1+\tau_{Ki})P_K}}{\sum_j \dfrac{\beta_{Kj}P_j Y_j}{(1+\tau_{Kj})P_K}} K \tag{4.7}$$

定义 i 行业部门的能源绝对价格扭曲为：

$$Y_{Ei} = \frac{1}{1+\tau_{Ei}} \tag{4.8}$$

绝对价格扭曲是指某行业在没有要素扭曲的情况下，需要支付的要素价格和存在要素扭曲的情况下需要支付的要素价格之间的比值。同理，可以定义资本和劳动的绝对价格扭曲分别为 Y_{Ki} 和 Y_{Li}。当劳动要素市场不存在扭曲时，$\tau_{Li}=0$，

则 $Y_{Li} = 1$。

假设行业 i 的产值在总体经济中的占比是 $\eta_i = P_i \cdot Y_i / Y$，同时能源贡献度为 $\Phi_E = \sum_{i=1}^{M} \eta_i \cdot \beta_{Ei}$，则能源的相对价格扭曲是：

$$\hat{Y}_{Ei} = \frac{Y_{Ei}}{\sum_{j=1}^{M} \left(\frac{\eta_j \cdot \beta_{Ej}}{\Phi_E} \right) \cdot Y_{Ei}} \tag{4.9}$$

相对扭曲价格是指某行业支付要素的价格与所有行业支付要素价格平均值的比值。如果某行业的相对价格扭曲大于1，即支付价格相对较高，那么该行业存在负向扭曲；如果某行业的相对价格扭曲小于1，即支付价格相对较低，那么该行业存在正向扭曲。

根据式（4.8）和式（4.9）可以得出均衡条件下各要素的使用量分别为：

$$K_i = \frac{\eta_i \cdot \beta_{Ki}}{\Phi_K} \cdot \hat{Y}_{Ki} \cdot K, L_i = \frac{\eta_i \cdot \beta_{Li}}{\Phi_L} \cdot \hat{Y}_{Li} \cdot L, E_i = \frac{\eta_i \cdot \beta_{Ei}}{\Phi E} \cdot \hat{Y}_{Ei} \cdot E \tag{4.10}$$

那么行业 i 各要素的价格扭曲可以表示为：

$$\hat{Y}_{Ki} = \left(\frac{K_i}{K} \right) \bigg/ \left(\frac{\eta_i \cdot \beta_{Ki}}{\Phi_K} \right), \quad \hat{Y}_{Li} = \left(\frac{L_i}{L} \right) \bigg/ \left(\frac{\eta_i \cdot \beta_{Li}}{\Phi_L} \right), \quad \hat{Y}_{Ei} = \left(\frac{E_i}{E} \right) \bigg/ \left(\frac{\eta_i \cdot \beta_{Ei}}{\Phi_E} \right) \tag{4.11}$$

运用以上各式可以将行业中资本、劳动和能源的要素价格扭曲计算出来。

（二）行业部门要素价格扭曲测算的数据来源

1. 样本区间内各时期产出 Y_{it} 及相匹配的行业产品价格 P_{it}

对于制造业分行业各时期的产出 Y_{it}，课题组参照陶小马等（2009）的研究方法，选用各行业工业总产值来表示，数据来源于2000~2014年的《中国统计年鉴》中的工业统计部分，选取的指标为"按行业分组的全部国有及规模以上非国有工业企业主要经济指标"。制造业分行业各时期的产品价格 P_{it}，课题组用生产者出厂价格指数反映，数据来源于2015年的《中国价格统计年鉴》。

由于在样本区间内，考虑到统计方式的变化导致有些行业在一些年份中出现，而在另外一些年份中没有出现，课题组最终处理数据又需要按照投入产出表中所列的制造业行业分类标准进行划分的情况，我们按照将原行业的数据占对应后行业总产值的占比作为加权进行加总的方式对相应数据进行重新合并处理。

2. 制造业样本区间内分行业资本投入 K_{it} 及相匹配的要素投入价格 P_{Kt}

参考陈永伟与胡伟民（2011）的研究方法，制造业分行业各时期的资本投入量 K_{it} 用各行业固定资产净值加以替代，数据源自 2000~2012 年的《中国工业经济统计年鉴》。由于 2012 年和 2013 年的数据缺失，课题组依据该行业历年的固定资产净值数据平滑得到。平滑主要由课题组参照各行业固定资产净值与本行业工业总产值的历年比值进行。对于制造业分行业各时期资本的价格 P_{Kt}，课题组将其设定为固定资产投资价格指数，数据源自 2015 年的《中国价格统计年鉴》。由于所有行业数据都是按照统计年鉴的标准统计的，所以需要按照投入产出表的标准进行重新划分（具体划分方法参照附录），对于数据加总的方法课题组则直接参照前文的方法进行。

3. 制造业样本区间内劳动投入 L_{it} 及相匹配要素投入价格 P_{Lt}

课题组采用分行业就业人员的年末人数对制造业分行业样本区间内的劳动投入加以衡量，与之相匹配的劳动力价格 P_{Lt} 则使用分行业就业人员的平均工资加以替代，有关劳动要素投入方面的数据全部源自 2000~2014 年的《中国劳动统计年鉴》。类似于产出和资本投入的处理方式，我们按照将原行业的数据占对应后行业总产值的占比作为加权进行加总的方式对相应数据进行重新合并处理。

4. 制造业分行业各时期能源投入 E_{it} 及对应的要素投入价格 P_{Et}

制造业样本区间内能源投入量 E_{it} 通过 2000~2014 年的《中国能源统计年鉴》中的能源消耗量来反映，价格 P_{Et} 用工业部门样本区间内的煤炭价格指数加以替代，相应数据参考历年的《中国价格统计年鉴》。

（三）制造业按行业划分的要素价格扭曲测算结果及分析

利用上述数据和相关公式，对劳动、能源和资本三种要素对生产的贡献系数 β_{Ki}、β_{Li}、β_{Ei} 进行计算，结果如表 4-1 所示：

由表 4-1 可知，首先，各行业三种不同生产要素的系数之和约等于1，行业生产规模报酬不变的假设得到了初步印证；其次，从各类生产要素的系数来看，能源要素价格的弹性系数普遍大于资本和劳动，表明现阶段我国制造业依赖能源的特征还比较明显；最后，从不同行业生产要素弹性系数大小的差异来看，不同行业劳动的弹性系数差异较小，而资本和能源的弹性系数差异相对更高。以劳动

表 4-1 制造业分行业的生产函数估计结果

行业	资本系数	劳动系数	能源系数
1. 食品加工制造业	0.123*** (0.001)	0.266** (0.012)	0.630*** (0.005)
2. 纺织业	0.087** (0.014)	0.275*** (0.003)	0.668* (0.078)
3. 服装皮革羽绒及其制造业	0.120*** (0.007)	0.210** (0.029)	0.711*** (0.001)
4. 木材加工及家具制造业	0.120** (0.040)	0.270*** (0.010)	0.579** (0.012)
5. 造纸印刷及文教用品制造业	0.130* (0.068)	0.317** (0.012)	0.579** (0.020)
6. 石油加工、炼焦及核燃料加工业	0.120** (0.030)	0.250** (0.014)	0.660*** (0.006)
7. 化学工业	0.095* (0.053)	0.230*** (0.002)	0.590** (0.018)
8. 非金属矿物制品业	0.110*** (0.004)	0.370** (0.030)	0.535** (0.004)
9. 金属冶炼及压延加工业	0.089** (0.026)	0.351*** (0.005)	0.572** (0.007)
10. 金属制品业	0.201*** (0.008)	0.324* (0.057)	0.506** (0.016)
11. 通用、专用设备制造业	0.108*** (0.004)	0.329*** (0.005)	0.529** (0.024)
12. 交通运输设备制造业	0.115*** (0.005)	0.209*** (0.007)	0.643** (0.024)
13. 电气、机械及器材制造业	0.119** (0.034)	0.268** (0.044)	0.628*** (0.007)
14. 通信设备、计算机及其他电子设备制造业	0.184* (0.067)	0.250*** (0.003)	0.565** (0.017)
15. 仪器仪表及文化办公用机械制造业	0.206*** (0.004)	0.254** (0.035)	0.533** (0.040)
16. 其他制造业	0.145*** (0.007)	0.201** (0.043)	0.568* (0.062)

注：括号内为变量的稳健性标准误，*、**、*** 分别代表 10%、5% 和 1% 的显著性水平。

为例,劳动的弹性系数最大的行业——非金属矿物制品业,其劳动弹性系数仅为劳动弹性系数最小的行业——其他制造业的1.84倍,而资本弹性系数最大的行业——仪器仪表及文化办公用机械制造业,其资本弹性系数为资本弹性系数最小的行业——纺织业的2.36倍。

接下来,课题组继续运用本节前两个小节所提出的方法与数据,进一步对资本、劳动和能源三类生产要素价格扭曲的部分结果进行展示与分析,如表4-2及表4-3所示:

表4-2 制造业分行业部分年份的能源价格扭曲系数

年份 行业	1999	2001	2003	2006	2007	2009	2010	2011	2013
1. 食品制造及烟草加工业	1.28	1.35	1.44	1.80	1.85	1.82	1.51	1.29	1.21
2. 纺织业	2.05	2.22	2.34	2.58	2.71	2.70	2.38	2.45	2.33
3. 服装皮革羽绒及其制造业	3.44	3.48	3.57	4.11	4.31	4.24	3.48	3.41	3.48
4. 木材加工及家具制造业	1.21	1.37	1.22	1.65	1.78	1.79	1.85	1.42	1.40
5. 造纸印刷及文教用品制造业	2.74	2.80	2.90	3.01	3.21	3.52	2.41	2.48	2.64
6. 石油加工、炼焦及核燃料加工业	1.21	1.11	1.41	2.00	2.09	2.21	1.41	1.40	1.81
7. 化学工业	3.88	3.01	4.06	4.21	4.31	4.42	3.51	3.58	3.62
8. 非金属矿物制品业	3.48	3.51	3.56	4.21	4.29	4.33	3.61	3.58	3.63
9. 金属冶炼及压延加工业	3.78	3.81	3.86	4.31	4.33	4.42	3.61	3.68	3.57
10. 金属制品业	2.24	2.47	2.50	3.11	3.02	3.13	2.56	2.87	2.43
11. 通用、专用设备制造业	2.44	2.18	2.48	3.11	3.14	3.23	2.52	2.41	2.66
12. 交通运输设备制造业	3.11	3.57	3.86	4.11	4.32	4.47	3.11	3.48	3.79
13. 电气、机械及器材制造业	1.17	1.08	1.75	2.21	2.02	2.03	1.76	1.47	1.21
14. 通信设备、计算机及其他电子设备制造业	1.47	1.21	1.15	1.71	1.62	1.74	1.47	1.37	1.44
15. 仪器仪表及文化办公用机械制造业	1.20	1.48	1.31	1.54	1.61	1.68	1.34	1.37	1.41
16. 其他制造业	1.17	1.14	1.24	1.62	1.68	1.74	1.65	1.62	1.65

表4-3 制造业分行业部分年份的资本和劳动价格扭曲系数①

年份 行业	资本价格扭曲系数						劳动价格扭曲系数					
	1999	2001	2002	2007	2009	2013	1999	2001	2002	2007	2009	2013
1	2.61	1.82	4.84	5.40	6.09	6.21	0.14	0.11	0.07	0.05	0.05	0.03
2	3.59	2.82	6.86	11.34	15.97	17.13	0.08	0.07	0.09	0.07	0.05	0.02
3	6.59	5.78	7.75	12.16	16.35	16.25	0.19	0.17	0.15	0.21	0.07	0.02
4	7.58	6.83	9.86	9.48	8.10	9.10	0.18	0.16	0.17	0.07	0.08	0.04
5	2.40	1.78	4.58	6.24	9.92	10.60	0.05	0.06	0.05	0.06	0.05	0.14
6	8.53	5.24	976	13.69	18.49	19.77	0.10	0.09	0.06	0.07	0.03	0.01
7	7.57	6.83	6.84	8.42	13.21	14.31	0.15	0.12	0.12	0.33	0.12	0.03
8	6.55	5.77	9.65	11.47	15.76	16.80	0.20	0.14	0.15	0.17	0.08	0.01
9	3.50	2.70	5.70	6.33	11.07	11.01	0.20	0.14	0.15	0.13	0.13	0.14
10	7.51	6.65	9.55	12.23	16.83	17.22	0.27	0.15	0.15	0.13	0.14	0.05
11	8.51	5.78	9.50	13.52	18.91	19.11	0.21	0.33	0.22	0.11	0.12	0.03
12	6.41	4.52	7.74	15.81	13.15	11.31	0.28	0.77	0.15	0.29	0.08	0.26
13	7.23	6.65	9.53	12.15	12.13	16.45	0.23	0.17	0.11	0.11	0.01	0.15
14	3.38	2.81	3.70	4.51	7.10	7.89	0.21	0.13	0.23	0.17	0.11	0.09
15	6.54	4.57	7.97	14.86	17.75	17.87	0.28	0.47	0.11	0.20	0.19	0.22
16	6.11	4.66	7.33	14.66	17.85	17.66	0.15	0.32	0.16	0.32	0.13	0.10
平均	5.22	3.14	8.12	10.12	14.13	15.86	0.15	0.16	0.15	0.13	0.08	0.07

表4-2所示为中国部分年份16个行业的能源价格扭曲状况。观察此表结果，首先我们可以发现1999年至2013年间各行业能源价格扭曲状况存在一定程度的波动，且不同行业面对的能源价格扭曲状况存在较大差别。以2013年为例，交通运输设备制造业的能源价格扭曲程度是食品制造及烟草加工业能源价格扭曲程度的3.13倍。其次我们可以发现，中国制造业能源价格的扭曲不仅整体程度高，而且不同行业所面对的扭曲情况也有所不同，这与前文所述要素市场扭曲的两种不同形式有所联系。即在我国，能源市场存在普遍的扭曲现象，尽管我国对电力、煤炭等能源的使用进行了民用及工业用的区分，但总体来说我国使用工业用资源的成本低于西方发达国家水平，这使得整个制造业承担的能源成本较低，

---

① 表4-3中的行业代码对应表4-2中。

出现了能源价格的绝对扭曲。实际上，不同类型企业面对的能源价格又有所不同，如前述的交通运输设备制造业和食品制造及烟草加工业，后者主要对大量基础资源进行加工、技术含量较低，而前者对中间品的加工活动多、技术含量高，同时，我国为了鼓励节能遏制浪费，对于工业用资源，如水的价格采取阶梯式收费，使得相关企业用水越多，收费标准越高，这事实上减弱了相关资源价格的扭曲程度，最终导致食品制造及烟草加工业这种资源消耗型企业的资源价格扭曲程度远低于交通运输设备制造业。

接下来观察表4-3，首先，对于资本这一生产要素，所有行业的资本价格扭曲系数都是大于1的，并且呈现逐年上升的态势。需要特别注意的是，课题组所选取的经济指标都是国有企业及规模以上的非国有工业企业的数据，说明这些企业对资本要素的使用过多，这与前文所述的资本要素市场的相对扭曲现象相符，即在中国，商业银行更加愿意为国有企业和规模以上的非国有企业提供贷款，这使得这些企业愿意且能够将大量的资本要素投入于生产活动。

其次，对于劳动力要素，观察可得所有行业的劳动价格扭曲都是小于1的，并且呈现逐年下降的趋势。可能的原因在于，随着我国基础设施的不断完善，交通运输越来越便捷，过去劳动力在地区间的流动障碍正在逐步破解，劳动力市场的地区分割形式得到淡化，这虽加剧了企业对人力资源的竞争，但劳动力的薪资情况得到改善，继而劳动价格扭曲的状况得到了有效抑制。

二、区域部门要素价格扭曲的测算

（一）区域层面要素价格扭曲测算的基准模型

（1）空间随机可能性边界的构建。鉴于可能普遍存在着的空间相关性问题，为准确估算中国各个区域要素价格扭曲的状况，我们借鉴Skoorka（2000）的思路，尝试通过构建用以反映空间投入产出特征的空间随机前沿生产可能性函数来进行估算，其具体思路可以表达为联立方程（4.12）和方程（4.13）：

$$\ln Y_{g\tau} = \sum_i \alpha_i \ln P_{gi\tau} + \delta \sum_{g=1}^N w_{gr} Y_{g\tau} + \sum_j \beta_j \ln v_{gj\tau} + \sum_i \sum_e \alpha_{ie} \ln P_{gi\tau} \ln P_{ge\tau} + \sum_j \sum_f \beta_{jf} \ln V_{gj\tau} \ln V_{gf\tau} + \sum_i \sum_j \gamma_{ij} \ln P_{gi\tau} \ln V_{gj\tau} - u_{g\tau} + \varepsilon_{g\tau} \quad (4.12)$$

$$Y_g = \zeta_j + \sum_j \sum_\tau P_{gj\tau} V_{gj\tau} + \sum_i \sum_\tau P_{gi\tau} Q_{gi\tau} \tag{4.13}$$

其中，假定经济中总共有 N 类区域，$w_{gr}Y$ 是空间滞后项，表征了经济当中普遍存在着的空间滞后效应。w_{gr} 是行业空间滞后矩阵，用反映区域间生产率联动的购买距离矩阵和销售距离矩阵加以表征。$Y_{g\tau}$ 代表了 g 地区 τ 时期的总产出，$P_{gi\tau}$ 代表了第 i 种商品的价格，$v_{gj\tau}$ 是第 j 种要素投入的数量。

（2）空间随机前沿的估计。参照 Anselin 等（1997）、Anselin 等（1998）及 Elhorst（2005）的思路，假设方程（4.12）中，除被解释变量及产出空间滞后项外的解释变量全部为 X。基于此，首先对上述空间随机前沿方程（4.12）做一阶差分，有：

$$\Delta Y_{g\tau} = \gamma^m \Delta Y_{g,\tau-m} + A^{-1}\Delta\varepsilon_{it} + \gamma A^{-1}\Delta\varepsilon_{g,\tau-1} + \cdots + \gamma^{m-1}A^{-1}\Delta\varepsilon_{g,\tau-(m-1)} +$$
$$\sum_{j=0}^{m-1} \gamma^j \Delta X_{i,\tau-q}\beta = \gamma^m \Delta Y_{g,\tau-m} + \Delta e_{g\tau} + X^* \tag{4.14}$$

Hsiao 等（2006）认为，对于 ΔY_1，所有空间单元初始值的预期变化相同，所有空间单元具有相同的初始禀赋，$E(\Delta Y_1) = \gamma_0 I_N$。$I_N$ 为 $N \times 1$ 单位向量，γ_0 是固定待估参数。

基于上述关于 ΔY_1 的假设可知，当 X_{it} 固定时，有 $E(\Delta X_1) = 0$，进而 $E(\Delta Y_1) = \gamma^m \Delta Y_{i,t-m} \text{Var}(\Delta Y_1)$ 未被决定，因为 X^* 无法被观测。关于 X^* 假设不同导致不同的估计方法，课题组最终决定采用 NB 逼近对模型进行估计[①]。

NB 逼近是 Nerlove 和 Balestra（1996）首次提出来的，他们第一次采用 $\sum X_{g\tau}$ 替代方差 $X_{g,\tau-j}$。这里 $\sum X_{it}$ 表示和解释变量 X 相对应的协方差矩阵，该矩阵由一个提前设定好的样本数据所决定，进而对未知的方差加以估算。假设每个解释变量同时符合共同的单位根平稳时间序列趋势，这样随机变量 X^* 便可有确定的方差 $\sum X^*$。

根据 Nerlove 和 Balestra（1996）的观点，做一阶差分的回归方程：

$$\text{Var}(\Delta Y_1) = \text{Var}(\Delta e_1) + \text{Var}(X^*) = \sigma^2 v_a A^{-1} A'^{-1} + \left(\frac{1-\gamma^m}{1-\gamma}\right)^2 \beta' \sum\nolimits_{\Delta X} \beta \times I_N$$
$$\tag{4.15}$$

[①] 课题组同时运用了 BS 与 NB 逼近两种方法对建立的区域技术进步动态空间面板进行估计，结果发现两种方法估计结果差别不大且 NB 逼近拟合程度较高，故使用 NB 逼近。

$$V_{NB} = v_a I_N + \left(\frac{1-\gamma^m}{1-\gamma}\right)^2 \frac{\beta' \sum_{\Delta X} \beta}{\sigma^2} \times AA' \qquad (4.16)$$

可得对数似然函数如下：

$$\text{Log}L = -\frac{NT}{2}\log(2\pi\sigma^2) + T\sum_{i=1}^{N}\log(1-\kappa\omega_i) - \frac{1}{2}\sum_{i=1}^{N}$$

$$\left[1 - T + T \times \frac{2}{1+\gamma}(1+\gamma^{2m-1}) + T\left(\frac{1-\gamma^m}{1-\gamma}\right)^2 \frac{\beta'\sum_{\Delta X}\beta}{\sigma^2}(1-\kappa\omega_i)^2\right] -$$

$$\frac{1}{2\sigma^2}\Delta e^{*'} H_{V_{NB}}^{-1} \Delta e^* \qquad (4.17)$$

$$\Delta e^* = \begin{bmatrix} A(\Delta Y_1 - \pi_0 I_N) \\ A(\Delta Y_2 - \gamma\Delta Y_1 - \Delta X_2\beta) \\ \cdots \\ A(\Delta Y_T - \gamma\Delta Y_{T-1} - \Delta X_T\beta) \end{bmatrix}, \quad E(\Delta e^* \Delta e^{*'}) = \sigma^2 H_{V_{NB}} \qquad (4.18)$$

（3）各类要素价格扭曲的分解与估算。在上一小节充分刻画随机前沿生产函数的基础上，我们进一步给出了能够具体表征要素市场配置效率损失的各类要素价格扭曲的测算公式。具体而言，首先，我们定义生产函数（4.16）中的确定性部分，即用收益函数中的 $R(P_{gi\tau}, P_{gi\tau}, V_{gi\tau})$ 来加以表示。其中，$P_{gi\tau}$ 为 g 行业 τ 时期各类产品的价格向量；$P_{gi\tau}$ 为 g 行业 τ 时期各类要素投入的价格向量；$V_{gi\tau}$ 为 g 地区 τ 时期各类生产要素的投入向量。其次，结合一般均衡方程（4.17），并根据收益函数对 P 与 V 的性质，我们针对要素市场，可以充分计算出与要素最优分配点所对应的要素份额为：

$$S_{gi\tau} = \frac{V_{gi\tau}}{R_{g\tau}} \frac{\partial R_{g\tau}}{\partial V_{gi\tau}} = \beta_j + \sum_{f \neq j} \beta_{je} \ln V_{gf\tau} + 2\beta_{jj} \ln V_{gj\tau} + \sum_j \gamma_{ij} \ln P_{git} \qquad (4.19)$$

式（4.19）中，等式最左边一项表示 g 行业 τ 时期各类生产要素的最优份额。由于原理相同，所以在后文给出实际要素份额公式的情形下，通过与实际要素份额 $S_{gi\tau}^a$ 对比，我们就可以很方便地求得要素市场的配置效率损失为：

$$AE_{gi\tau} = |S_{gi\tau} - S_{gi\tau}^a| \qquad (4.20)$$

最后，我们分别将分区域的各类要素的价格向量和分区域的各类要素的投入向量代入 $P_{gi\tau}$ 和 $V_{gi\tau}$ 中，就可以得到分区域的各类生产要素的理论分配份额及分区域的各类生产要素的实际分配份额,并能够方便地推算出分区域的各类生产要素价格扭曲的结果。

(二) 区域部门测算要素价格扭曲的数据来源

1. 样本区间内省域产出 Y_{it}

对于制造业各省份各时期的产出 Y_{it},同测算行业要素价格扭曲的方法类似,课题组参照陶小马等 (2009) 的研究方法,选用各行业工业总产值来表示,数据来源于 1998~2014 年的《中国统计年鉴》中的工业统计部分,选取的指标为"按地区分组的规模以上工业企业主要经济指标"。

2. 样本区间内省域资本投入 K_{it} 及相匹配的要素投入价格 P_{Kt}

参考陈永伟与胡伟民 (2011) 的研究方法,省域各时期的资本投入量 K_{it} 用各省的固定资产净值加以替代,数据源自《中国工业经济统计年鉴》。由于部分数据缺失,课题组采用了平滑的方法。平滑主要由课题组参照各省固定资产净值与本省工业总产值的历年比值进行。各省历年的资本价格为 P_{Kt},课题组将其设定为固定资产投资价格指数,数据源自 2015 年的《中国价格统计年鉴》。

3. 样本区间内省域劳动投入 L_{it} 及要素投入价格 P_{Lt}

课题组采用各个省份就业人员的年末人数对制造业分省域样本区间内的劳动投入加以衡量,与之相匹配的劳动力使用价格 P_{Lt} 则使用分省份就业人员的平均工资加以替代,有关劳动要素投入方面的数据全部源自《中国劳动统计年鉴》。

4. 制造业分省域各时期能源投入 E_{it} 及对应的行业产品价格 P_{Et}

制造业样本区间内各个省份能源投入量 E_{it} 采用《中国能源统计年鉴》中各个省市自治区的能源消耗量来反映,价格 P_{Et} 用工业部门样本区间内煤炭价格指数加以替代,相应数据则进一步参考历年《中国价格统计年鉴》。

(三) 制造业按省份划分的要素价格扭曲测算结果及分析

首先,根据前面一个小节的数据,课题组通过分别测算各省劳动、能源和资本三种要素对生产的贡献系数 β_{Ki}、β_{Li}、β_{Ei} 来对省域要素价格扭曲情形加以表征,估计结果 (因篇幅原因只列出部分省份数据) 如表 4-4 所示:

表 4-4 我国部分省部分年份的能源价格扭曲系数[①]

年份 省份	1997	1998	1999	2002	2003	2004	2007	2008	2009	2012	2013
1. 北京	2.61	2.85	3.01	3.22	3.35	3.41	3.42	3.51	3.22	2.51	2.61
2. 河北	3.52	3.72	3.82	4.33	4.32	4.47	4.66	4.16	3.98	3.61	3.51
3. 山西	2.73	2.86	2.85	3.14	3.39	3.45	3.77	3.88	3.53	2.86	2.76
4. 内蒙古	3.63	3.87	4.03	4.25	4.38	4.43	4.56	4.47	4.22	3.77	3.68
5. 黑龙江	6.02	5.18	5.22	5.62	5.66	5.71	6.75	5.75	5.65	5.69	6.61
6. 上海	3.45	3.57	3.45	4.05	4.18	4.25	4.35	4.06	3.82	3.64	2.51
7. 江苏	3.57	3.82	4.01	4.22	4.37	4.45	4.59	4.48	4.27	3.82	3.67
8. 浙江	2.19	2.26	2.37	3.07	3.15	3.25	3.39	3.46	3.25	2.85	2.71
9. 福建	2.06	2.15	2.26	2.66	2.73	2.77	2.82	2.95	2.73	2.43	2.35
10. 江西	1.45	1.67	1.82	2.03	2.17	2.27	2.36	2.32	2.12	1.71	1.62
11. 山东	3.42	3.52	3.43	4.01	4.16	4.26	4.45	4.23	4.12	3.61	3.51
12. 河南	3.57	3.56	3.62	4.26	4.35	4.48	4.43	4.32	4.18	3.65	3.61
13. 湖南	2.73	2.99	3.11	3.22	3.32	3.45	3.42	3.27	3.12	2.82	2.85
14. 广东	1.81	1.91	1.12	1.22	1.21	1.31	1.42	1.32	1.22	1.71	1.11
15. 海南	1.22	1.35	1.42	1.82	1.87	1.94	2.02	2.15	1.91	1.52	1.53
16. 四川	2.21	2.46	2.53	3.05	3.17	3.22	3.45	3.46	3.32	2.81	2.82
17. 云南	1.44	1.67	1.76	1.87	1.98	2.06	2.22	2.31	2.26	2.08	1.86
18. 甘肃	1.15	1.28	1.38	1.78	1.86	1.85	2.01	2.15	2.21	1.95	1.81
19. 新疆	1.16	1.29	1.31	1.76	1.81	2.01	2.15	2.29	2.18	1.82	1.99

表 4-4 所示为中国部分年份 19 个省份的能源价格扭曲状况。观察此表结果，我们可以发现 1997 年至 2013 年，和行业层面的分析结果类似，我国各区域的能源价格扭曲状况同样存在一定程度的波动。就总体的变化趋势来看，表中所列大部分省，如山西、内蒙古、黑龙江、江苏、浙江、福建、江西、山东、河南、湖南、海南、四川、云南、甘肃以及新疆的要素价格扭曲水平均呈现出不同程度的上升。其中，新疆的能源价格扭曲状况变动最大，通过数据分析我们可以看到，1997~2013 年，新疆的能源价格扭曲水平上升了 71.5%。而广东、上海及北京等省市的要素价格扭曲水平则保持不变甚至出现了下降。相应的解释是，在我

[①] 由于在最终回归模型中没有使用区域层面的要素价格扭曲数据，且限于篇幅，课题组只给出了能源价格扭曲的测算结果与分析，关于资本和劳动价格扭曲的测算结果及分析，课题组备索。

国，能源市场存在普遍的扭曲现象，尽管我国对电力、煤炭等能源的使用进行了民用及工业用的区分，但总体来说，我国使用工业用资源的成本低于西方发达国家水平，这使得整个制造业承担的能源成本较低，出现了能源价格的绝对扭曲。实际上，由于地方经济体制改革进程的差异，不同区域所面临的能源价格扭曲状况的变化趋势也存在较大差异，如前述的北京、上海及广东等经济发达区域在能源使用方面对中间品的加工活动多、技术含量高，其他经济发展水平相对落后的区域，主要聚集了加工技术含量较低、使用能源强度较高的制造企业。同时，我国为了鼓励节能遏制浪费，对于工业用资源，如水的价格采取阶梯式收费，使得地处经济相对发达区域的相关制造企业能源使用成本中的政策干扰因素减少，这事实上对相关区域资源价格扭曲程度加深的趋势起到了重要的缓解作用，进而使广东、上海和北京等区域的资源价格扭曲程度出现了持平甚至下降现象。

此外，还应注意的是，由于我国不同区域的地方政府对于地方资源的掌控能力不同，所以相应区域所面对的能源价格扭曲程度又有所不同。从表4-4我们可以清晰地看出，和行业层面的分析结果类似，中国制造业能源价格的扭曲程度不仅在整体上呈现加深的趋势，而且在特定年份，不同区域所面对的扭曲情况也有所不同。以1997年为例，河南省的能源价格扭曲程度是甘肃省能源价格扭曲程度的3.10倍。而以2013年为例，黑龙江省的能源价格扭曲程度是广东省能源价格扭曲程度的5.95倍。

第二节 中国制造业全球价值链攀升水平的测算

一、价值链攀升水平测算思路的比较与分析

目前，有关价值链攀升水平如何测算的实证研究，主要是围绕如何对增加值出口进行有效分解这一思路展开。

总体来说，现有分解方法基本都遵循了总贸易核算思路，所采用的方法无一

例外都是基于投入产出表。在测算贸易增加值率时，传统的 HIY 方法假设一国所有进口中间品完全是由国外价值增值构成，这显然与现实不符。基于上述分析，课题组采用 Koopman 等（2014）提供的全新的附加值贸易统计框架，根据前向关联的对一国出口国内价值的彻底分解，从而使较为清晰地对多次跨境的迂回附加值贸易进行刻画成为可能。具体分解结果①简述如下：

$$DVA_s = V_s \sum_{r \neq s} B_{ss} Y_{sr} + V_s B_{ss} \sum_{r \neq s} A_{sr} X_{rr} + V_s B_{ss} \sum_{r \neq s} \sum_{t \neq s,r} A_{sr} X_{rt} + V_s B_{ss} \sum_{r \neq s} A_{sr} X_{rs}$$

(4.21)

其中，下角标 s 代表本国即直接出口国，下标 r 代表直接进口国，下标 t 代表与两国有贸易往来的第三国。V、A、B 分别代表增加值矩阵、直接投入产出系数矩阵及列昂惕夫矩阵。式（4.21）左边代表直接出口国出口产品中所包含的总的国内增加值；右边第一项表示被直接进口方吸收的，隐含在最终产品和服务出口中的国内价值增值（D_F）；右边第二项表示隐含在为生产直接进口国国内需求品所需投入中间品中的国内价值增值（D_I）；右边第三项表示隐含在为直接进口国生产向第三国出口的产品的中间品中含有的国内价值增值（D_IT）②；右边第四项表示包含在回流本国产品的中间品中返回的国内价值增值（RDV）。

图4-1用三个国家的例子来阐述上述分解双边中间贸易品流量的基本思路。图中长粗箭头表示中间品出口。以 S 国到 R 国的中间出口为例进行分析。首先，S 国到 R 国的中间出口在 R 国可以被用于生产最终品或其他中间投入品。其次，R 国利用 S 国中间出口品生产的中间投入品可以被出口到 T 国也可以返回 S 国，即任何国家的最终产品既可以用于国内消费（短粗箭头），也可以出口到其他两个国家（虚线箭头）。总之，S 国到 R 国的中间出口品共有 9 种可能的直接或间接的最终吸收形式（虚线箭头和粗线箭头），据此可以将这一中间出口流量按照其最终吸收地及吸收渠道完全分解。在根据最终吸收地及吸收渠道彻底分解双边中间贸易品流量的基础上，可把双边总贸易流量分解为 16 个增加值和重复计算

---

① 限于篇幅，文中不再赘述。分解的具体过程详见 Wang 等（2016）。
② 为了分析方便，我们在实证分析中将隐含在为生产直接进口国国内需求品所需投入中间品中的国内价值增值同隐含在为直接进口国生产向第三国出口的产品的中间品中含有的国内价值增值合并为中间品出口中的国内增加值。

部分①。这16个部分可以归纳为前文指出的4大类。

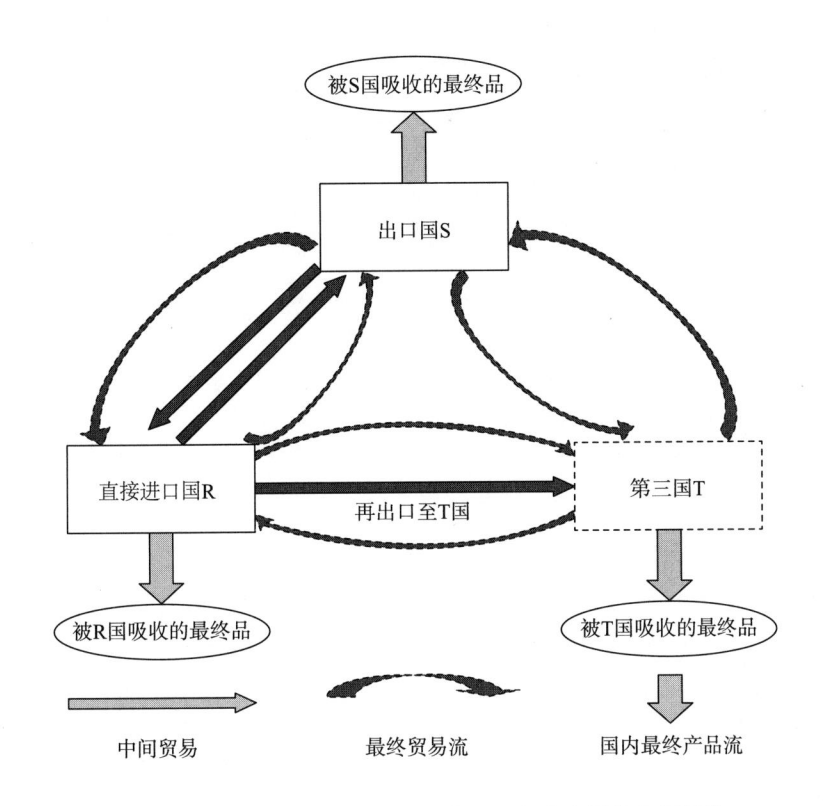

图 4-1　S 国与 R 国之间的双边中间品贸易流量的分解思路

需要特别指出的是，该类总贸易核算法不仅限于对出口总值上述四个主要部分的分解，还可以进一步将这四部分分解为具有不同经济含义的更详细的组成部

---

① 16个部分为：①最终出口的国内增加值；②直接被进口国生产国内最终需求吸收的中间出口国内增加值；③被进口国出至第三国并被第三国生产国内最终需求吸收的中间出口国内增加值；④被进口国生产最终出口至第三国吸收的中间出口国内增加值；⑤被进口国生产中间出口至第三国，最终以最终进口返回第二国吸收的中间出口国内增加值；⑥被进口国生产最终出口返回国内吸收的中间出口国内增加值；⑦被进口国生产中间出口至第三国，最终以进口返回国内吸收的中间出口国内增加值；⑧被进口国生产中间出口返回国内生产国内最终需求吸收的中间出口国内增加值；⑨被进口国生产中间出口返回国内生产最终出口吸收的中间出口国内增加值（中间出口与最终出口的重复计算）；⑩被进口国生产中间出口返回国内生产中间出口的中间出口国内增加值（中间出口与中间出口的重复计算）；⑪最终出口的进口国增加值；⑫中间出口的进口国增加值；⑬中间出口的进口国价值重复计算部分；⑭最终出口的第三国增加值；⑮中间出口的第三国增加值；⑯中间出口的第三国价值重复计算部分。

分。例如，一国某一部门出口中隐含的 FVA 可以进一步分解为来自不同生产国的增加值；DVA 可以根据其被最终吸收的不同渠道，进一步分解为隐含于最终出口中的，被直接进口国吸收的中间出口品中的，抑或被直接进口国用于再出口生产的中间出口品中的不同部分。具体的分解关系可以参见图 4-2。

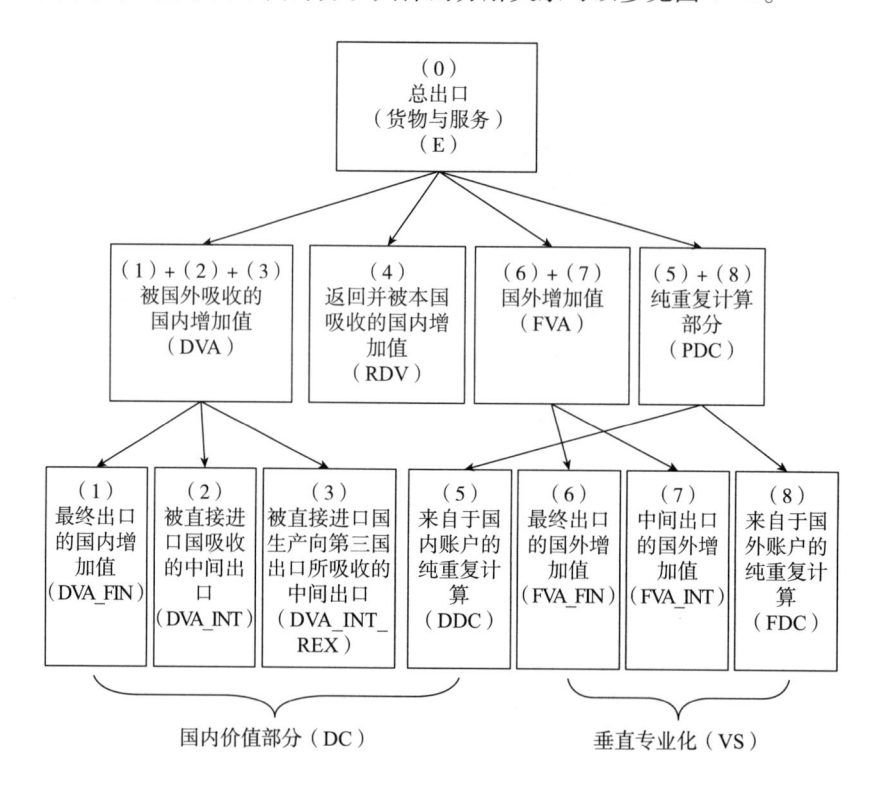

图 4-2　总贸易核算思路的框架

尽管都是遵循总贸易核算法的框架，但由于在分解核算增加值出口时，是用总需求还是用总出口与列昂惕夫逆矩阵相乘存在分歧，所以相关代表性的测算模型依然可以归为两类。一类是 Lejour 等（2011）的方法；另一类是 Koopman 等（2011）和 Koopman 等（2012）的方法。现在我们对这几类模型在计算方法上的区别进行简要梳理与分析。

（一）Koopman 等（2011）和 Koopman 等（2012）分解方法比较

1. 二者总出口分解中 FV 与 DV 的比较

现对 Koopman 等（2011）和 Koopman 等（2012）中的总出口分解进行对比

说明。对于某一国家 s，Koopman 等（2011）中的总出口可以分解为：

$$E_{s*} = DV_s + FV_s = V_sB_{ss}\sum_{r\neq s}Y_{sr} + V_sB_{ss}\sum_{r\neq s}A_{sr}X_{rr} + V_sB_{ss}\sum_{r\neq s}\sum_{k\neq s,r}A_{sr}X_{rk} +$$

$$V_sB_{ss}\sum_{r\neq s}A_{sr}X_{rs} + \sum_{r\neq s}V_rB_{rs}E_{s*} = V_sB_{ss}\sum_{r\neq s}Y_{sr} + V_sB_{ss}\sum_{r\neq s}A_{sr}X_{rr} +$$

$$V_sB_{ss}\sum_{r\neq s}\sum_{k\neq s,r}A_{sr}X_{rk} + V_sB_{ss}\sum_{r\neq s}A_{sr}X_{rs} + FV_s \quad (4.22)$$

其中，$FV_i = \sum_{j\neq i}V_jB_{ji}E_{i*}$

根据 Koopman 等（2012）对出口的分解公式，总出口可以分解为：

$$uE_{s*} = \left\{V_s\sum_{r\neq s}^{G}B_{ss}Y_{sr} + V_s\sum_{r\neq s}^{G}B_{sr}Y_{rr} + V_s\sum_{r\neq s}^{G}\sum_{t\neq s,r}^{G}B_{sr}Y_{tr}\right\} +$$

$$\left\{V_s\sum_{r\neq s}^{G}B_{sr}Y_{rs} + V_s\sum_{r\neq s}^{G}B_{sr}A_{rs}X_s\right\} +$$

$$\left\{\sum_{t\neq s}^{G}\sum_{r\neq s}^{G}V_tB_{ts}Y_{sr} + \sum_{t\neq s}^{G}\sum_{r\neq s}^{G}V_tB_{ts}A_{sr}X_r\right\} \quad (4.23)$$

不难发现，式（4.23）的右边第 5 项：

$$\sum_{t\neq s}^{G}\sum_{r\neq s}^{G}V_tB_{ts}Y_{sr} + \sum_{t\neq s}^{G}\sum_{r\neq s}^{G}V_tB_{ts}A_{sr}X_r = \sum_{t\neq s}^{G}V_tB_{ts}(Y_{sr} + A_{sr}X_r) = \sum_{t\neq s}^{G}V_tB_{ts}E_{s*} = FV$$

因此，Koopman 等（2011）和 Koopman 等（2012）总出口分解中的 FV 相同，其剩余的 DV 也是一样的。

2. 二者 DV 各项之间的比较

这一小节将讨论 Koopman 等（2011）和 Koopman 等（2012）总出口分解中 DV 各项之间的联系。

第一，对于第 1 项，$V_s\sum_{r\neq s}^{G}B_{ss}Y_{sr}$，在 Koopman 等（2011）和 Koopman 等（2012）总出口分解中均相同。

第二，对于第 2 项：

$$V_s\sum_{r\neq s}^{G}B_{sr}Y_{rr} = \sum_{r\neq s}^{G}V_sB_{sr}(I - A_{rr})X_{rr} = \sum_{r\neq s}^{G}V_sB_{ss}A_{sr}X_{rr} + \sum_{r\neq s}^{G}\sum_{g\neq r,s}^{G}V_sB_{sg}A_{gr}X_{rr} \quad (4.24)$$

第三，对于第 3 项：

$$V_s\sum_{r\neq s}^{G}\sum_{t\neq s,r}^{G}B_{sr}Y_{tr} = V_s\sum_{r\neq s}^{G}\sum_{t\neq s,r}^{G}B_{sr}\left[(I - A_{tt})X_{tr} - A_{tr}X_r\right]$$

$$= V_s \sum_{r \neq s}^{G} \sum_{t \neq s,r}^{G} B_{sr} [(I - A_{rr}) X_{tr} - V_s \sum_{r \neq s}^{G} \sum_{t \neq s,r}^{G} B_{sr} A_{tr} X_r$$

$$= V_s B_{ss} \sum_{r \neq s}^{} \sum_{t \neq s,r}^{} A_{sr} X_{tr} + V_s \sum_{r \neq s}^{} \sum_{t \neq s,r}^{} \sum_{g \neq s,r}^{} B_{sg} A_{gr} X_{tr} -$$

$$V_s \sum_{r \neq s}^{G} \sum_{t \neq s,r}^{G} B_{sr} A_{tr} (X_{rr} + X_{rs} + \sum_{k \neq s,r}^{} X_{rk}) \tag{4.25}$$

整理上式，可得：

$$V_s \sum_{r \neq s}^{G} \sum_{t \neq s,r}^{G} B_{sr} Y_{tr} = V_s B_{ss} \sum_{r \neq s}^{} \sum_{k \neq s,r}^{} A_{sr} X_{rk} - V_s \sum_{r \neq s}^{G} \sum_{g \neq s,r}^{G} B_{sg} A_{gr} (X_{rr} + X_{rs}) \tag{4.26}$$

Koopman 等（2012）没有考虑到甲乙两国的出口中，甲国出口到第 3 国，然后再出口到乙国用于乙国本国的生产和出口到甲国生产这两部分。

第四，对于第 4 项，不难得出：

$$V_s \sum_{r \neq s}^{G} B_{sr} Y_{rs} + V_s \sum_{r \neq s}^{G} B_{sr} A_{rs} X_s = V_s \sum_{r \neq s}^{G} B_{sr} (Y_{rs} + A_{rs} X_s)$$

$$= V_s \sum_{r \neq s}^{G} B_{sr} (I - A_{rr}) X_{rs}$$

$$= V_s \sum_{r \neq s}^{G} B_{ss} A_{sr} X_{rs} + V_s \sum_{r \neq s}^{G} \sum_{g \neq s,r}^{G} B_{sg} A_{gr} X_{rs} \tag{4.27}$$

（二）Lejour 等（2011）和 Koopman 等（2012）分解方法比较

Lejour 等（2011）的方法和 Johnson 和 Noguera（2011）的接近。

$$dtot_r(i, j) = dd_r(i, j) + de_r(i, j) + dx_r(i, j) + dx_r^*(i, j) \tag{4.28}$$

为了对比方便，课题组在这一部分进一步将 Lejour 等（2012）公式中需求的表达符号 f 统一用 Y 表示。

$$dd_r(i, j) = \sum_{\rho \neq r}^{} dd_r(i, \rho, j, \rho) = \sum_{\rho \neq r}^{} Y_{\rho\rho}(i) B_{rp}(j, i) v_r(j) \tag{4.29}$$

不难看出，Lejour 等（2012）分解中式（4.32）的前 3 项与 Koopman 等（2012）中的前 3 项没有差异，

$$de_r(i, j) = \sum_{\rho \neq r}^{} de_r(i, \rho, j, \rho) = \sum_{\rho \neq r}^{} Y_{rp}(i) B_{rr}(j, i) v_r(j) \tag{4.30}$$

从式（4.30）很容易看出，式（4.28）的第 4 项和 Koopman 等（2012）分解中的第 4 项完全对应。值得注意的是，Lejour 等（2011）和 Koopman 等（2012）分析框架的不同点在于，前者专门针对一国 GDP 中涉及出口的部分进行分解。

$$dx_r(i,j) = \sum_{\rho \neq r} dx_r(i,s,j,\rho) = \sum_{\rho \neq r, s \neq r, \rho \neq s} Y_{sp}^e(i) B_{rs}(j,i) v_r(j) \quad (4.31)$$

继而得到：

$$dx_r^*(i,j) = \sum_{\rho \neq r} dx_r^*(i,s,j,r) = \sum_{s \neq r} Y_{sr}(i) B_{rs}(j,i) v_r(j) \quad (4.32)$$

利用 GDP 的核算公式，可以清楚地发现它们的联系。

$$\begin{aligned}\text{GDP} &= dtot_r(i,j) + f_{rr}^{\prime d} B_{rr}^\prime v_r = dd_r(i,j) + de_r(i,j) + dx_r(i,j) + \\ & \quad dx_r^*(i,j) + f_{rr}^{\prime d} B_{rr}^\prime v_r \end{aligned} \quad (4.33)$$

由此，可以说明 Koopman 等（2012）和 Lejour 等（2011）分解方法的主要区别在于，其将式（4.32）中前面的几项加总构成了计入 GDP 中的出口部分的总和。

二、竞争型投入产出表下制造业价值链攀升水平的测度

（一）竞争型投入产出表下测度价值链攀升水平的方法

基于 Koopman 等（2012）的思路，要反映中国制造业各个行业在全球价值链分工体系中的地位，首先必须对国际生产的关联过程通过建模的方式加以反映，引入多国投入产出表进而核算全球生产链中的价值产生过程，根据上述分析，可以方便地得到式（4.34）。

$$X = AX + Y \quad (4.34)$$

其中，X 为某一国家的总产出，Y 表示最终需求，用向量表示为：

$$A = \begin{bmatrix} A_{11} & A_{12} & \cdots & A_{1G} \\ A_{21} & A_{22} & \cdots & A_{2G} \\ \vdots & \vdots & \ddots & \vdots \\ A_{G1} & A_{G2} & \cdots & A_{GG} \end{bmatrix} \quad (4.35)$$

其中，A 表示直接消耗矩阵，与一国投入产出模型类似，但这里是多国的投入产出模型。A 的元素可表示为：

$$X = (I - A)^{-1} Y \quad (4.36)$$

增加值率 V 用矩阵表示为：$\widehat{V} = \begin{bmatrix} \widehat{V_1} & 0 & \cdots & 0 \\ 0 & \widehat{V_2} & \cdots & 0 \\ \vdots & \vdots & \ddots & \vdots \\ 0 & 0 & \cdots & \widehat{V_G} \end{bmatrix}$ (4.37)

其中，增加值率 V_i 为各部门增加值和总产出之比。式（4.37）用向量可表示为：

$$\begin{bmatrix} X_1 \\ X_2 \\ \vdots \\ X_G \end{bmatrix} = \begin{bmatrix} 1-A_{11} & -A_{12} & \cdots & -A_{1n} \\ -A_{21} & 1-A_{22} & \cdots & -A_{2n} \\ \vdots & \vdots & \ddots & \vdots \\ -A_{n1} & A_{n2} & \cdots & 1-A_{nn} \end{bmatrix}^{-1} \begin{bmatrix} \sum_r^G Y_{1r} \\ \sum_r^G Y_{2r} \\ \vdots \\ \sum_r^G Y_{Gr} \end{bmatrix} = \begin{bmatrix} B_{11} & B_{12} & \cdots & B_{1G} \\ B_{21} & B_{22} & \cdots & B_{2G} \\ \vdots & \vdots & \ddots & \vdots \\ B_{G1} & B_{G2} & \cdots & B_{GG} \end{bmatrix} \begin{bmatrix} Y_1 \\ Y_2 \\ \vdots \\ Y_G \end{bmatrix}$$

(4.38)

进一步：

$$\widehat{V}BY = \begin{bmatrix} \widehat{V_1} & 0 & \cdots & 0 \\ 0 & \widehat{V_2} & \cdots & 0 \\ \vdots & \vdots & \ddots & \vdots \\ 0 & 0 & \cdots & \widehat{V_G} \end{bmatrix} \begin{bmatrix} X_{11} & X_{12} & \cdots & X_{1G} \\ X_{21} & X_{22} & \cdots & X_{2G} \\ \vdots & \vdots & \ddots & \vdots \\ X_{G1} & X_{G2} & \cdots & X_{GG} \end{bmatrix} =$$

$$\begin{bmatrix} V_1 \sum_r^G B_{1r} Y_{r1} & V_1 \sum_r^G B_{1r} Y_{r2} & \cdots & V_1 \sum_r^G B_{1r} Y_{rG} \\ V_2 \sum_r^G B_{2r} Y_{r1} & V_2 \sum_r^G B_{2r} Y_{r2} & \cdots & V_2 \sum_r^G B_{2r} Y_{rG} \\ \vdots & \vdots & \ddots & \vdots \\ V_G \sum_r^G B_{Gr} Y_{r1} & V_G \sum_r^G B_{Gr} Y_{r2} & \cdots & V_G \sum_r^G B_{Gr} Y_{rG} \end{bmatrix}$$

(4.39)

运用式（4.39），可方便地通过测算贸易附加值来对中国制造业在全球价值链中的攀升水平加以衡量。

(二) 竞争型投入产出表下价值链攀升水平的测算结果与分析

接下来,我们先依据 1987 年、1990 年、1992 年、1997 年、2000 年、2002 年、2007 年中国投入产出表测算了没有考虑间接进口投入情形下的 VB。将所得结果减掉考虑间接进口投入情形所得的 VB 得到我国 1994~2008 年制造业各行业,用以反映制造业价值链攀升状况的出口贸易附加值(见表 4-5)。观察表 4-5 我们可以较为直观地看出,近年来我国制造业的贸易附加值呈现逐年上升的趋势。

表 4-5 用以反映价值链攀升水平的贸易附加值指标

年份	01	02	03	04	05	06	07	08	09	10	11
1994	0.111	0.117	0.176	0.132	0.011	0.142	0.105	0.216	0.011	0.129	0.065
1995	0.223	0.128	0.183	0.157	0.022	0.233	0.124	0.227	0.015	0.131	0.088
1996	0.233	0.137	0.199	0.193	0.022	0.331	0.137	0.311	0.017	0.133	0.118
1997	0.255	0.172	0.211	0.211	0.033	0.456	0.145	0.303	0.022	0.151	0.175
1998	0.266	0.182	0.272	0.215	0.049	0.572	0.168	0.496	0.023	0.167	0.218
1999	0.288	0.198	0.259	0.245	0.058	0.358	0.195	0.487	0.035	0.168	0.223
2000	0.299	0.217	0.255	0.266	0.054	0.568	0.213	0.495	0.037	0.199	0.262
2001	0.327	0.297	0.315	0.283	0.064	0.369	0.258	0.555	0.043	0.226	0.292
2002	0.365	0.217	0.317	0.311	0.079	0.403	0.291	0.599	0.057	0.272	0.309
2003	0.399	0.313	0.361	0.345	0.078	0.391	0.321	0.571	0.059	0.293	0.326
2004	0.416	0.311	0.318	0.377	0.085	0.315	0.327	0.669	0.061	0.315	0.337
2005	0.455	0.318	0.422	0.389	0.083	0.421	0.363	0.501	0.071	0.333	0.339
2006	0.493	0.322	0.473	0.432	0.095	0.333	0.392	0.421	0.081	0.386	0.352
2007	0.515	0.423	0.511	0.473	0.092	0.548	0.435	0.498	0.088	0.429	0.373
2008	0.555	0.537	0.599	0.522	0.129	0.413	0.488	0.591	0.091	0.431	0.391

此外,类似电子及通信设备制造业和仪器仪表制造业等参与全球分工较深的行业,在中国所创造的出口贸易附加值相对偏低;我国出口贸易附加值较高的食品加工业、炼油煤气和石油加工业等行业的垂直分工水平也不高。这两点在很大程度上表明,我们国家的制造业在世界各国价值链分工体系中获得的利润较低。

近年来,由于世界投入产出表(WIOD)能够更加准确地反映贸易的真实利得,且能够更加深入地分析当前制造业产品的全球增值情况,所以课题组根据世界投入产出数据库对我国出口附加值同样进行了测算。

为了进行对比,我们还在表4-6中列出了服务业出口附加值的情况。需要特别说明的是,参照樊茂清、黄薇(2014)的做法,为了分析方便,课题组将国际投入产出数据库中的35个产业进一步划分为初级产品和资源产品、制造业及服务业三大类,制造业又可分为知识密集型、资本密集型和劳动密集型;服务业也同样可以细分为健康、教育、公共服务业,知识密集型服务业及劳动密集型服务业等。

表4-6 基于竞争型投入产出表的各产业出口形成国内增加值的占比

年份	初级产品出口 初级资源产品	制造业出口附加值				服务业出口附加值				合计	
		劳动密集制造	资本密集制造	知识密集制造	小计	劳动密集服务	资本密集服务	知识密集服务	教育健康公共服务	小计	总计
1995	16.1	13.1	16.2	14.1	44.1	9.31	8.47	5.05	1.63	24.3	84.1
1996	15.2	14.6	16.3	15.2	46.8	9.26	8.27	4.64	1.62	23.1	85.8
1997	13.3	13.7	16.1	15.2	45.2	12.6	8.28	4.74	1.76	26.6	86.2
1998	12.5	13.2	16.6	16.1	45.5	12.5	8.96	5.72	1.87	28.9	87.9
1999	11.7	12.1	15.8	17.7	45.1	11.1	9.27	5.66	1.92	28.2	85.2
2000	11.8	11.1	14.9	17.8	43.9	11.2	9.49	5.46	2.01	27.1	82.9
2001	10.4	11.7	14.2	17.5	43.8	11.8	10.5	5.68	2.21	29.7	83.2
2002	10.2	10.2	13.1	17.1	42.5	11.7	10.2	5.76	2.57	30.1	82.1
2003	9.92	9.52	13.5	18.8	41.5	10.4	10.0	5.65	2.15	27.5	78.2
2004	10.3	7.91	13.7	17.1	38.9	8.83	10.0	5.36	1.75	25.8	74.5
2005	10.2	7.83	13.2	17.1	38.2	8.31	9.81	5.58	1.72	25.4	74.7
2006	10.1	8.16	13.1	18.2	39.1	8.27	9.16	5.98	1.61	24.7	74.9
2007	10.7	7.96	13.2	18.5	40.3	8.06	9.16	6.65	1.56	25.6	75.2
2008	9.32	6.72	12.1	16.1	36.2	8.85	8.97	6.81	1.76	26.5	71.8
2009	9.92	7.56	12.7	17.8	37.1	9.45	9.58	7.72	1.93	28.7	76.1

从测算结果我们不难看出，初级、资源类产品在附加值中所占比重呈现逐年下降的趋势，相应结果表明，其出口对于国内经济发展的推动作用日益降低，其从 1995 年的约 16% 下降为 2009 年的 9.92%。1995~2009 年，相比资源类产品和服务业而言，中国制造业出口形成的附加值占比最高。但是，制造业出口对附加值的重要性呈现逐年下降趋势。从表 4－6 中我们不难发现，劳动密集型制成品在制造业产品的出口结构中，出口所创造的附加值相较其他类型行业，呈现迅速下降趋势，资本密集型制造业产品的发展趋势类似。值得注意的是，知识密集型制造业产品出口所形成的附加值占比较其他类型行业，呈现出逐年缓慢上升的现象。具体而言，自 1995 年开始，经过样本区间内 15 年的发展，中国制造业出口附加值占比最高的类型逐步从劳动密集型转化为资本密集型，并且逐步由资本密集型转变为知识密集型。知识密集型制造业出口的产品，其附加值在总的附加值中所占比重为 17.8%，约为劳动密集型制造业出口产品的 2.4 倍，这个比例显然远远超过了资本密集型出口产品。

三、非竞争型投入产出表下制造业价值链攀升水平的测度

（一）非竞争型投入产出表下价值链攀升水平测算的基准模型

1. 非竞争型投入产出表的编制及相应代码含义

课题组在这一部分，尝试基于 Koopman 等（2012）的思路，运用非竞争型投入产出表对中国制造业各部门分行业的价值链攀升水平进行有效测度。基于此，我们首先需要对国家统计局提供的 42 部门划分的非竞争型投入产出表，按照企业所有制类型（国有、外商投资和其他）和企业规模（大型、中小型）两个维度进行分割。具体而言，就是将国内 42 个部门分为国有大型企业（42 部门：代码 1）、国有中小企业（42 部门：代码 2）、外商投资大型企业（42 部门：代码 3）、外商投资中小型企业（42 部门：代码 4）、其他大型企业（42 部门：代码 5）和其他中小型企业（42 部门：代码 6）六个类别，这能详细反映出不同类型企业之间的中间产品的交易。分割后的 IO 表的详细结构如表 4－7 所示。

这里，我们用 Z、Y、E、X 和 M 分别代表中间投入（或中间使用）、国内最终中使用、出口、总产出和进口；上标 SL 和 SS 分别代表国有大型企业和国有中

表 4-7 按进口及国内中间品投入、所有权、企业规模划分的非竞争型投入产出表结构

			SO Large (SL)	SO SME (SS)	FI Large (FL)	FI SME (FS)	Intermediate use Other Large (OL)	Other SME (OS)	Domestic Final use	Export	Total Gross Output
		DIM	1, 2, ···, N	1, 2, ···, N	1, 2, ···, N	1, 2, ···, N	1, 2, ···, N	1, 2, ···, N	1	1	1
Domestic Intermediate Inputs	SO Large (SL)	1 ⋮ N	$Z^{SL,SL}$	$Z^{SL,SS}$	$Z^{SL,FL}$	$Z^{SL,FS}$	$Z^{SL,OL}$	$Z^{SL,OS}$	Y^{SL}	E^{SL}	X^{SL}
	SO SME (SS)	1 ⋮ N	$Z^{SS,SL}$	$Z^{SS,SS}$	$Z^{SS,FL}$	$Z^{SS,FS}$	$Z^{SS,OL}$	$Z^{SS,OS}$	Y^{SS}	E^{SS}	X^{SS}
	FI Large (FL)	1 ⋮ N	$Z^{FL,SL}$	$Z^{FL,SS}$	$Z^{FL,FL}$	$Z^{FL,FS}$	$Z^{FL,OL}$	$Z^{FL,OS}$	Y^{FL}	E^{FL}	X^{FL}
	FI SME (FS)	1 ⋮ N	$Z^{FS,SL}$	$Z^{FS,SS}$	$Z^{FS,FL}$	$Z^{FS,FS}$	$Z^{FS,OL}$	$Z^{FS,OS}$	Y^{FS}	E^{FS}	X^{FS}
	Other Large (OL)	1 ⋮ N	$Z^{OL,SL}$	$Z^{OL,SS}$	$Z^{OL,FL}$	$Z^{OL,FS}$	$Z^{OL,OL}$	$Z^{OL,OS}$	Y^{OL}	E^{OL}	X^{OL}
	Other SME (OS)	1 ⋮ N	$Z^{OS,SL}$	$Z^{OS,SS}$	$Z^{OS,FL}$	$Z^{OS,FS}$	$Z^{OS,OL}$	$Z^{OS,OS}$	Y^{OS}	E^{OS}	X^{OS}
Imported Intermediate Inputs	Abroad (F)	1 ⋮ N	$Z^{F,SL}$	$Z^{F,SS}$	$Z^{F,FL}$	$Z^{F,FS}$	$Z^{F,OL}$	$Z^{F,OS}$	Y^{F}		M
Value – added		1	V^{SL}	V^{SS}	V^{FL}	V^{FS}	V^{OL}	V^{OS}			
Total Gross Output		1	X^{SL}	X^{SS}	X^{FL}	X^{FS}	X^{OL}	X^{OS}			

小企业；上标 FL 和 FS 分别代表外商投资大型企业和外商投资中小型企业；上标 OL 和 OS 分别代表其他所有制大型企业和其他所有制中小型企业。单个字母上标 F 代表进口产品（42 部门）；下标 i 或下标 j 代表 42 个部门（产品）中的第 i 或第 j 种产品。

表 4-7 中的第一行(SL)第一列(SL)中，$Z^{SL,SL}$ 为一个 42×42 的矩阵，其第 i 行和第 j 列的元素为 $Z_{ij}^{SL,SL}$，代表国有大型企业（SL）的产品 i 在国有大型企业（SL）部门 j 中的中间使用（或部门 j 的中间投入）。

第一行(SL)第二列(SS)中，$Z^{SL,SS}$ 为一个 42×42 的矩阵，其第 i 行和第 j 列的元素为 $Z_{ij}^{SL,SS}$，代表国有大型企业（SL）的产品 i 在国有中小型企业（SS）部门 j 中的中间使用。

第一行(SL)第三列(FL)中，$Z^{SL,FL}$ 为一个 42×42 的矩阵，其第 i 行和第 j 列的元素为 $Z_{ij}^{SL,FL}$，代表国有大型企业（SL）的产品 i 在外商投资大型企业（FL）部门 j 中的中间使用。

第一行(SL)第四列(FS)中，$Z^{SL,FS}$ 为一个 42×42 的矩阵，其第 i 行和第 j 列的元素为 $Z_{ij}^{SL,FS}$，代表国有大型企业（SL）的产品 i 在外商投资中小型企业（FS）部门 j 中的中间使用。

第一行(SL)第五列(OL)中，$Z^{SL,OL}$ 为一个 42×42 的矩阵，其第 i 行和第 j 列的元素为 $Z_{ij}^{SL,OL}$，代表国有大型企业（SL）的产品 i 在其他大型企业（OL）部门 j 中的中间使用。

第一行(SL)第六列(OS)中，$Z^{SL,OS}$ 为一个 42×42 的矩阵，其第 i 行和第 j 列的元素为 $Z_{ij}^{SL,OS}$，代表国有大型企业（SL）的产品 i 在其他中小型企业（OS）部门 j 中的中间使用。

第一行(SL)第七列中，Y^{SL} 为一个有 42 个元素的列矢量，其第 i 行（第 i 元素）为 Y_i^{SL}，代表国有大型企业（SL）的产品 i 的国内最终使用。

第一行(SL)第八列中，E^{SL} 为一个有 42 个元素的列矢量，其第 i 行（第 i 元素）为 E_i^{SL}，代表国有大型企业（SL）的产品 i 的出口。

第一行(SL)最后一列中，X^{SL} 为一个有 42 个元素的列矢量，其第 i 行（第 i 元素）为 X_i^{SL}，代表国有大型企业（SL）产品 i 的总产出，其取值等于前面八列的加总求和。

与第一行类似,表4-7中第二行(SS)至第六行(OS)中的变量分别表示其他五类企业的产品在全部六类企业中的中间使用、国内最终使用、出口和总产出。

对于表4-7中的第七行,第七行(F)第一列(SL)中,$Z^{F,SL}$为一个42×42的矩阵,其第i行和第j列的元素为$Z_{ij}^{F,SL}$,代表进口(F)产品i在国有大型企业(SL)部门j中的中间使用。

第七行(F)第二列(SS)中,$Z^{F,SS}$为一个42×42的矩阵,其第i行和第j列的元素为$Z_{ij}^{F,SS}$,代表进口(F)产品i在国有中小型企业(SS)部门j中的中间使用。

第七行(F)第三列(FL)中,$Z^{F,FL}$为一个42×42的矩阵,其第i行和第j列的元素为$Z_{ij}^{F,FL}$,代表进口(F)产品i在外商投资大型企业(FL)部门j中的中间使用。

第七行(F)第四列(FS)中,$Z^{F,FS}$为一个42×42的矩阵,其第i行和第j列的元素为$Z_{ij}^{F,FS}$,代表进口(F)产品i在外商投资中小型企业(FS)部门j中的中间使用。

第七行(F)第五列(OL)中,$Z^{F,OL}$为一个42×42的矩阵,其第i行和第j列的元素为$Z_{ij}^{F,OL}$,代表进口(F)产品i在其他大型企业(OL)部门j中的中间使用。

第七行(F)第六列(OS)中,$Z^{F,OS}$为一个42×42的矩阵,其第i行和第j列的元素为$Z_{ij}^{F,OS}$代表进口(F)产品i在其他中小型企业(OS)部门j中的中间使用。

第七行(F)第七列中,Y^F为一个有42个元素的列矢量,其第i行(第i元素)为Y_i^F,代表进口(F)产品ic的国内最终使用。

第七行(F)第九列中M为一个有42个元素的列矢量,其第i行(第i元素)为M_i,代表产品i的总进口,等于前面七列的加总求和。

表4-7中最后的两行(第八、第九行)分别代表表示六类企业的增加值(V^{SL}、V^{SS}、V^{FL}、V^{FS}、V^{OL}、V^{OS})和总产出(X^{SL}、X^{SS}、X^{FL}、X^{FS}、X^{OL}、X^{OS}),其中每一类企业的增加值或产出又都是一个有42个元素(42个部门或产品)的行矢量(这里的产出行矢量实际上是由第九列中产出列矢量转置后得到的,但这里没有在符号上进行区别)。

2. 非竞争型投入产出表直耗系数与间接消耗系数的推算

拓展的非竞争型投入产出表的直接消耗系数可以被表示为:

$$A^{SL,SL} = [a_{ij}^{SL,SL}] = \left[\frac{z_{ij}^{SL,SL}}{x_j^{SL}}\right] \quad A^{SS,SL} = [a_{ij}^{SS,SL}] = \left[\frac{z_{ij}^{SS,SL}}{x_j^{SL}}\right] \qquad (4.40)$$

$$A^{FL,SL} = [a_{ij}^{FL,SL}] = \left[\frac{z_{ij}^{FL,SL}}{x_j^{SL}}\right] \quad A^{FS,SL} = [a_{ij}^{FS,SL}] = \left[\frac{z_{ij}^{FS,SL}}{x_j^{SL}}\right] \qquad (4.41)$$

$$A^{OL,SL} = [a_{ij}^{OL,SL}] = \left[\frac{z_{ij}^{OL,SL}}{x_j^{SL}}\right] \quad A^{OS,SL} = [a_{ij}^{OS,SL}] = \left[\frac{z_{ij}^{OS,SL}}{x_j^{SL}}\right] \qquad (4.42)$$

$$A^{F,SL} = [a_{ij}^{F,SL}] = \left[\frac{z_{ij}^{F,SL}}{x_j^{SL}}\right] \qquad (4.43)$$

其中，$A^{SL,SL}$、$A^{SS,SL}$、$A^{FL,SL}$、$A^{FS,SL}$、$A^{OL,SL}$、$A^{OS,SL}$、$A^{F,SL}$ 分别代表国有大型企业直接消耗的六类企业或进口产品的直耗系数矩阵（7 个 42 行 42 列的矩阵），$a_{ij}^{SL,SL}$、$a_{ij}^{SS,SL}$、$a_{ij}^{FL,SL}$、$a_{ij}^{FS,SL}$、$a_{ij}^{OL,SL}$、$a_{ij}^{OS,SL}$、$a_{ij}^{F,SL}$ 则分别代表这七个矩阵中第 i 行的第 j 列的元素（国有大型企业第 j 部门单位产出所直接消耗的六类企业或进口的产品 i 的数量）。

$$A^{SL,SS} = [a_{ij}^{SL,SS}] = \left[\frac{z_{ij}^{SL,SS}}{x_j^{SS}}\right] \qquad (4.44)$$

$$A^{SS,SS} = [a_{ij}^{SS,SS}] = \left[\frac{z_{ij}^{SS,SS}}{x_j^{SS}}\right] \quad A^{FL,SS} = [a_{ij}^{FL,SS}] = \left[\frac{z_{ij}^{FL,SS}}{x_j^{SS}}\right] \qquad (4.45)$$

$$A^{FS,SS} = [a_{ij}^{FS,SS}] = \left[\frac{z_{ij}^{FS,SS}}{x_j^{SS}}\right] \quad A^{OL,SS} = [a_{ij}^{OL,SS}] = \left[\frac{z_{ij}^{OL,SS}}{x_j^{SS}}\right] \qquad (4.46)$$

$$A^{OS,SS} = [a_{ij}^{OS,SS}] = \left[\frac{z_{ij}^{OS,SS}}{x_j^{SS}}\right] \quad A^{F,SS} = [a_{ij}^{F,SS}] = \left[\frac{z_{ij}^{F,SS}}{x_j^{SS}}\right] \qquad (4.47)$$

其中，$A^{SL,SS}$，$A^{SS,SS}$，$A^{FL,SS}$，$A^{FS,SS}$，$A^{OL,SS}$，$A^{OS,SS}$，$A^{F,SS}$ 分别代表国有中小型企业直接消耗的六类企业或进口产品的直耗系数矩阵（7 个 42 行 42 列的矩阵），$a_{ij}^{SL,SS}$、$a_{ij}^{SS,SS}$、$a_{ij}^{FL,SS}$、$a_{ij}^{FS,SS}$、$a_{ij}^{OL,SS}$、$a_{ij}^{OS,SS}$、$a_{ij}^{F,SS}$ 则分别代表这七个矩阵中第 i 行第 j 列的元素（国有中小型企业 j 部门单位产出所直接消耗的六类企业或进口的产品 i 的数量）。

$$A^{SL,FL} = [a_{ij}^{SL,FL}] = \left[\frac{z_{ij}^{SL,FL}}{x_j^{FL}}\right] \quad A^{SS,FL} = [a_{ij}^{SS,FL}] = \left[\frac{z_{ij}^{SS,FL}}{x_j^{FL}}\right] \qquad (4.48)$$

$$A^{FL,FL} = [a_{ij}^{FL,FL}] = \left[\frac{z_{ij}^{FL,FL}}{x_j^{FL}}\right] \quad A^{FS,FL} = [a_{ij}^{FS,FL}] = \left[\frac{z_{ij}^{FS,FL}}{x_j^{FL}}\right] \qquad (4.49)$$

$$A^{OL,FL} = [\,a_{ij}^{OL,FL}\,] = \left[\frac{z_{ij}^{OL,FL}}{x_j^{FL}}\right] \quad A^{OS,FL} = [\,a_{ij}^{OS,FL}\,] = \left[\frac{z_{ij}^{OS,FL}}{x_j^{FL}}\right] \tag{4.50}$$

$$A^{F,FL} = [\,a_{ij}^{F,FL}\,] = \left[\frac{z_{ij}^{F,FL}}{x_j^{FL}}\right] \tag{4.51}$$

其中，$A^{SL,FL}$、$A^{SS,FL}$、$A^{FL,FL}$、$A^{FS,FL}$、$A^{OL,FL}$、$A^{OS,FL}$、$A^{F,FL}$ 分别代表外商大型企业直接消耗的六类企业或进口产品的直耗系数矩阵（7 个 42 行 42 列的矩阵），$a_{ij}^{SL,FL}$、$a_{ij}^{SS,FL}$、$a_{ij}^{FL,FL}$、$a_{ij}^{FS,FL}$、$a_{ij}^{OL,FL}$、$a_{ij}^{OS,FL}$、$a_{ij}^{F,FL}$ 则分别代表这七个矩阵中第 i 行第 j 列的元素（外商大型企业第 j 部门单位产出所直接消耗的六类企业或进口的产品 i 的数量）。

$$A^{SL,FS} = [\,a_{ij}^{SL,FS}\,] = \left[\frac{z_{ij}^{SL,FS}}{x_j^{FS}}\right] \tag{4.52}$$

$$A^{SS,FS} = [\,a_{ij}^{SS,FS}\,] = \left[\frac{z_{ij}^{SS,FS}}{x_j^{FS}}\right] \quad A^{FL,FS} = [\,a_{ij}^{FL,FS}\,] = \left[\frac{z_{ij}^{FL,FS}}{x_j^{FS}}\right] \tag{4.53}$$

$$A^{FS,FS} = [\,a_{ij}^{FS,FS}\,] = \left[\frac{z_{ij}^{FS,FS}}{x_j^{FS}}\right] \quad A^{OL,FS} = [\,a_{ij}^{OL,FS}\,] = \left[\frac{z_{ij}^{OL,FS}}{x_j^{FS}}\right] \tag{4.54}$$

$$A^{OS,FS} = [\,a_{ij}^{OS,FS}\,] = \left[\frac{z_{ij}^{OS,FS}}{x_j^{FS}}\right] \quad A^{F,FS} = [\,a_{ij}^{F,FS}\,] = \left[\frac{z_{ij}^{F,FS}}{x_j^{FS}}\right] \tag{4.55}$$

其中，$A^{SL,FS}$、$A^{SS,FS}$、$A^{FL,FS}$、$A^{FS,FS}$、$A^{OL,FS}$、$A^{OS,FS}$、$A^{F,FS}$ 分别代表外商中小型企业直接消耗的六类企业或进口产品的直耗系数矩阵（7 个 42 行 42 列的矩阵），$a_{ij}^{SL,FS}$、$a_{ij}^{SS,FS}$、$a_{ij}^{FL,FS}$、$a_{ij}^{FS,FS}$、$a_{ij}^{OL,FS}$、$a_{ij}^{OS,FS}$、$a_{ij}^{F,FS}$ 则分别代表这七个矩阵中第 i 行第 j 列的元素（国有中小型企业 j 部门单位产出所直接消耗的六类企业或进口的产品 i 的数量）。

$$A^{SL,OL} = [\,a_{ij}^{SL,OL}\,] = \left[\frac{z_{ij}^{SL,OL}}{x_j^{OL}}\right] \quad A^{SS,OL} = [\,a_{ij}^{SS,OL}\,] = \left[\frac{z_{ij}^{SS,OL}}{x_j^{OL}}\right] \tag{4.56}$$

$$A^{FL,OL} = [\,a_{ij}^{FL,OL}\,] = \left[\frac{z_{ij}^{FL,OL}}{x_j^{OL}}\right] \quad A^{FS,OL} = [\,a_{ij}^{FS,OL}\,] = \left[\frac{z_{ij}^{FS,OL}}{x_j^{OL}}\right] \tag{4.57}$$

$$A^{OL,OL} = [\,a_{ij}^{OL,OL}\,] = \left[\frac{z_{ij}^{OL,OL}}{x_j^{OL}}\right] \quad A^{OS,OL} = [\,a_{ij}^{OS,OL}\,] = \left[\frac{z_{ij}^{OS,OL}}{x_j^{OL}}\right] \tag{4.58}$$

$$A^{F,OL} = [\,a_{ij}^{F,OL}\,] = \left[\frac{z_{ij}^{F,OL}}{x_j^{OL}}\right] \tag{4.59}$$

其中，$A^{SL,OL}$、$A^{SS,OL}$、$A^{FL,OL}$、$A^{FS,OL}$、$A^{OL,OL}$、$A^{OS,OL}$、$A^{F,OL}$分别代表其他大型企业直接消耗的六类企业或进口产品的直耗系数矩阵（7个42行42列的矩阵），$a_{ij}^{SL,OL}$、$a_{ij}^{SS,OL}$、$a_{ij}^{FL,OL}$、$a_{ij}^{FS,OL}$、$a_{ij}^{OL,OL}$、$a_{ij}^{OS,OL}$、$a_{ij}^{F,OL}$则分别代表这七个矩阵中第i行的第j列的元素（其他大型企业第j部门单位产出所直接消耗的六类企业或进口的产品i的数量）。

$$A^{SL,OS} = [a_{ij}^{SL,OS}] = \left[\frac{z_{ij}^{SL,OS}}{x_j^{OS}}\right] \tag{4.60}$$

$$A^{SS,OS} = [a_{ij}^{SS,OS}] = \left[\frac{z_{ij}^{SS,OS}}{x_j^{OS}}\right] \quad A^{FL,OS} = [a_{ij}^{FL,OS}] = \left[\frac{z_{ij}^{FL,OS}}{x_j^{OS}}\right] \tag{4.61}$$

$$A^{FS,OS} = [a_{ij}^{FS,OS}] = \left[\frac{z_{ij}^{FS,OS}}{x_j^{OS}}\right] \quad A^{OL,OS} = [a_{ij}^{OL,OS}] = \left[\frac{z_{ij}^{OL,OS}}{x_j^{OS}}\right] \tag{4.62}$$

$$A^{OS,OS} = [a_{ij}^{OS,OS}] = \left[\frac{z_{ij}^{OS,OS}}{x_j^{OS}}\right] \quad A^{F,OS} = [a_{ij}^{F,OS}] = \left[\frac{z_{ij}^{F,OS}}{x_j^{OS}}\right] \tag{4.63}$$

在本节列出的各式中，元素x_j^{SL}、x_j^{SS}、x_j^{FL}、x_j^{FS}、x_j^{OL}和x_j^{OS}分别代表国有大型企业、国有中小型企业、外商投资大型企业、外商投资中小型企业、其他大型企业和其他中小型企业的部门j的总产出，也就是前面提到的六类企业产出列（行）矢量中的第j元素。

$A^{SL,OS}$、$A^{SS,OS}$、$A^{FL,OS}$、$A^{FS,OS}$、$A^{OL,OS}$、$A^{OS,OS}$、$A^{F,OS}$分别代表其他中小型企业直接消耗的六类企业或进口产品的直耗系数矩阵（7个42行42列的矩阵），$a_{ij}^{SL,OS}$、$a_{ij}^{SS,OS}$、$a_{ij}^{FL,OS}$、$a_{ij}^{FS,OS}$、$a_{ij}^{OL,OS}$、$a_{ij}^{OS,OS}$、$a_{ij}^{F,OS}$则分别代表这七个矩阵中第i行第j列的元素（其他中小型企业j部门单位产出所直接消耗的六类企业或进口的产品i的数量）。

所有的中间投入系数构成一个294（7×42）行252（6×42）列的矩阵A，即：

$$A = \begin{bmatrix} A^{SL,SL} & A^{SL,SS} & A^{SL,FL} & A^{SL,FS} & A^{SL,OL} & A^{SL,OS} \\ A^{SS,SL} & A^{SS,SS} & A^{SS,FL} & A^{SS,FS} & A^{SS,OL} & A^{SS,OS} \\ A^{FL,SL} & A^{FL,SS} & A^{FL,FL} & A^{FL,FS} & A^{FL,OL} & A^{FL,OS} \\ A^{FS,SL} & A^{FS,SS} & A^{FS,FL} & A^{FS,FS} & A^{FS,OL} & A^{FS,OS} \\ A^{OL,SL} & A^{OL,SS} & A^{OL,FL} & A^{OL,FS} & A^{OL,OL} & A^{OL,OS} \\ A^{OS,SL} & A^{OS,SS} & A^{OS,FL} & A^{OS,FS} & A^{OS,OL} & A^{OS,OS} \\ A^{F,SL} & A^{F,SS} & A^{F,FL} & A^{F,FS} & A^{F,OL} & A^{F,OS} \end{bmatrix} \tag{4.64}$$

如果区分中间投入系数矩阵中国产品部分 A^d 和进口产品部分 A^m 的话，则：

$$A^d = \begin{bmatrix} A^{SL,SL} & A^{SL,SS} & A^{SL,FL} & A^{SL,FS} & A^{SL,OL} & A^{SL,OS} \\ A^{SS,SL} & A^{SS,SS} & A^{SS,FL} & A^{SS,FS} & A^{SS,OL} & A^{SS,OS} \\ A^{FL,SL} & A^{FL,SS} & A^{FL,FL} & A^{FL,FS} & A^{FL,OL} & A^{FL,OS} \\ A^{FS,SL} & A^{FS,SS} & A^{FS,FL} & A^{FS,FS} & A^{FS,OL} & A^{FS,OS} \\ A^{OL,SL} & A^{OL,SS} & A^{OL,FL} & A^{OL,FS} & A^{OL,OL} & A^{OL,OS} \\ A^{OS,SL} & A^{OS,SS} & A^{OS,FL} & A^{OS,FS} & A^{OS,OL} & A^{OS,OS} \end{bmatrix} \quad (4.65)$$

$A^m = \begin{bmatrix} A^{F,SL} & A^{F,SS} & A^{F,FL} & A^{F,FS} & A^{F,OL} & A^{F,OS} \end{bmatrix}$。

这样，国产品横向需求恒等式（模型）为：

$$\begin{bmatrix} X^{SL} \\ X^{SS} \\ X^{FL} \\ X^{FS} \\ X^{OL} \\ X^{OS} \end{bmatrix} = \begin{bmatrix} A^{SL,SL} & A^{SL,SS} & A^{SL,FL} & A^{SL,FS} & A^{SL,OL} & A^{SL,OS} \\ A^{SS,SL} & A^{SS,SS} & A^{SS,FL} & A^{SS,FS} & A^{SS,OL} & A^{SS,OS} \\ A^{FL,SL} & A^{FL,SS} & A^{FL,FL} & A^{FL,FS} & A^{FL,OL} & A^{FL,OS} \\ A^{FS,SL} & A^{FS,SS} & A^{FS,FL} & A^{FS,FS} & A^{FS,OL} & A^{FS,OS} \\ A^{OL,SL} & A^{OL,SS} & A^{OL,FL} & A^{OL,FS} & A^{OL,OL} & A^{OL,OS} \\ A^{OS,SL} & A^{OS,SS} & A^{OS,FL} & A^{OS,FS} & A^{OS,OL} & A^{OS,OS} \end{bmatrix} \begin{bmatrix} X^{SL} \\ X^{SS} \\ X^{FL} \\ X^{FS} \\ X^{OL} \\ X^{OS} \end{bmatrix} + \begin{bmatrix} Y^{SL} \\ Y^{SS} \\ Y^{FL} \\ Y^{FS} \\ Y^{OL} \\ Y^{OS} \end{bmatrix} + \begin{bmatrix} E^{SL} \\ E^{SS} \\ E^{FL} \\ E^{FS} \\ E^{OL} \\ E^{OS} \end{bmatrix}$$

$$(4.66)$$

由公式（4.66）可得：

$$X = (I - A^d)^{-1} Y^d + (I - A^d)^{-1} E = BY^d + BE \quad (4.67)$$

其中，B 为列昂惕夫逆矩阵，即：

$$B = (I - A^d)^{-1} = \begin{bmatrix} B^{SL,SL} & B^{SL,SS} & B^{SL,FL} & B^{SL,FS} & B^{SL,OL} & B^{SL,OS} \\ B^{SS,SL} & B^{SS,SS} & B^{SS,FL} & B^{SS,FS} & B^{SS,OL} & B^{SS,OS} \\ B^{FL,SL} & B^{FL,SS} & B^{FL,FL} & B^{FL,FS} & B^{FL,OL} & B^{FL,OS} \\ B^{FS,SL} & B^{FS,SS} & B^{FS,FL} & B^{FS,FS} & B^{FS,OL} & B^{FS,OS} \\ B^{OL,SL} & B^{OL,SS} & B^{OL,FL} & B^{OL,FS} & B^{OL,OL} & B^{OL,OS} \\ B^{OS,SL} & B^{OS,SS} & B^{OS,FL} & B^{OS,FS} & B^{OS,OL} & B^{OS,OS} \end{bmatrix} \quad (4.68)$$

3. 非竞争型投入产出表增加值系数的推算

进口产品横向需求恒等式为：

$$M = A^m X + Y^m \quad (4.69)$$

定义国有大型企业增加值系数 $A_V^{SL} = \left[\frac{v_j^{SL}}{x_j^{SL}}\right]$（$v_j^{SL}$ 为前面定义的国有大型企业增加值的行矢量 V^{SL} 中的第 j 元素，$\frac{v_j^{SL}}{x_j^{SL}}$ 为国有大型企业第 j 行业的增加值系数或单位产出中的增加值）。类似地，分别定义其他五类企业的增加值系数为 $A_V^{SS} = \left[\frac{v_j^{SS}}{x_j^{SS}}\right]$，$A_V^{FL} = \left[\frac{v_j^{FL}}{x_j^{FL}}\right]$，$A_V^{FS} = \left[\frac{v_j^{FS}}{x_j^{FS}}\right]$，$A_V^{OL} = \left[\frac{v_j^{OL}}{x_j^{OL}}\right]$，$A_V^{OS} = \left[\frac{v_j^{OS}}{x_j^{OS}}\right]$。同时定义，$A_V = [A_V^{SL}, A_V^{SS}, A_V^{FL}, A_V^{FS}, A_V^{OL}, A_V^{OS}]$，为一个由所有类型企业增加值系数构成的、具有 252(6×42) 元素的行矢量。

中间投入系数满足如下关系：

$$u = A_V + uA^d + vA^m \tag{4.70}$$

变换为，$u = A_V(1 - A^d)^{-1} + vA^m(1 - A^d)^{-1}$ (4.71)

即 $u = A_V B + vA^m B$ (4.72)

其中，u 和 v 分别为具有 252（6×42）元素、42 个元素的单位行矢量。

公式（4.72）两侧同时乘以 $\hat{E}$（出口列矢量 E 的对角化矩阵）可得到：

$$u\hat{E} = A_V B\hat{E} + vA^m B\hat{E} \tag{4.73}$$

又因增加值系数行矢量 $A_V = u\hat{A}_V$，$\hat{A}_V$ 为增加值系数 A_V 的对角化矩阵，所以式（4.23）可写为：

$$u\hat{E} = u\hat{A}_V B\hat{E} + vA^m B\hat{E} \tag{4.74}$$

公式（4.74）表明，某一行业的出口额（$u\hat{E}$）可分解为出口额中包含的国内增加值（$u\hat{A}_V B\hat{E}$），以及该行业出口额中包含的进口额（由该行业的出口直接和间接诱发的进口额）。

在公式（4.74）中，等号右侧第一项 $u\hat{A}_V B\hat{E}$ 去掉单位行矢量 u 后得到的矩阵 $\hat{A}_V B\hat{E}$ 是我们分析进出口增加值时的核心公式。$\hat{A}_V B\hat{E}$ 是一个矩阵（252 行 252 列），矩阵中的每一个元素都详细表明了出口中增加值的具体来源（哪一个行业创造的）和具体去向（体现或包含在哪一个行业的出口中）。依据我们不同的研究目的，可以对它按照矩阵列的方向求和，也可以按照行的方向求和。如果按照矩阵列的方向求和，则是立足于出口的行业计算出口中的国内增加值（不管具体是哪个行业创造的增加值，只要包含在该行业出口中都算在该行业的账上）；如果按照行的方向求和，则是立足于创造增加值的行业，把出口中的国内增加值分别计算在创造增加值的行业上（无论是该行业直接出口还是间接出口的增加值）。

（二）非竞争型投入产出表下价值链攀升水平测算具体步骤

首先，依据2008年全国经济普查数据统计出的六类企业的产出份额和增加值份额，结合2002年原始的IO表先分别计算出六类企业42个部门的产出额 xo_j^f 和增加值 xo_j^f（f 代表六类企业），接着估算六类企业42个行业各自的总中间投入 $(xo_j^f - vo_j^f)$，并由此计算每个行业中六类企业总中间投入占该行业总中间投入的份额，这一总中间投入或份额是我们对原始IO表中 zo_{ij}^D（国产品的中间使用矩阵）和 zo_{ij}^f（进口品的中间使用矩阵）进行分割时给各类企业的中间使用矩阵 $zo_{ij}^{F,g}$（六类企业使用进口中间品矩阵，g 代表六类企业）和 $zo_{ij}^{f,g}$（六类企业之间的国产品中间品使用矩阵，f 和 g 代表六类企业）赋初始值的重要依据之一。具体测度时，可得到我们所需要的每个行业中六类企业总中间投入占该行业总中间投入的份额。

其次，对2008年经济普查数据中进口中间品数据为零的行业，使用由式（4.69）得到的各行业中六类企业总中间投入占该行业的总中间投入额估算相应行业的 $zo_{ij}^{F,g}$ 的初始值，计算如式（4.75）所示：

$$zo_{ij}^{F,g} = \frac{xo_j^f - vo_j^f}{\sum_{f,j}(xo_j^f - vo_j^f)} zo_{ij}^f, (f = SL, SS, FL, FS, OI) \quad (4.75)$$

最后，对2008年经济普查数据中进口中间品数据不为零的行业，先依据2008年经济普查数据中各种进口中间品在国有企业、外商和其他所有制企业中被使用的份额对 zo_{ij}^F 进行初次分割，接着再在国有企业内部（国有大型企业和国有中小型企业之间）、外商投资企业内部（外商大型企业和外商中小型企业之间）以及其他所有制企业内部（其他大型企业和其他中小型企业之间）进行第二次分割。这样，就得到了六类企业使用进口中间品矩阵 $zo_{ij}^{F,g}$ 的初始值。然后，根据前面一个小节阐述的测算方法即可得到相应的竞争型投入产出表下价值链攀升水平的测算结果。

（三）非竞争型投入产出表下价值链攀升水平的测算结果与分析

表4-8给出了按照非竞争型投入产出表测算得到的价值链攀升情况。需要

特别指出的是,限于篇幅,我们在此只能给出部分结果,其他完整的结果作者备索。我们首先关注的是,非竞争性投入产出表下,中国制造业出口国内增加值率[①]的总体平均值及其在样本观测期内的变动趋势。表4-8显示,在不考虑企业从国内所采购的中间投入品中包含的进口成分的情形下,通过简单计算,我国制造业2008年总体出口的平均出口国内增加值率为49.13%。此外,表4-8还进一步给出了不同所有制类型及不同规模制造业出口国内增加值率的变化趋势。由此可以看到,在不考虑企业从国内所采购的中间投入品中包含的进口成分的情形下,大型外资企业的出口国内增加值率最低,均值为50.72%;中小型企业的出口国内增加值率也非常低,均值为50.9%;其他类型的大型企业的出口国内增加值率相对较低,均值为56.78%;其他类型的中小型企业的出口国内增加值率相对较低,均值也为56.78%;而国有大型企业的出口国内增加值率相对较高,均值为58.43%;国有中小型企业的出口国内增加值率最高,均值为60.84%。

从行业分布看,2008年,我国大部分行业的出口国内增加值率都有所增长,但计算机通信设备、医药制造业等行业的出口国内增加值比率却在不断下降。与此同时,食品制造业以及交通运输设备制造业等传统的资本密集型行业的出口国内增加值率则基本保持不变,一些典型的劳动密集型出口行业如纺织业及皮革加工制造业的出口国内增加值率呈现不断上升的趋势。值得注意的是,尽管近年来我国高新技术密集型产业的出口规模不断上升,但我们的研究结论显示,一些典型的高新技术密集型行业的出口国内增加值率却呈现出下降态势。相应结果也证实,在全球序贯生产模式的背景下,随着全球迂回生产方式的逐步深入,传统贸易统计口径可能造成较大的偏误。具体体现为,大量中间品贸易的存在,导致贸易顺差较大的行业获得了较少的贸易利得,而一些运用传统贸易统计方式得出相对具备比较优势的行业,在全球价值链的利益分配体系中却处于相当不利的位置。

[①] 由于对出口国内增加值的绝对值进行分析的意义不大,所以我们对原始结果进行了简单处理,通过将出口国内增加值和相应行业相应部门的出口额相除得到了出口国内增加值率,篇幅有限,相关运算过程及详细结果课题组备索。

表4-8 基于非竞争型投入产出表的各产业出口形成的国内增加值

		LSOE.C01	LSOE.C02	LSOE.C03	LSOE.C04	LSOE.C05	LSOE.C06	LSOE.C07	LSOE.C08	LSOE.C09	LSOE.C10	LSOE.C11	LSOE.C12	LSOE.C13	LSOE.C14
1	1.C01	0	0	0	0	0	0	0	0	0	0	0	0	0	0
1	1.C02	0	8231081	61412	15094	3716	71285	21727	10359	0	33125	2575446	478881	93700	2044587
1	1.C03	0	0	172418	0	0	0	0	0	0	0	22224254	575596	14743	96914
1	1.C04	0	0	0	93208	0	0	0	0	0	0	0	123612	18712	1532111
1	1.C05	0	2131	1606	3221	20247	3976	0	0	0	17723	895	74620	51026	35154
1	1.C06	0	11081	6154	7398	3780	1337300	26712	25439	0	26641	50798	367599	24058	82203
1	1.C07	0	1489	2355	1782	820	8192	48727	27681	0	12257	450	42684	13343	2406
1	1.C08	0	10236	7457	7720	4247	10995	16012	17288	0	41496	3491	15925	10252	14649
1	1.C09	0	0	0	0	0	0	0	0	0	0	0	0	0	0
1	1.C10	0	5766	5859	5245	2760	43987	18144	13547	0	41496	4716	44282	29401	13549
1	1.C11	0	150931	395990	76169	23686	57185	14046	12851	0	21057	1270835	1015331	76601	2571536
1	1.C12	0	225037	221913	64613	29517	352618	73862	26850	0	95338	193932	707162	84383	304207
1	1.C13	0	9860	7827	7962	8418	11735	6087	3801	0	6167	9512	13347	20844	14822
1	1.C14	0	721106	474609	35280	8316	21459	5305	5940	0	36257	6335	275202	65100	11704098
1	1.C15	0	23468	12340	17142	8906	20249	7310	7973	0	17516	15271	27944	25127	27223
1	1.C16	0	521177	534214	79973	28803	62965	33833	12982	0	38722	136213	310996	64408	616003
1	1.C17	0	71477	31076	29828	17030	23936	12133	6630	0	29672	23672	85330	31628	148466
1	1.C18	0	69743	31001	28550	10016	23113	11976	6916	0	19864	10713	48163	22741	51971
1	1.C19	0	10146	4171	4403	1601	6741	5261	5025	0	27433	1239	15318	6143	5602
1	1.C20	0	18234	16097	9532	3187	10309	4522	2434	0	10939	11567	31326	10496	21271

第四章 核心变量指标构建与测算结果分析

续表

		LSOE.C01	LSOE.C02	LSOE.C03	LSOE.C04	LSOE.C05	LSOE.C06	LSOE.C07	LSOE.C08	LSOE.C09	LSOE.C10	LSOE.C11	LSOE.C12	LSOE.C13	LSOE.C14
C21	1.C21	0	7738	3491	6783	6327	9436	7689	5950	0	13093	4644	11407	13169	16002
C22	1.C22	0	0	0	0	0	0	0	0	0	0	0	0	0	0
C23	1.C23	0	1121955	1934195	112795	31352	339371	48894	14122	0	61311	366556	1153389	88431	5628203
C24	1.C24	0	2331	4059	16547	6825	11097	3994	2181	0	1761	15063	59965	10873	31464
C25	1.C25	0	4696	2689	3074	1424	9140	5794	2668	0	12569	3104	36781	10559	19025
C26	1.C26	0	7962	3731	1183	499	5400	1763	1793	0	1394	4827	10054	3569	7087
C27	1.C27	0	690859	173897	69946	26633	499303	43963	21413	0	57718	319354	517341	77557	638292
C28	1.C28	0	1404	458	570	396	5075	5136	7616	0	2632	255	34794	2681	8342
C29	1.C29	0	17074	5551	4462	2912	30054	10006	10851	0	11209	29922	66069	15482	126837
C30	1.C30	0	134216	53020	31831	13134	421242	39149	18229	0	52913	158577	389475	61445	489703
C31	1.C31	0	38381	22779	21938	11691	44301	15426	11301	0	17233	14717	51858	27122	39844
C32	1.C32	0	329203	69049	36506	14724	258394	43013	17075	0	47165	103666	366700	64150	457481
C33	1.C33	0	7817	1387	1749	1716	32359	14824	14823	0	18907	1443	54658	17571	5488
C34	1.C34	0	39294	5435	10955	4669	217479	15792	19268	0	26407	40464	228332	31752	33178
C35	1.C35	0	5058	2315	628	165	9474	1865	1543	0	1627	1056	35555	4673	18427
C36	1.C36	0	128378	85460	37016	11199	87819	12932	9666	0	21341	18990	201588	26207	110445
C37	1.C37	0	6989	2604	2036	3268	5798	8555	780	0	13195	1819	24269	2733	6033
C38	1.C38	0	28824	11586	6437	4458	173379	5836	5966	0	8020	7928	29288	16453	28996
C39	1.C39	0	4643	565	1054	1528	2581	773	652	0	684	365	3484	1439	1515
C40	1.C40	0	14745	1097	5572	2610	9488	3407	3623	0	5971	2377	16139	14136	18956

· 87 ·

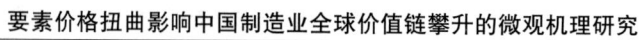

续表

		LSOE.C01	LSOE.C02	LSOE.C03	LSOE.C04	LSOE.C05	LSOE.C06	LSOE.C07	LSOE.C08	LSOE.C09	LSOE.C10	LSOE.C11	LSOE.C12	LSOE.C13	LSOE.C14
1	C41	1.C41	0	9691	3103	8701	5385	23249	6735	6616	0	5573	1789	37584	13469	13978
1	C42	1.C42	0	1700	1346	853	250	3274	1228	1111	0	1098	407	3674	2092	2613
2	C01	2.C01	0	0	0	0	0	0	0	0	0	0	0	0	0	0
2	C02	2.C02	0	551008	51853	14572	3683	60213	20780	10125	0	31191	397251	244462	83952	399908
2	C03	2.C03	0	0	152636	0	0	0	0	0	0	0	1895044	419431	14586	90561
2	C04	2.C04	0	0	0	87681	0	4178	0	0	0	0	0	102342	17857	794382
2	C05	2.C05	0	2188	1639	3352	23777	670726	25967	25700	0	17295	905	132305	64259	56059
2	C06	2.C06	0	10878	6091	7312	3756	8107	56238	30001	0	28952	47809	251046	23306	72715
2	C07	2.C07	0	1506	2408	1793	839	14485	21293	21738	0	15971	479	49968	13554	2462
2	C08	2.C08	0	13696	9341	9443	4788	14613	5686	6379	0	26012	3772	22731	12975	20845
2	C09	2.C09	0	24631	11388	9042	2789	43770	18098	13519	0	41540	3301	21364	21541	12641
2	C10	2.C10	0	5759	5851	5239	2758	53474	13765	12596	0	20571	4712	44074	29312	13513
2	C11	2.C11	0	124238	278375	72209	23198	74045	46846	22959	0	53732	518669	551176	72473	735087
2	C12	2.C12	0	48247	46947	37355	22575	81625	13630	5951	0	13967	54253	114984	51959	63489
2	C13	2.C13	0	61531	36750	23913	20696	19160	5123	5677	0	32213	35911	102061	74749	154647
2	C14	2.C14	0	153102	122144	30087	7978	26098	8276	8924	0	21350	6150	124361	55596	409487
2	C15	2.C15	0	30946	15267	20870	10143	56942	33129	12930	0	37455	18655	36811	30401	36149
2	C16	2.C16	0	277373	253124	73778	28352	22767	11799	6473	0	28440	112433	220124	61232	359923
2	C17	2.C17	0	58987	27446	28181	16640	20574	11232	6655	0	18161	22758	72371	30191	112779
2	C18	2.C18	0	53626	26265	25467	9515				0		10185	39495	20737	41815

第四章 核心变量指标构建与测算结果分析

续表

			LSOE.C01	LSOE.C02	LSOE.C03	LSOE.C04	LSOE.C05	LSOE.C06	LSOE.C07	LSOE.C08	LSOE.C09	LSOE.C10	LSOE.C11	LSOE.C12	LSOE.C13	LSOE.C14
2	C19	2.C19	0	9152	3992	4210	1572	6301	4921	4598	0	22517	1225	13267	5732	5286
2	C20	2.C20	0	20224	17631	10000	3238	10873	4633	2468	0	11513	12150	35670	11010	23550
2	C21	2.C21	0	13813	4071	10529	8998	18372	12583	8561	0	28050	5600	24709	26601	44168
2	C22	2.C22	0	0	0	0	0	0	0	0	0	0	0	0	0	0
2	C23	2.C23	0	892251	1499563	112759	31489	305232	48816	14102	0	61039	341417	843897	89760	2200257
2	C24	2.C24	0	2351	4123	175575	7001	11562	4056	2199	0	1772	15780	82078	11280	35801
2	C25	2.C25	0	4784	2742	3133	1457	9327	5890	2719	0	12838	3175	40231	10770	20457
2	C26	2.C26	0	7961	3731	1182	499	5399	1763	1792	0	1394	4826	10051	3569	7086
2	C27	2.C27	0	1369681	193637	73840	27077	712119	45343	21599	0	60254	409133	721774	81673	1245012
2	C28	2.C28	0	1402	458	570	396	5048	5111	7566	0	2626	255	33453	2675	8261
2	C29	2.C29	0	18546	5687	4540	2944	33827	10381	11055	0	11647	32928	86472	16267	228332
2	C30	2.C30	0	130331	52478	31636	13105	397803	38940	18223	0	52545	154473	368910	60828	451715
2	C31	2.C31	0	183761	58006	35013	14238	144102	20468	12723	0	23797	19724	187981	40433	133651
2	C32	2.C32	0	408669	71231	37206	14808	301831	44184	17160	0	48415	107299	418775	67868	566390
2	C33	2.C33	0	7820	1388	1749	1716	32415	14833	14809	0	18924	1443	54814	17582	5490
2	C34	2.C34	0	44044	5502	11218	4713	392950	16266	19137	0	27594	43569	381769	33288	35929
2	C35	2.C35	0	5060	2315	629	165	9479	1865	1544	0	1627	1056	35630	4675	18448
2	C36	2.C36	0	93502	69539	34810	11026	74355	12665	9588	0	20707	18458	145388	25327	88331
2	C37	2.C37	0	7016	2608	2039	3273	5815	8599	781	0	13275	1821	24584	2738	6052
2	C38	2.C38	0	53574	16443	7290	4842	24870	6545	6565	0	9265	9007	50355	21047	50791

· 89 ·

续表

			LSOE.C01	LSOE.C02	LSOE.C03	LSOE.C04	LSOE.C05	LSOE.C06	LSOE.C07	LSOE.C08	LSOE.C09	LSOE.C10	LSOE.C11	LSOE.C12	LSOE.C13	LSOE.C14
2	C39	2.C39	0	4660	565	1055	1531	2586	774	655	0	684	365	3495	1443	1517
2	C40	2.C40	0	14739	1097	5571	2609	9485	3406	3619	0	5969	2377	16129	14123	18945
2	C41	2.C41	0	9696	3103	8705	5386	23279	6738	6619	0	5575	1789	37668	13477	13987
2	C42	2.C42	0	1284	969	580	260	2942	935	850	0	776	370	3403	1736	2180
3	C01	3.C01	0	0	0	0	0	0	0	0	0	0	0	0	0	0
3	C02	3.C02	0	116378	23791	11623	3456	30917	16359	9089	0	22600	92103	74727	56299	93540
3	C03	3.C03	0	0	21117	0	0	0	0	0	0	0	64247	40523	9244	20816
3	C04	3.C04	0	34743	0	72499	0	0	0	0	0	0	0	65386	16288	282854
3	C05	3.C05	0	2079	1576	3104	17623	3798	0	0	0	17699	887	50572	41530	25720
3	C06	3.C06	0	11073	6152	7394	3779	1243694	26649	25437	0	34312	50658	358487	24009	81733
3	C07	3.C07	0	1518	2431	1824	830	9144	60608	31683	0	28912	452	66744	15723	2486
3	C08	3.C08	0	34743	16479	14109	5808	29945	40367	32733	0	32844	4267	74188	20839	65511
3	C09	3.C09	0	34722	13806	10290	2906	18146	6241	7118	0	98303	3435	28552	26417	15387
3	C10	3.C10	0	7541	8278	6567	3084	232369	31067	18120	0	19091	5575	224501	57017	27405
3	C11	3.C11	0	66025	100005	57844	22069	42450	13055	12553	0	96804	179093	226813	61970	226534
3	C12	3.C12	0	275787	284634	66282	29445	426609	74462	26567	0	12372	220488	919490	86580	376031
3	C13	3.C13	0	41694	27010	20007	18186	53325	12121	5626	0	35617	28052	65121	60666	90595
3	C14	3.C14	0	522206	392198	34722	8276	21248	5284	5891	0	29489	6318	245287	63545	2380760
3	C15	3.C15	0	52128	22320	28885	12252	41131	10005	10397	0	38585	26236	61522	41909	61696
3	C16	3.C16	0	422289	426848	78843	28808	61847	33851	13004	0	38585	131268	290384	63920	553393

第四章 核心变量指标构建与测算结果分析

续表

		LSOE.C01	LSOE.C02	LSOE.C03	LSOE.C04	LSOE.C05	LSOE.C06	LSOE.C07	LSOE.C08	LSOE.C09	LSOE.C10	LSOE.C11	LSOE.C12	LSOE.C13	LSOE.C14
3	C17	3.C17	0	71922	31159	29888	17050	23981	12151	6642	0	29734	23705	85934	31703	150229
3	C18	3.C18	0	215230	52612	35992	10780	29101	13234	7290	0	22906	11647	80332	26459	94778
3	C19	3.C19	0	11051	4311	4550	1621	7089	5523	5359	0	31977	1249	17260	6463	5847
3	C20	3.C20	0	14561	12923	8372	3045	8963	4238	2372	0	9617	10133	24594	9324	16949
3	C21	3.C21	0	25338	5018	15628	11875	36304	18503	10918	0	50477	6660	53715	43568	121120
3	C22	3.C22	0	0	0	0	0	0	0	0	0	0	0	0	0	0
3	C23	3.C23	0	42362	44357	38627	19081	39631	25451	10766	0	27368	39135	64688	40066	67657
3	C24	3.C24	0	2308	3990	15489	6625	10604	3924	2159	0	1748	14308	46563	10428	27523
3	C25	3.C25	0	3004	2104	2351	1261	4599	3469	2068	0	5531	2452	8196	5101	6047
3	C26	3.C26	0	7032	3578	1160	497	4855	1703	1597	0	1354	4419	8704	3225	6545
3	C27	3.C27	0	230994	94533	60183	26122	241073	41301	21622	0	52536	163434	254595	68086	260247
3	C28	3.C28	0	1340	452	561	392	4113	4321	6187	0	2420	254	14785	2462	5977
3	C29	3.C29	0	18547	5687	4540	2944	33829	10382	11055	0	11647	32929	86487	16268	228441
3	C30	3.C30	0	58896	33302	26569	12367	147357	34647	18075	0	44478	80974	143346	50892	143988
3	C31	3.C31	0	130330	52029	33114	14019	117856	20007	12723	0	23156	19267	153432	39025	104725
3	C32	3.C32	0	1336	884	975	826	1632	1390	1084	0	1265	1317	2152	1879	1955
3	C33	3.C33	0	7831	1388	1749	1716	32609	14895	14852	0	18990	1443	55388	17659	5495
3	C34	3.C34	0	29062	5239	10280	4552	118566	14822	18764	0	24060	33986	125140	28604	27586
3	C35	3.C35	0	4955	2293	627	165	9127	1849	1530	0	1616	1052	31067	4585	17093
3	C36	3.C36	0	28387	23970	21136	8905	29029	9777	8207	0	14522	13377	41706	17374	30444

续表

		LSOE.C01	LSOE.C02	LSOE.C03	LSOE.C04	LSOE.C05	LSOE.C06	LSOE.C07	LSOE.C08	LSOE.C09	LSOE.C10	LSOE.C11	LSOE.C12	LSOE.C13	LSOE.C14
3	C37	3.C37	0	6802	2578	2020	3221	5666	8188	774	0	12512	1808	22074	2697	5888
3	C38	3.C38	0	23063	10275	6051	4263	14917	5488	5591	0	7446	7439	23748	14560	23405
3	C39	3.C39	0	4621	564	1052	1523	2572	771	648	0	683	365	3469	1433	1513
3	C40	3.C40	0	13952	1162	5408	2604	9070	3437	3457	0	5760	2429	15206	13245	17781
3	C41	3.C41	0	6800	2785	6670	4533	12418	5394	5407	0	4689	1692	15642	9454	9257
3	C42	3.C42	0	596	510	316	146	769	255	146	0	304	271	807	385	749
4	C01	4.C01	0	0	0	0	0	0	0	0	0	0	0	0	0	0
4	C02	4.C02	0	39076	12062	7897	2974	15116	10289	6478	0	13173	32648	28693	30846	33014
4	C03	4.C03	0	0	51634	0	0	0	0	0	0	0	222505	120212	12836	45990
4	C04	4.C04	0	0	0	76097	0	0	0	0	0	0	0	72720	17179	342257
4	C05	4.C05	0	2176	1632	3324	22721	4133	26828	25509	0	17770	903	112608	61488	48735
4	C06	4.C06	0	11097	6159	7406	3782	1557641	87167	37974	0	51370	51074	387371	24152	83135
4	C07	4.C07	0	1557	2538	1880	841	10739	41487	32968	0	29811	455	268537	19691	2595
4	C08	4.C08	0	36870	17561	14378	5850	31269	7321	8124	0	59487	4286	86679	21335	76214
4	C09	4.C09	0	166764	26655	13450	3111	31624	33404	18249	0	112578	3686	78210	41297	24999
4	C10	4.C10	0	7729	8500	6701	3112	520675	12850	12450	0	18676	5654	449417	64223	30254
4	C11	4.C11	0	60217	89289	55374	21669	40108	74783	26482	0	98652	155962	195717	59665	194786
4	C12	4.C12	0	324184	326284	69141	29653	542707	15020	6160	0	15492	245661	1341955	91177	481366
4	C13	4.C13	0	188210	73098	29147	22503	206415	15020	6160	0	15492	48839	296284	98490	918404
4	C14	4.C14	0	517466	387765	34728	8277	21249	5285	5893	0	35647	6319	245063	63591	2384852

第四章　核心变量指标构建与测算结果分析

续表

		LSOE.C01	LSOE.C02	LSOE.C03	LSOE.C04	LSOE.C05	LSOE.C06	LSOE.C07	LSOE.C08	LSOE.C09	LSOE.C10	LSOE.C11	LSOE.C12	LSOE.C13	LSOE.C14
4	C15 4.C15	0	497857	68415	56312	14876	170881	12601	11838	0	49936	53682	355206	70412	500155
4	C16 4.C16	0	962698	1055597	83139	29061	65490	34437	13110	0	39604	147465	379158	66188	1145467
4	C17 4.C17	0	71347	31052	29807	17022	23921	12127	6626	0	29648	23661	85132	31600	147892
4	C18 4.C18	0	225231	53510	36416	10815	29358	13295	7312	0	23062	11680	82356	26665	97803
4	C19 4.C19	0	11021	4307	4545	1621	7077	5511	5337	0	31741	1249	17183	6449	5839
4	C20 4.C20	0	44603	40890	13700	3499	16178	5225	2630	0	15160	16803	91588	14160	51301
4	C21 4.C21	0	59674	5511	20207	13311	79799	22812	11821	0	75433	7261	156575	59684	730269
4	C22 4.C22	0	0	0	0	0	0	0	0	0	0	0	0	0	0
4	C23 4.C23	0	144903	156191	72601	27843	118651	40973	13658	0	48503	120648	216727	67394	250013
4	C24 4.C24	0	2357	4144	17923	7050	11713	4075	2205	0	1775	16013	92580	11407	37506
4	C25 4.C25	0	4655	2674	3057	1417	9028	5744	2653	0	12371	3085	35186	10418	18519
4	C26 4.C26	0	7908	3719	1181	499	5370	1753	1758	0	1391	4811	9945	3536	7044
4	C27 4.C27	0	27862	16436	20467	13461	31724	17506	13007	0	18990	24991	34351	26195	30854
4	C28 4.C28	0	1469	434	526	389	3259	3205	4236	0	2283	217	6588	2310	3940
4	C29 4.C29	0	18563	5688	4541	2945	33881	10388	11064	0	11654	32968	86844	16281	231011
4	C30 4.C30	0	48718	29187	24461	11891	114325	32245	17550	0	40505	66556	112048	46638	110796
4	C31 4.C31	0	69220	35224	28947	13409	78033	18656	12488	0	21376	17827	94264	35040	69671
4	C32 4.C32	0	58707	26650	24069	12536	66349	31623	15819	0	32488	43495	82794	43227	82622
4	C33 4.C33	0	7816	1387	1749	1715	32339	14811	14790	0	18898	1443	54591	17555	5488
4	C34 4.C34	0	36596	5390	10799	4644	179023	15596	19171	0	25925	38775	188347	31004	31694

· 93 ·

续表

		LSOE.C01	LSOE.C02	LSOE.C03	LSOE.C04	LSOE.C05	LSOE.C06	LSOE.C07	LSOE.C08	LSOE.C09	LSOE.C10	LSOE.C11	LSOE.C12	LSOE.C13	LSOE.C14
4	C35	4.C35	0	4881	2318	661	199	8963	1868	1548	0	1636	1103	32440	4500	17130
4	C36	4.C36	0	31870	26652	22711	9249	32409	10217	8489	0	15383	14056	47561	18446	34271
4	C37	4.C37	0	6911	2593	2030	3250	5745	8419	778	0	12925	1814	23356	2720	5973
4	C38	4.C38	0	37845	13307	6875	4665	20696	6212	6316	0	8666	8485	37578	18725	37463
4	C39	4.C39	0	4654	565	1054	1529	2584	774	653	0	684	365	3491	1441	1517
4	C40	4.C40	0	14224	1094	5496	2588	9270	3355	3487	0	5869	2365	15505	13504	18128
4	C41	4.C41	0	7821	3313	7562	5114	14414	6051	5866	0	5294	2252	18432	10532	10582
4	C42	4.C42	0	1272	963	575	258	2823	883	710	0	760	369	3232	1589	2139
5	C01	5.C01	0	0	0	0	0	0	0	0	0	0	0	0	0	0
5	C02	5.C02	0	728100	55253	14746	3694	63542	21114	10219	0	31863	523222	289666	84849	524101
5	C03	5.C03	0	0	170122	0	0	0	0	0	0	0	9338773	540947	14715	96009
5	C04	5.C04	0	0	0	90308	20660	4001	0	0	0	0	0	111867	18544	1000354
5	C05	5.C05	0	2138	1610	3237	3780	1351040	26721	25454	0	17727	897	79424	52639	36924
5	C06	5.C06	0	11082	6155	7399	841	10759	91954	37964	0	51743	50820	369124	24066	82276
5	C07	5.C07	0	1558	2539	1880	5831	30743	41004	32861	0	29410	455	281298	19751	2596
5	C08	5.C08	0	36066	17380	14275	3014	23218	6788	7732	0	43242	4278	82802	21113	73151
5	C09	5.C09	0	53438	18033	11743	3069	182903	29986	17946	0	90013	3567	40706	32815	19184
5	C10	5.C10	0	7436	8151	6492	23556	57091	14038	12814	0	21034	5531	178492	53891	26015
5	C11	5.C11	0	151568	402453	74969	29587	509046	74290	26400	0	96790	1290354	931931	74589	2363867
5	C12	5.C12	0	317083	328797	68646	29587	509046	74290	26400	0	96790	240329	1222604	90090	458777

· 94 ·

续表

		LSOE.C01	LSOE.C02	LSOE.C03	LSOE.C04	LSOE.C05	LSOE.C06	LSOE.C07	LSOE.C08	LSOE.C09	LSOE.C10	LSOE.C11	LSOE.C12	LSOE.C13	LSOE.C14
5	C13	5.C13	0	160872	69658	28643	22384	173866	14877	6126	0	15354	47694	239883	94193	567616
5	C14	5.C14	0	731911	479116	35293	8314	21463	5305	5940	0	36275	6333	277138	65193	14759806
5	C15	5.C15	0	108111	38099	40308	14141	75894	11673	11541	0	40164	39173	123555	55625	129234
5	C16	5.C16	0	722813	780245	81683	28964	64319	34126	13044	0	39180	142102	343172	65315	767403
5	C17	5.C17	0	71601	31099	29846	17036	23949	12139	6634	0	29691	23682	85505	31651	148974
5	C18	5.C18	0	222611	53335	36371	10808	29307	13283	7307	0	23035	11674	81892	26631	97140
5	C19	5.C19	0	10983	4301	4538	1620	7060	5493	5300	0	31387	1249	17080	6427	5828
5	C20	5.C20	0	21150	18239	10164	3255	11074	4674	2486	0	11735	12353	37877	11211	24560
5	C21	5.C21	0	22325	4659	14529	11337	31270	17175	10472	0	44500	6473	44850	39310	93828
5	C22	5.C22	0	0	0	0	0	0	0	0	0	0	0	0	0	0
5	C23	5.C23	0	86382	91766	59626	25496	77702	36462	13337	0	41800	76594	130709	58107	142619
5	C24	5.C24	0	2291	3937	14748	6479	10248	3871	2143	0	1738	13768	39413	10105	25018
5	C25	5.C25	0	2898	2051	2288	1243	4373	3326	2013	0	5239	2393	7593	4846	5687
5	C26	5.C26	0	7962	3731	1183	499	5399	1763	1793	0	1394	4827	10052	3569	7086
5	C27	5.C27	0	56927	30720	33733	19311	64305	27280	17923	0	31276	49109	68962	41549	63293
5	C28	5.C28	0	1086	420	516	368	2424	2438	3275	0	1713	244	4880	1731	2915
5	C29	5.C29	0	18407	5674	4533	2941	33414	10336	11017	0	11600	32618	83770	16174	209043
5	C30	5.C30	0	115800	50809	31168	13051	351722	38790	18338	0	52191	144187	328055	59885	381566
5	C31	5.C31	0	71615	36043	29278	13468	80496	18781	12516	0	21545	17964	97469	35381	71836
5	C32	5.C32	0	25843	14201	14736	9122	29218	19384	11613	0	18883	21808	35631	25925	34654

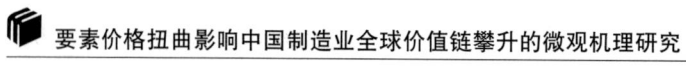

续表

		LSOE.C01	LSOE.C02	LSOE.C03	LSOE.C04	LSOE.C05	LSOE.C06	LSOE.C07	LSOE.C08	LSOE.C09	LSOE.C10	LSOE.C11	LSOE.C12	LSOE.C13	LSOE.C14
5	C33	5.C33	0	7844	1388	1750	1717	32860	14977	14935	0	19083	1444	56138	17759	5501
5	C34	5.C34	0	28024	5204	10159	4529	110280	14610	18571	0	23571	33002	116474	28012	26759
5	C35	5.C35	0	5029	2309	628	165	9377	1860	1539	0	1624	1055	34197	4649	18042
5	C36	5.C36	0	109393	78300	35985	11119	81455	12808	9620	0	21049	18762	171565	25804	99605
5	C37	5.C37	0	6954	2599	2034	3260	5774	8497	779	0	13078	1817	23858	2728	6006
5	C38	5.C38	0	83732	18416	7468	4908	27235	6677	6625	0	9511	9228	62492	22125	64200
5	C39	5.C39	0	4661	565	1055	1531	2587	774	655	0	684	365	3497	1443	1517
5	C40	5.C40	0	14738	1097	5571	2609	9485	3406	3619	0	5969	2376	16129	14122	18944
5	C41	5.C41	0	7187	2847	7022	4698	13715	5647	5672	0	4858	1712	17763	10133	9976
5	C42	5.C42	0	1284	969	580	260	2940	933	844	0	775	370	3399	1731	2179
6	C01	6.C01	0	603398	332	22418	2579	9403225	111406	35569	0	115870	1219	1240341	20795	11384
6	C02	6.C02	0	6261398	61125	15081	3715	70981	21709	10352	0	33099	2152194	468829	93838	2030104
6	C03	6.C03	0	0	48824	0	0	0	0	0	0	0	202889	110988	12647	43788
6	C04	6.C04	0	0	1667	98913	0	0	0	0	0	0	0	133269	18444	15726838
6	C05	6.C05	0	2238	1667	3469	26105	4360	26955	25573	0	0	912	702890	97286	178098
6	C06	6.C06	0	11121	6167	7416	3785	2037189	91209	37763	0	17829	51480	418873	24259	84529
6	C07	6.C07	0	1558	2540	1881	841	10783	41566	32874	0	52178	455	299969	19844	2597
6	C08	6.C08	0	37028	17596	14395	5853	31359	7377	8188	0	29871	4287	87358	21368	76745
6	C09	6.C09	0	213552	26412	13627	3119	32663	7377	8188	0	61867	3696	77275	42760	25673
6	C10	6.C10	0	7754	8535	6719	3116	741058	34030	18404	0	107554	5664	575705	64664	30662

续表

		LSOE.C01	LSOE.C02	LSOE.C03	LSOE.C04	LSOE.C05	LSOE.C06	LSOE.C07	LSOE.C08	LSOE.C09	LSOE.C10	LSOE.C11	LSOE.C12	LSOE.C13	LSOE.C14
6	C11	6.C11	0	146251	356917	74748	23617	56681	14023	12831	0	21010	1046171	866947	74617	1645432
6	C12	6.C12	0	360741	371736	69705	29702	652107	75036	26473	0	99022	269008	1953597	92011	573431
6	C13	6.C13	0	208543	76582	29635	22696	236487	15184	6207	0	15648	50103	354187	93458	2295344
6	C14	6.C14	0	734671	480240	35287	8311	21457	5306	5938	0	36272	6331	277551	65195	15544629
6	C15	6.C15	0	736197	71054	55450	14966	186091	12685	11898	0	51809	54834	436410	74858	882086
6	C16	6.C16	0	1629172	1478000	84741	29263	67488	34820	13175	0	40136	157734	459405	67170	2313398
6	C17	6.C17	0	71867	31149	29882	17048	23976	12149	6641	0	29728	23701	85867	31697	150034
6	C18	6.C18	0	255734	56428	36696	10843	29582	13345	7333	0	23187	11707	84297	26829	100646
6	C19	6.C19	0	11000	4303	4540	1620	7066	5496	5301	0	31488	1249	17119	6432	5833
6	C20	6.C20	0	137124	71643	14819	3595	17075	5460	2677	0	17103	18243	277214	15782	108390
6	C21	6.C21	0	63862	5543	20650	13454	87912	23322	11879	0	82885	7303	178247	62739	3026296
6	C22	6.C22	0	0	0	0	0	0	0	0	0	0	0	0	0	0
6	C23	6.C23	0	394264	477286	93372	29907	232241	45584	13864	0	55920	246461	511653	79889	803499
6	C24	6.C24	0	2357	4144	17918	7049	11711	4075	2205	0	1775	16010	92716	11403	37502
6	C25	6.C25	0	4776	2740	3130	1457	9299	5877	2715	0	12787	3173	39675	10731	19524
6	C26	6.C26	0	7971	3733	1183	499	5404	1764	1795	0	1394	4829	10069	3572	7094
6	C27	6.C27	0	1597613	199437	74467	27150	804503	45604	21659	0	60670	433794	814352	81951	1578923
6	C28	6.C28	0	1641	450	549	402	4354	4394	6048	0	2745	221	12477	2786	5897
6	C29	6.C29	0	18587	5690	4543	2945	33958	10398	11076	0	11663	33025	87370	16300	234902
6	C30	6.C30	0	151818	57936	32732	13298	733889	40360	18425	0	55382	185652	611051	63835	1252889

续表

	LSOE.C01	LSOE.C02	LSOE.C03	LSOE.C04	LSOE.C05	LSOE.C06	LSOE.C07	LSOE.C08	LSOE.C09	LSOE.C10	LSOE.C11	LSOE.C12	LSOE.C13	LSOE.C14
C31	6.C31	0	255348	63129	37265	14595	201114	21286	13044	0	24787	20222	274451	43878	176632
C32	6.C32	0	612953	75473	38541	15027	414773	47154	17565	0	51401	117444	735624	74896	1487840
C33	6.C33	0	7849	1388	1750	1718	32949	14999	14956	0	19113	1444	56401	17786	5504
C34	6.C34	0	47040	5514	11263	4722	473397	16372	19109	0	27853	44140	457024	33648	36441
C35	6.C35	0	5059	2315	629	165	9477	1865	1543	0	1627	1056	35609	4674	18442
C36	6.C36	0	130253	86330	37132	11211	88791	12952	9678	0	21385	19019	206642	26269	112095
C37	6.C37	0	7020	2608	2039	3274	5818	8608	781	0	13291	1821	24634	2739	6055
C38	6.C38	0	177203	20549	7739	5019	31828	6905	6821	0	9929	9568	97755	24219	108765
C39	6.C39	0	4663	565	1055	1532	2588	775	656	0	684	366	3498	1444	1518
C40	6.C40	0	14767	1097	5576	2611	9498	3410	3632	0	5976	2377	16169	14172	18994
C41	6.C41	0	9691	3103	8702	5385	23251	6735	6616	0	5574	1789	37589	13470	13979
C42	6.C42	0	1284	969	580	260	2943	935	851	0	776	370	3404	1737	2180
F.C01	F.C01	0	1102	2	104	12	1538125	75713	14554	0	7386	5	541450	138	52
F.C02	F.C02	0	278	7	4	1	14	10	6	0	14	158	149636	219	1497582
F.C03	F.C03	0	0	9	0	0	0	0	0	0	0	34926681	260232	16984	220
F.C04	F.C04	0	0	0	6145	0	0	0	0	0	0	0	6762	1420	25499689
F.C05	F.C05	0	120	92	173	5590	16149	2527	8998	0	0	48	173267	63332	5145
F.C06	F.C06	0	77	106	151	79	1130136	68251	27177	0	792	1732	21209	1289	2295
F.C07	F.C07	0	144	316	126	54	551	12673	28372	0	14417	22	23253	1555	258
F.C08	F.C08	0	81	85	62	24	142			0	5007	15	1957	159	190

续表

		LSOE.C01	LSOE.C02	LSOE.C03	LSOE.C04	LSOE.C05	LSOE.C06	LSOE.C07	LSOE.C08	LSOE.C09	LSOE.C10	LSOE.C11	LSOE.C12	LSOE.C13	LSOE.C14
F.C09	F.C09	0	3232	836	707	189	1440	476	826	0	8104	168	2942	4917	1157
F.C10	F.C10	0	466	493	465	241	50917	11191	8899	0	105453	388	45134	14906	2420
F.C11	F.C11	0	20324	45485	35891	11922	13178	4554	6594	0	6608	666015	372193	55400	290185
F.C12	F.C12	0	69411	63631	37915	19366	142777	54407	20682	0	78120	80809	2335100	64879	136105
F.C13	F.C13	0	2201	1076	1070	2176	16186	2382	1087	0	2063	1168	25716	44628	42477
F.C14	F.C14	0	25424	15249	3207	746	1755	483	715	0	7342	450	21870	17146	5570045
F.C15	F.C15	0	12704	2349	6975	2252	8412	2485	4007	0	10949	3054	36385	21628	54918
F.C16	F.C16	0	105994	87172	37530	14735	11256	19060	7754	0	13050	23876	107869	30866	199578
F.C17	F.C17	0	6161	2363	3909	2545	1373	970	599	0	2716	1387	7748	7089	17954
F.C18	F.C18	0	15493	4244	6299	2066	4360	5425	3441	0	31050	1695	18812	11830	22717
F.C19	F.C19	0	364	181	147	62	253	269	641	0	3177	40	969	421	395
F.C20	F.C20	0	48811	121728	1782	548	5321	2691	1558	0	34224	6232	96251	9089	58266
F.C21	F.C21	0	856	170	678	836	1813	2994	2378	0	83639	237	498267	8446	2599430
F.C22	F.C22	0	0	0	0	0	0	0	0	0	0	0	0	0	0
F.C23	F.C23	0	730	875	1678	510	766	662	177	0	573	560	4466	2529	4179
F.C24	F.C24	0	0	0	0	0	0	0	0	0	0	0	0	0	0
F.C25	F.C25	0	0	0	0	0	0	0	0	0	0	0	0	0	0
F.C26	F.C26	0	0	0	0	0	0	0	0	0	0	0	0	0	0
F.C27	F.C27	0	45182	29209	15406	9610	78718	17357	11886	0	16948	16838	115470	27661	57349
F.C28	F.C28	0	366	198	145	142	1182	1859	3049	0	835	103	4975	639	1826

续表

		LSOE.C01	LSOE.C02	LSOE.C03	LSOE.C04	LSOE.C05	LSOE.C06	LSOE.C07	LSOE.C08	LSOE.C09	LSOE.C10	LSOE.C11	LSOE.C12	LSOE.C13	LSOE.C14
F.C29		0	1982	611	383	324	3010	1708	3800	0	1915	3230	7102	1950	14522
F.C30	F.C30	0	0	0	0	0	0	0	0	0	0	0	0	0	0
F.C31	F.C31	0	0	0	0	0	0	0	0	0	0	0	0	0	0
F.C32	F.C32	0	4116	4474	1719	1041	5792	3925	2330	0	2423	3510	11289	5790	11806
F.C33	F.C33	0	0	0	0	0	0	0	0	0	0	0	0	0	0
F.C34	F.C34	0	23204	4588	8580	4375	257307	18456	19359	0	27109	65923	281612	26849	31833
F.C35	F.C35	0	21211	30442	2346	957	36071	9514	5753	0	6862	9110	128771	12318	101845
F.C36	F.C36	0	0	0	0	0	0	0	0	0	0	0	0	0	0
F.C37	F.C37	0	0	0	0	0	0	0	0	0	0	0	0	0	0
F.C38	F.C38	0	0	0	0	0	0	0	0	0	0	0	0	0	0
F.C39	F.C39	0	0	0	0	0	0	0	0	0	0	0	0	0	0
F.C40	F.C40	0	0	0	0	0	0	0	0	0	0	0	0	0	0
F.C41	F.C41	0	371	239	180	159	9149	3719	4197	0	2833	1405	14126	6919	6134
F.C42	F.C42	0	19	25	9	5	46	21	18	0	15	9	55	25	43
F.AV1	AV1	0	2461919	10785959	2230554	177134	4272810	193754	44686	0	244756	3558921	5071150	237339	20016702
F.AV2	AV2	0	12076821	12246698	1328304	62589	16176784	109562	29726	0	143357	12135131	3467779	161543	8612926
F.AV3	AV3	0	4399424	8681440	320426	33327	2152887	134603	19183	0	128500	2824566	2706676	135847	8211354
F.AV4	AV4	0	8887319	9946428	1796617	89720	9468817	82005	27953	0	311427	4693836	1155078	182852	6779344

第四章 核心变量指标构建与测算结果分析

续表

		LSOE.C15	LSOE.C16	LSOE.C17	LSOE.C18	LSOE.C19	LSOE.C20	LSOE.C21	LSOE.C22	LSOE.C23	LSOE.C24	LSOE.C25	LSOE.C26	LSOE.C27	LSOE.C28
C01	1.C01	0	0	0	0	0	0	0	0	0	0	0	0	0	0
C02	1.C02	21406	86315	18137	9565	4588	2749	8586	0	26309560	30166	666	34822	81526	510
C03	1.C03	32820	0	0	0	0	0	30	0	167488	113232	0	0	22650	0
C04	1.C04	32820	59974	5628	12041	209	2128	1610	0	319	0	0	0	0	0
C05	1.C05	15116	11646	3351	4716	102	203	5088	0	2923	24	48	73383	3453	0
C06	1.C06	15938	59908	53662	31150	34691	5439	10283	0	40478	2273	1299	158451	130159	942
C07	1.C07	7818	16636	18082	14082	3942	2611	11838	0	556	71	142	16522	13195	529
C08	1.C08	8697	13373	20937	10826	11112	4151	7547	0	13199	5091	2233	18699	19095	2734
C09	1.C09	0	0	0	0	0	0	0	0	0	0	0	0	0	0
C10	1.C10	18508	25813	21050	26642	24981	9731	9402	0	13048	1468	1243	21067	21605	9831
C11	1.C11	33808	209893	85927	35247	29480	7527	8764	0	1162713	12054	5209	679777	1158612	17163
C12	1.C12	57204	332170	545868	110717	102130	37401	14596	0	41448	3771	27105	590632	222814	1260
C13	1.C13	10098	12098	11465	15055	15468	8807	6957	0	7150	1263	1299	24238	7980	1223
C14	1.C14	104533	1003218	2284311	160338	86515	27568	14201	0	10976	1476	566	6118583	92111	0
C15	1.C15	25145	38490	29078	30579	27255	14861	9730	0	18477	4575	8560	40591	19939	291
C16	1.C16	61829	667220	690496	99238	58354	23530	6519	0	160970	4753	5353	666150	283063	4552
C17	1.C17	31007	248950	4234882	25782	34497	9620	9323	0	203730	12753	6433	165750	638117	60735
C18	1.C18	25634	152683	142355	86698	59851	23696	8047	0	159423	1375	1626	180773	32923	624
C19	1.C19	6887	103374	89054	78960	111198	44150	4712	0	6731	321	396	58590	32898	3663
C20	1.C20	7465	19004	27439	13591	19619	17573	4094	0	25076	3575	2601	26378	14791	391

· 101 ·

续表

		LSOE.C15	LSOE.C16	LSOE.C17	LSOE.C18	LSOE.C19	LSOE.C20	LSOE.C21	LSOE.C22	LSOE.C23	LSOE.C24	LSOE.C25	LSOE.C26	LSOE.C27	LSOE.C28
C21	1.C21	10278	15707	10483	12549	10263	6577	7842	0	4948	507	561	11619	6188	1042
C22	1.C22	0	0	0	0	0	0	0	0	0	0	0	0	0	0
C23	1.C23	76155	472974	368170	64822	69413	14858	10903	0	73770160	12970	140754	656709	281492	7017
C24	1.C24	6128	16175	10673	7347	8030	1329	2568	0	13517	28112	1631	3390	13593	358
C25	1.C25	5579	7135	8644	5015	6559	1410	1979	0	19735	328	14605	8956	10751	585
C26	1.C26	1214	6454	5146	3148	2905	532	609	0	3865	457	604	509750	75248	27463
C27	1.C27	50787	384479	433886	83940	75035	22508	11870	0	316541	17484	5003	1558369	584612	169876
C28	1.C28	1105	29204	2730	10302	6200	2111	766	0	1280	78	147	9176	5374	59037
C29	1.C29	13370	48091	29589	24190	48186	6267	8046	0	66873	870	1803	219022	82496	9990
C30	1.C30	48014	352282	554100	85467	92443	22380	11487	0	166626	10232	3112	768379	223537	64881
C31	1.C31	26130	48941	34589	30080	22631	11087	8047	0	22391	2681	3829	68636	59102	2942
C32	1.C32	35154	224046	217058	63319	85174	13542	10687	0	742566	25181	45238	420192	445987	7238
C33	1.C33	18824	50347	21504	25293	26235	7229	8209	0	4908	647	259	18923	78314	7262
C34	1.C34	16505	131635	173311	72103	56271	14456	8511	0	55507	2473	2084	120592	83637	21254
C35	1.C35	2575	43522	83823	22538	36869	5411	1428	0	4045	115	54	15146	2480	143
C36	1.C36	22777	147645	179016	40480	43458	9607	4945	0	229899	1433	761	903451	19962	63
C37	1.C37	834	3791	3777	2248	1763	185	548	0	35780	269	32259	1389	4178	0
C38	1.C38	7834	16672	14815	8070	8310	1543	2186	0	40571	1734	3865	27233	64566	578
C39	1.C39	754	5795	2512	1622	1418	355	492	0	1739	145	379	3582	10700	377
C40	1.C40	11532	44785	28319	17643	7576	3099	682	0	14290	1715	107	9138	7693	69

第四章 核心变量指标构建与测算结果分析

续表

		LSOE.C15	LSOE.C16	LSOE.C17	LSOE.C18	LSOE.C19	LSOE.C20	LSOE.C21	LSOE.C22	LSOE.C23	LSOE.C24	LSOE.C25	LSOE.C26	LSOE.C27	LSOE.C28
1	C41	1.C41	5741	31460	15572	12111	11926	1860	2581	0	39640	1057	1375	72398	43495	2991
1	C42	1.C42	1106	3113	2430	1730	2057	249	371	0	2154	53	99	4743	4704	128
2	C01	2.C01	0	0	0	0	0	0	0	0	0	0	0	0	0	0
2	C02	2.C02	20500	70749	17388	9356	4537	2731	8502	0	661139	28285	665	30377	62206	510
2	C03	2.C03	0	0	0	0	0	0	0	0	148344	105946	0	0	22297	0
2	C04	2.C04	31477	54752	5420	11492	179	2083	30	0	326	0	0	0	0	0
2	C05	2.C05	18058	13534	3493	4996	102	204	1604	0	3038	24	48	135469	3605	0
2	C06	2.C06	15581	54916	49600	29967	33284	5393	5375	0	37793	2265	1296	123687	106926	941
2	C07	2.C07	7702	17401	19107	14373	3842	2585	10265	0	572	70	134	17389	13571	540
2	C08	2.C08	10746	18245	31362	13809	14240	4638	12167	0	18535	5817	2364	28190	28467	2914
2	C09	2.C09	23403	24926	36070	16645	14560	5030	8606	0	6792	838	851	47166	13285	2346
2	C10	2.C10	18459	25718	20977	26560	24908	9714	10069	0	13012	1467	1243	20995	21532	9813
2	C11	2.C11	32723	168344	77900	34069	28587	7463	9390	0	519372	11901	5183	396369	642688	16815
2	C12	2.C12	36711	79676	86900	59170	56821	27851	8653	0	22242	3499	17561	89992	58279	1229
2	C13	2.C13	32576	79921	80563	59601	58211	23778	13534	0	25873	1432	1475	311456	30591	1370
2	C14	2.C14	88666	312381	280843	123818	70239	25707	11497	0	10262	1463	564	388410	58415	0
2	C15	2.C15	30877	51023	38659	37805	33338	17579	14645	0	23858	4947	9935	54944	25577	292
2	C16	2.C16	59397	444916	399486	91072	55224	23114	10663	0	120280	4715	5303	382582	202363	4518
2	C17	2.C17	29804	172672	754131	24632	32640	9451	6480	0	133260	12430	6344	118567	345161	52813
2	C18	2.C18	23172	112331	101155	74041	52112	21709	9240	0	110553	1364	1610	123923	28005	622

· 103 ·

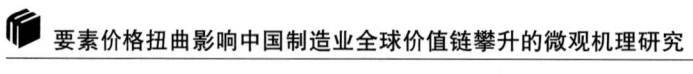

续表

			LSOE. C15	LSOE. C16	LSOE. C17	LSOE. C18	LSOE. C19	LSOE. C20	LSOE. C21	LSOE. C22	LSOE. C23	LSOE. C24	LSOE. C25	LSOE. C26	LSOE. C27	LSOE. C28
2	C19	2.C19	6404	61247	53285	59737	84074	36185	4385	0	6267	320	394	37669	24561	3545
2	C20	2.C20	7746	20748	31000	14405	21074	18792	4170	0	29833	3637	2634	29724	15939	391
2	C21	2.C21	19221	40042	21733	25588	18897	9581	11007	0	6893	442	489	26737	9331	911
2	C22	2.C22	0	0	0	0	0	0	0	0	0	0	0	0	0	0
2	C23	2.C23	76130	423238	355803	64370	69033	14810	10907	0	26605364	12924	136776	564085	260022	7001
2	C24	2.C24	6263	17180	11103	7537	8257	1335	2590	0	14299	31235	1641	3435	14328	359
2	C25	2.C25	5676	7270	8817	5104	6677	1443	2037	0	21374	337	15022	9154	11004	607
2	C26	2.C26	1214	6453	5146	3148	2904	531	609	0	3864	457	604	501959	75060	27441
2	C27	2.C27	52650	485398	639749	88197	78594	22804	11843	0	417835	17656	5016	4378408	873656	180798
2	C28	2.C28	1105	28227	2724	10187	6159	2108	765	0	1279	78	147	9072	5343	54832
2	C29	2.C29	13956	58198	33286	26070	53867	6403	8130	0	95733	872	1815	676134	126991	10398
2	C30	2.C30	47680	335355	511215	84303	91056	22310	11496	0	154907	10214	3110	667331	221521	64408
2	C31	2.C31	38701	163501	93725	49303	34016	13504	8521	0	46062	2846	4181	379815	258021	3131
2	C32	2.C32	35723	247026	253145	65372	90641	13604	10691	0	959127	25410	46076	522622	516470	7255
2	C33	2.C33	18839	50480	21530	25318	26259	7231	8206	0	4909	647	259	18946	78659	7265
2	C34	2.C34	17005	181640	299204	79212	60796	14803	8542	0	65295	2485	2093	187977	113740	22201
2	C35	2.C35	2575	43633	84221	22572	36957	5413	1429	0	4046	115	54	15160	2480	143
2	C36	2.C36	22100	114363	128935	38463	41261	9470	4918	0	130873	1429	760	333299	19181	63
2	C37	2.C37	834	3798	3785	2250	1765	185	549	0	36604	269	32860	1390	4187	0
2	C38	2.C38	9004	23465	20076	9333	9656	1587	2266	0	85600	1790	4155	47793	146582	584

续表

		LSOE.C15	LSOE.C16	LSOE.C17	LSOE.C18	LSOE.C19	LSOE.C20	LSOE.C21	LSOE.C22	LSOE.C23	LSOE.C24	LSOE.C25	LSOE.C26	LSOE.C27	LSOE.C28
2	C39	2.C39	755	5824	2516	1626	1421	355	494	0	1742	145	379	3593	10800	377
2	C40	2.C40	11525	44714	28295	17629	7573	3099	682	0	14284	1714	107	9135	7691	69
2	C41	2.C41	5742	31516	15583	12118	11933	1860	2582	0	39737	1057	1375	72712	43607	2991
2	C42	2.C42	785	2763	2019	1344	1674	259	472	0	1753	53	98	4373	4568	128
3	C01	3.C01	0	0	0	0	0	0	0	0	0	0	0	0	0	0
3	C02	3.C02	16069	34326	13247	8080	4198	2605	7997	0	124005	19700	657	19122	30745	505
3	C03	3.C03	0	0	0	0	0	0	30	0	22240	30111	0	0	11038	0
3	C04	3.C04	27564	41390	5245	10774	179	2056	1582	0	326	0	0	0	0	0
3	C05	3.C05	12987	10234	3224	4469	102	203	4796	0	2821	24	48	48721	3317	0
3	C06	3.C06	15916	59655	53468	31081	34607	5437	10273	0	40362	2272	1299	156571	128879	942
3	C07	3.C07	8680	20971	23332	16733	4157	2704	12799	0	561	71	142	21233	16074	532
3	C08	3.C08	16338	48313	197739	23124	23884	5533	10522	0	54846	7328	2579	163981	132143	3218
3	C09	3.C09	28930	34264	52515	20177	17358	5403	10846	0	7556	848	861	68343	16321	2416
3	C10	3.C10	32872	84465	61584	56049	50176	13733	11072	0	27646	1556	1305	65305	64032	16320
3	C11	3.C11	29976	99507	56343	30278	25773	7233	8679	0	155326	11251	5044	152238	242827	15492
3	C12	3.C12	57528	388068	715381	114321	105487	37276	14345	0	42736	3779	27586	787252	248088	1261
3	C13	3.C13	26992	53137	52455	47132	46628	20497	10805	0	20466	1411	1453	174817	23824	1352
3	C14	3.C14	104062	785073	1183819	156304	84496	27209	14503	0	10918	1474	565	1838719	88432	0
3	C15	3.C15	44034	87310	65996	54727	47265	22709	11894	0	37978	5563	12668	99542	40260	294
3	C16	3.C16	61677	613037	621961	97629	57866	23488	6518	0	151568	4747	5345	595649	263322	4546

续表

		LSOE.C15	LSOE.C16	LSOE.C17	LSOE.C18	LSOE.C19	LSOE.C20	LSOE.C21	LSOE.C22	LSOE.C23	LSOE.C24	LSOE.C25	LSOE.C26	LSOE.C27	LSOE.C28
3	C17	3.C17	31074	253673	6996654	25832	34581	9627	9333	0	208065	12765	6436	168189	661948	61049
3	C18	3.C18	30036	470243	652564	125947	80407	26575	8260	0	1086835	1393	1650	1111983	50305	628
3	C19	3.C19	7259	248613	209028	105191	149252	50579	4945	0	7107	322	397	111834	45150	3754
3	C20	3.C20	6780	15468	21615	11731	16555	15384	3979	0	24163	3393	2503	20359	12283	389
3	C21	3.C21	31245	97606	45694	44045	30419	12983	13303	0	9329	448	497	63239	13684	939
3	C22	3.C22	0	0	0	0	0	0	0	0	0	0	0	0	0	0
3	C23	3.C23	34418	50805	38702	28010	30237	10045	9345	0	81732	8481	31086	42569	38007	5235
3	C24	3.C24	5977	15146	10215	7137	7782	1321	2543	0	12717	25059	1621	3339	12838	358
3	C25	3.C25	3526	4055	4473	3321	3888	1252	1678	0	5940	325	5338	4074	4679	571
3	C26	3.C26	1182	5700	4668	2923	2701	528	569	0	3762	456	600	154095	48986	21980
3	C27	3.C27	47433	215405	202690	73427	66333	21729	12215	0	144531	16648	4929	463477	281519	114841
3	C28	3.C28	1066	13418	2503	7288	4888	1974	749	0	1227	78	146	6216	4270	18743
3	C29	3.C29	13956	58204	33288	26071	53870	6403	8131	0	95755	872	1815	677176	127028	10398
3	C30	3.C30	41181	141562	159135	65306	70050	20659	11561	0	70689	9562	3043	187774	97671	42175
3	C31	3.C31	37527	132938	80683	46961	32756	13302	8533	0	42395	2835	4156	267556	196099	3118
3	C32	3.C32	1124	1637	1448	1463	2199	780	1026	0	2291	860	942	1813	3045	639
3	C33	3.C33	18909	50952	21607	25434	26394	7242	8232	0	4913	647	259	19017	80004	7272
3	C34	3.C34	15430	82411	97791	59693	47749	13751	8448	0	40068	2438	2059	72874	56890	18574
3	C35	3.C35	2548	37026	62195	20927	33315	5298	1417	0	3976	115	54	14140	2455	143
3	C36	3.C36	15522	36739	37132	23381	25083	7811	4530	0	35534	1379	746	57532	12753	63

续表

		LSOE.C15	LSOE.C16	LSOE.C17	LSOE.C18	LSOE.C19	LSOE.C20	LSOE.C21	LSOE.C22	LSOE.C23	LSOE.C24	LSOE.C25	LSOE.C26	LSOE.C27	LSOE.C28
3	C37	3.C37	830	3734	3723	2226	1749	185	545	0	30826	269	28377	1382	4109	0
3	C38	3.C38	7282	14393	12964	7500	7705	1519	2132	0	31126	1704	3725	22009	48961	575
3	C39	3.C39	753	5753	2505	1618	1414	355	490	0	1736	145	379	3568	10564	377
3	C40	3.C40	10904	40522	26300	16563	7243	3057	717	0	13470	1762	103	8760	7402	69
3	C41	3.C41	4808	14505	10124	8702	8595	1746	2379	0	14728	1019	1312	19126	16040	2729
3	C42	3.C42	278	741	710	406	419	152	102	0	703	49	88	969	966	115
4	C01	4.C01	0	0	0	0	0	0	0	0	0	0	0	0	0	0
4	C02	4.C02	10234	16290	8609	6030	3514	2327	6240	0	41818	11504	639	10653	14900	494
4	C03	4.C03	0	0	0	0	209	2102	30	0	54905	66010	0	0	17033	0
4	C04	4.C04	29116	44927	5454	11320	102	204	1590	0	319	0	0	0	0	0
4	C05	4.C05	17237	13097	3462	4933	34855	5444	5287	0	3013	24	49	114204	3572	942
4	C06	4.C06	15979	60411	54046	31280	4450	2824	10303	0	40714	2274	1299	162227	132891	537
4	C07	4.C07	9958	31834	37934	21706	24558	5571	14167	0	566	71	143	38035	23700	3230
4	C08	4.C08	16642	51984	289071	23758	25258	6116	10518	0	65646	7396	2587	236350	165202	2547
4	C09	4.C09	48263	112691	316907	30975	56374	14201	12449	0	9390	865	878	789999	30144	17097
4	C10	4.C10	35675	120744	78392	63812	25056	7172	10959	0	30864	1563	1310	97764	90688	15101
4	C11	4.C11	29137	89982	52402	29328	110145	37872	8644	0	135585	11082	5009	133672	207670	1262
4	C12	4.C12	58693	468002	1110172	118775	78122	26461	13802	0	43655	3787	27948	1586444	283176	1385
4	C13	4.C13	38686	185889	212691	81287	84489	27238	11463	0	37095	1449	1493	3407163	45367	1385
4	C14	4.C14	103806	784131	1182164	155955	84489	27238	14484	0	10919	1475	566	1853943	88358	0

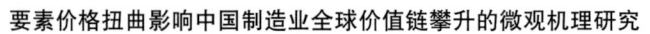

续表

		LSOE.C15	LSOE.C16	LSOE.C17	LSOE.C18	LSOE.C19	LSOE.C20	LSOE.C21	LSOE.C22	LSOE.C23	LSOE.C24	LSOE.C25	LSOE.C26	LSOE.C27	LSOE.C28
4	C15	4.C15	77663	482586	553566	107910	87634	31945	12881	0	206886	6370	19412	1445294	167966	296
4	C16	4.C16	62638	864282	1239865	102665	59730	23853	6558	0	181446	4767	5370	1361661	338193	4562
4	C17	4.C17	30981	247427	3861456	25764	34466	9617	9319	0	202478	12749	6432	164968	630507	60647
4	C18	4.C18	30285	531862	862979	129562	81718	26735	8275	0	2148732	1393	1651	1870534	51075	628
4	C19	4.C19	7243	232806	196773	103891	146301	50222	4929	0	7095	322	397	107868	44551	3751
4	C20	4.C20	9388	40754	77041	20366	30842	26725	4541	0	118146	3963	2798	71154	29375	395
4	C21	4.C21	41630	333779	121207	64632	41697	15073	13792	0	11809	451	500	235583	19526	951
4	C22	4.C22	0	0	0	0	0	0	0	0	0	0	0	0	0	0
4	C23	4.C23	59975	157791	121609	50489	53916	13881	10950	0	316362	12039	73065	141349	112410	6759
4	C24	4.C24	6303	17521	11242	7598	8330	1337	2597	0	14568	32261	1644	3449	14580	359
4	C25	4.C25	5535	7065	8544	4979	6500	1403	1967	0	19196	326	14259	8809	10557	581
4	C26	4.C26	1211	6410	5124	3131	2887	531	605	0	3853	457	603	346300	68864	25947
4	C27	4.C27	18520	32179	27359	24358	23294	11099	8924	0	21400	8361	3713	50072	38110	18881
4	C28	4.C28	1217	6229	2350	4573	3638	1968	773	0	1323	77	134	3912	3332	7788
4	C29	4.C29	13966	58361	33337	26100	53962	6405	8135	0	96258	872	1816	701101	127882	10403
4	C30	4.C30	37872	111857	121874	58492	62890	19579	11400	0	57613	9221	3006	141505	78539	35387
4	C31	4.C31	33852	87017	57444	40761	29259	12724	8481	0	33501	2796	4068	137406	110852	3072
4	C32	4.C32	25910	65319	58309	39762	51687	11474	10419	0	91198	17950	25366	78553	95732	6359
4	C33	4.C33	18812	50296	21498	25274	26210	7227	8198	0	4907	647	259	18916	78120	7261
4	C34	4.C34	16280	114232	144290	68772	54009	14328	8506	0	50578	2465	2079	103035	74674	20586

续表

		LSOE.C15	LSOE.C16	LSOE.C17	LSOE.C18	LSOE.C19	LSOE.C20	LSOE.C21	LSOE.C22	LSOE.C23	LSOE.C24	LSOE.C25	LSOE.C26	LSOE.C27	LSOE.C28
4	C35	4.C35	2536	39633	73476	21062	35202	5187	1418	0	3957	133	53	14116	2452	143
4	C36	4.C36	16447	41591	42300	25143	26967	8077	4610	0	40520	1388	749	67597	13528	63
4	C37	4.C37	832	3768	3755	2239	1758	185	547	0	33616	269	30594	1386	4150	0
4	C38	4.C38	8446	19712	17227	8718	8997	1567	2232	0	56341	1765	4018	35156	91296	581
4	C39	4.C39	755	5814	2515	1624	1419	355	493	0	1741	145	379	3589	10765	377
4	C40	4.C40	11143	40301	26559	16869	7394	3071	676	0	13802	1707	107	8926	7550	69
4	C41	4.C41	5412	17021	11609	9749	9631	2150	2924	0	17628	1346	1683	23037	19206	3378
4	C42	4.C42	763	2656	1981	1293	1572	257	421	0	1731	53	98	4194	4322	128
5	C01	5.C01	0	0	0	0	0	0	0	0	0	0	0	0	0	0
5	C02	5.C02	20810	75286	17635	9426	4554	2737	8546	0	934712	28897	665	32773	71643	510
5	C03	5.C03	0	0	0	0	0	0	30	0	164962	111541	0	0	22582	0
5	C04	5.C04	32373	58142	5612	11969	209	2125	1608	0	319	0	0	78412	0	0
5	C05	5.C05	15454	11866	3368	4751	102	203	5128	0	2937	24	48	0	3472	0
5	C06	5.C06	15942	59949	53693	31160	34705	5439	10285	0	40496	2273	1299	158745	130375	942
5	C07	5.C07	9974	32027	38219	21783	4453	2825	13749	0	566	71	143	38355	23817	537
5	C08	5.C08	16502	50464	246352	23497	24282	5555	10507	0	63342	7369	2584	205089	151370	3226
5	C09	5.C09	36890	51088	89328	24734	20785	5776	11719	0	8423	857	870	124884	20589	2484
5	C10	5.C10	31651	74140	55319	52661	47409	13492	11077	0	26090	1552	1302	57788	57202	15892
5	C11	5.C11	33650	208475	85757	35135	29412	7528	8751	0	1237451	12055	5210	710284	1013970	17160
5	C12	5.C12	58296	447115	979846	117485	109044	37681	13794	0	43482	3785	27878	1240286	275987	1262

· 109 ·

续表

		LSOE.C15	LSOE.C16	LSOE.C17	LSOE.C18	LSOE.C19	LSOE.C20	LSOE.C21	LSOE.C22	LSOE.C23	LSOE.C24	LSOE.C25	LSOE.C26	LSOE.C27	LSOE.C28
5	C13	5.C13	38039	159985	177037	78146	75227	26176	11488	0	36233	1447	1491	1743391	45763	1383
5	C14	5.C14	106269	1035132	2439317	161265	86738	27577	14206	0	10974	1475	566	6716401	92335	0
5	C15	5.C15	58612	174618	138635	77698	65340	28333	12856	0	72265	6093	16828	219352	73170	295
5	C16	5.C16	62302	756870	859936	101108	59093	23698	6539	0	171343	4761	5362	847750	310683	4557
5	C17	5.C17	31028	250305	4648411	25796	34522	9622	9326	0	204949	12756	6434	166446	644675	60824
5	C18	5.C18	30247	521699	822975	128610	81519	26710	8271	0	2003868	1393	1650	1881762	50893	628
5	C19	5.C19	7219	215426	183817	101506	142253	49554	4900	0	7078	322	397	103470	43845	3748
5	C20	5.C20	7852	21455	32875	14704	21621	19459	4216	0	37304	3657	2643	31137	16375	392
5	C21	5.C21	28261	78711	38562	39308	27608	12316	12874	0	8849	447	496	51264	12760	935
5	C22	5.C22	0	0	0	0	0	0	0	0	0	0	0	0	0	0
5	C23	5.C23	51527	99663	76476	42572	45517	13138	10823	0	170877	11164	55275	86017	72822	6449
5	C24	5.C24	5865	14424	9883	6982	7599	1316	2523	0	12151	23082	1612	3301	12300	357
5	C25	5.C25	3390	3875	4258	3200	3724	1234	1645	0	5576	324	5042	3871	4439	568
5	C26	5.C26	1214	6453	5146	3148	2905	532	609	0	3864	457	604	505938	75156	27452
5	C27	5.C27	29700	63748	55118	40470	38000	16093	11079	0	42083	11915	4357	99703	75291	33993
5	C28	5.C28	897	4626	1758	3402	2709	1477	660	0	1006	77	143	2875	2465	5564
5	C29	5.C29	13888	56986	32890	25862	53292	6389	8115	0	91732	872	1814	526386	120512	10362
5	C30	5.C30	47408	302076	431066	82320	88625	22207	11567	0	141484	10169	3106	552686	200983	62651
5	C31	5.C31	34171	89818	59011	41275	29563	12782	8488	0	34189	2800	4077	143019	114868	3077
5	C32	5.C32	15987	29450	26111	22766	29547	8373	8548	0	37210	11313	14216	33110	41029	4954

续表

			LSOE.C15	LSOE.C16	LSOE.C17	LSOE.C18	LSOE.C19	LSOE.C20	LSOE.C21	LSOE.C22	LSOE.C23	LSOE.C24	LSOE.C25	LSOE.C26	LSOE.C27	LSOE.C28
5	C33	5.C33	19009	51569	21709	25588	26570	7257	8267	0	4918	647	259	19106	81773	7282
5	C34	5.C34	15206	77556	91262	57847	46431	13581	8409	0	38286	2431	2054	68442	54027	18137
5	C35	5.C35	2567	41518	76423	22084	35843	5381	1425	0	4026	115	54	14849	2473	143
5	C36	5.C36	22463	130783	152483	39579	42469	9545	4931	0	166869	1431	761	469751	19630	63
5	C37	5.C37	833	3781	3768	2244	1761	185	548	0	34777	269	31495	1388	4165	0
5	C38	5.C38	9227	25545	21584	9597	9942	1594	2278	0	121916	1800	4211	64137	185450	585
5	C39	5.C39	755	5828	2517	1626	1421	355	494	0	1742	145	379	3594	10812	377
5	C40	5.C40	11524	44711	28294	17628	7572	3099	682	0	14284	1714	107	9135	7691	69
5	C41	5.C41	4987	16297	10942	9275	9158	1770	2428	0	16792	1027	1325	22556	18319	2780
5	C42	5.C42	784	2761	2019	1343	1670	259	470	0	1753	53	98	4370	4563	128
6	C01	6.C01	7967	11795	5938	1178	0	434	14275	0	1202	613	0	1095742	867159	0
6	C02	6.C02	21388	85874	18118	9559	4586	2748	8582	0	17576652	30124	666	34748	81111	510
6	C03	6.C03	0	0	0	0	0	0	30	0	51755	62733	0	0	16667	0
6	C04	6.C04	32747	62174	5479	11760	179	2091	1613	0	326	0	0	0	0	0
6	C05	6.C05	20874	15888	3619	5251	102	204	5481	0	3139	24	49	1941470	3743	0
6	C06	6.C06	16029	61122	54607	31439	35047	5450	10321	0	41071	2275	1299	168261	142298	943
6	C07	6.C07	9997	32267	38556	21887	4458	2827	13993	0	566	71	143	38783	23988	537
6	C08	6.C08	16664	52257	296803	23797	24599	5573	10522	0	66063	7400	2588	241792	173007	3231
6	C09	6.C09	49549	114284	531889	31874	25864	6148	12145	0	9480	865	878	3444717	30996	2551
6	C10	6.C10	36302	121488	81104	65389	57627	14273	11007	0	31331	1564	1311	101265	94620	17809

续表

		LSOE.C15	LSOE.C16	LSOE.C17	LSOE.C18	LSOE.C19	LSOE.C20	LSOE.C21	LSOE.C22	LSOE.C23	LSOE.C24	LSOE.C25	LSOE.C26	LSOE.C27	LSOE.C28
6	C11	6.C11	33677	202604	84769	35065	29353	7524	8761	0	988685	12043	5208	636816	945204	17130
6	C12	6.C12	58952	525078	1726342	120089	111293	37989	13784	0	44416	3791	28213	2465692	309622	1262
6	C13	6.C13	39371	207517	244483	82719	79275	26777	11458	0	38012	1451	1495	45417835	48423	1387
6	C14	6.C14	106901	1045804	2486726	161980	86773	27572	14200	0	10970	1475	566	7093782	92370	0
6	C15	6.C15	91580	721725	892290	117741	93918	32551	12655	0	229930	6390	19611	6088268	183019	296
6	C16	6.C16	63498	1252419	2765946	104510	60670	24039	6577	0	204804	4777	5382	2758446	419943	4570
6	C17	6.C17	31068	253159	6149551	25827	34573	9627	9332	0	207535	12764	6436	167909	659423	61009
6	C18	6.C18	30483	594483	1119782	130672	82663	26877	8291	0	4730485	1394	1651	3625810	51833	628
6	C19	6.C19	7225	221632	189071	102254	143641	49599	4900	0	7086	322	397	105403	44131	3749
6	C20	6.C20	10089	65124	226002	23350	39217	31692	4589	0	997303	4095	2864	229191	41714	396
6	C21	6.C21	43077	503671	142169	68561	43345	15269	12982	0	11968	451	501	371820	19924	952
6	C22	6.C22	0	0	0	0	0	0	0	0	0	0	0	0	0	0
6	C23	6.C23	69793	304016	242779	59959	63920	14594	10826	0	1948422	12766	114117	316594	209627	6963
6	C24	6.C24	6302	17517	11240	7596	8329	1337	2597	0	14567	32233	1644	3449	14579	359
6	C25	6.C25	5665	7253	8792	5095	6662	1443	2035	0	21194	337	14938	9121	10959	607
6	C26	6.C26	1215	6460	5150	3150	2906	532	610	0	3867	457	604	559070	76271	27606
6	C27	6.C27	52981	520668	707257	89076	79322	22863	11852	0	449176	17702	5020	11661576	1001849	185192
6	C28	6.C28	1331	11535	2838	7036	5037	2295	822	0	1467	78	136	6042	4504	15623
6	C29	6.C29	13979	58590	33409	26140	54082	6408	8140	0	97033	873	1816	738531	129189	10411
6	C30	6.C30	49935	498171	1498009	89747	97571	22832	11528	0	198487	10325	3120	3435159	292956	68732

续表

		LSOE.C15	LSOE.C16	LSOE.C17	LSOE.C18	LSOE.C19	LSOE.C20	LSOE.C21	LSOE.C22	LSOE.C23	LSOE.C24	LSOE.C25	LSOE.C26	LSOE.C27	LSOE.C28
C31	6.C31	42160	224974	111063	53962	36077	13810	8633	0	49926	2859	4207	1481526	461927	3144
C32	6.C32	37193	325510	320320	70359	101579	13777	10799	0	6381482	26006	48058	1260737	1159855	7297
C33	6.C33	19039	51787	21746	25635	26621	7261	8273	0	4920	647	259	19140	82430	7285
C34	6.C34	17109	196393	344535	80335	61652	14875	8559	0	67292	2488	2094	205912	119071	22382
C35	6.C35	2575	43603	84134	22558	36914	5412	1428	0	4046	115	54	15157	2480	143
C36	6.C36	22825	150364	183329	40612	43605	9616	4949	0	236472	1433	761	993511	20006	63
C37	6.C37	834	3799	3786	2251	1765	185	549	0	36720	269	32948	1391	4188	0
C38	6.C38	9619	29475	24266	10026	10408	1606	2303	0	489745	1814	4293	107785	579959	587
C39	6.C39	756	5831	2517	1627	1422	355	495	0	1742	145	379	3595	10821	377
C40	6.C40	11553	45017	28403	17685	7586	3101	682	0	14312	1715	107	9147	7699	69
C41	6.C41	5741	31463	15573	12112	11927	1860	2581	0	39644	1057	1375	72406	43500	2991
C42	6.C42	785	2764	2020	1344	1674	259	472	0	1754	53	98	4374	4570	128
C01	F.C01	40	52	26	5	0	2	7068	0	5	3	0	3327	8978	0
C02	F.C02	8	18	4	3	1	2	7	0	2533737	8	0	6	13	0
C03	F.C03	0	0	0	0	0	0	0	0	13	118216	0	0	3	0
C04	F.C04	2868	737	185	244	9	127	17	0	0	1	3	0	0	0
C05	F.C05	1413	740	199	297	6	12	1409	0	172	60	39	1902	200	0
C06	F.C06	664	1778	1541	1496	1805	187	1678	0	766	5	17	3903	4692	16
C07	F.C07	1209	3221	6331	5040	343	150	10388	0	41	27	9	2784	2365	82
C08	F.C08	101	355	12125	935	468	115	4484	0	144			486	437	10

· 113 ·

续表

		LSOE.C15	LSOE.C16	LSOE.C17	LSOE.C18	LSOE.C19	LSOE.C20	LSOE.C21	LSOE.C22	LSOE.C23	LSOE.C24	LSOE.C25	LSOE.C26	LSOE.C27	LSOE.C28
F.	C09	6859	4221	17332	2248	1753	391	5907	0	487	52	51	44361	1176	133
F.	C10	7093	10073	6573	14783	12820	2663	4558	0	1717	114	98	3456	3728	790
F.	C11	13606	48835	18472	12072	9845	2203	4489	0	115044	3084	1256	427148	736236	203
F.	C12	35352	186400	384433	108028	106949	27898	11994	0	8502	1053	6913	294644	73979	220
F.	C13	8505	16552	21426	48102	45165	28926	5384	0	911	54	53	452950	1075	46
F.	C14	86832	477052	574585	110354	79297	17397	11731	0	1682	243	42	399519	5677	0
F.	C15	52942	255874	63142	50166	38051	10718	8432	0	5123	567	1300	119255	7586	27
F.	C16	48567	998052	1797757	85027	30603	11363	2936	0	21185	860	917	208424	67247	740
F.	C17	6390	29877	2534569	3162	5547	1577	1755	0	8534	781	411	12729	111498	1768
F.	C18	12630	596212	386851	160140	99350	40423	4665	0	117182	239	263	206781	6740	138
F.	C19	599	565730	235583	107842	282229	56436	1840	0	221	12	14	17093	3111	722
F.	C20	4499	318320	560598	77460	134740	64775	2458	0	446602	594	413	83087	15716	321
F.	C21	6890	66635	5595	67994	39796	1768	15446	0	356	19	21	3923	513	38
F.	C22	0	0	0	0	0	0	0	0	0	0	0	0	0	0
F.	C23	1519	1608	715	530	701	81	182	0	16944	49	456	834	630	19
F.	C24	0	0	0	0	0	0	0	0	0	0	0	0	0	0
F.	C25	0	0	0	0	0	0	0	0	0	0	0	0	0	0
F.	C26	0	0	0	0	0	0	0	0	0	0	0	0	0	0
F.	C27	18969	89057	47203	32633	37002	10546	7676	0	31200	1002	1262	140101	216872	86267
F.	C28	365	4016	619	2011	1474	556	269	0	422	16	48	1633	907	3847

第四章 核心变量指标构建与测算结果分析

续表

		LSOE.C15	LSOE.C16	LSOE.C17	LSOE.C18	LSOE.C19	LSOE.C20	LSOE.C21	LSOE.C22	LSOE.C23	LSOE.C24	LSOE.C25	LSOE.C26	LSOE.C27	LSOE.C28
F.	C29	F. C29	2962	6785	4042	3982	18512	807	3164	0	9091	37	242	26794	10235	782
F.	C30	F. C30	0	0	0	0	0	0	0	0	0	0	0	0	0	0
F.	C31	F. C31	0	0	0	0	0	0	0	0	0	0	0	0	0	0
F.	C32	F. C32	1839	5116	3146	3764	9265	476	1149	0	17051	331	814	11529	46552	127
F.	C33	F. C33	0	0	0	0	0	0	0	0	0	0	0	0	0	0
F.	C34	F. C34	16274	110690	158200	66590	57161	13283	8454	0	54806	1389	2396	70726	37042	12319
F.	C35	F. C35	10241	127787	250791	46076	70184	14537	5125	0	22646	267	279	62326	10883	361
F.	C36	F. C36	0	0	0	0	0	0	0	0	0	0	0	0	0	0
F.	C37	F. C37	0	0	0	0	0	0	0	0	0	0	0	0	0	0
F.	C38	F. C38	0	0	0	0	0	0	0	0	0	0	0	0	0	0
F.	C39	F. C39	0	0	0	0	0	0	0	0	0	0	0	0	0	0
F.	C40	F. C40	0	0	0	0	0	0	0	0	0	0	0	0	0	0
F.	C41	F. C41	2942	12348	6739	6060	6242	988	1324	0	8991	407	560	16500	9995	1171
F.	C42	F. C42	15	39	28	20	27	4	8	0	34	1	2	62	63	2
F.	AV1	AV1	154617	4811692	5454974	443164	517879	111952	19768	0	17633958	362424	644260	1248178020283504	1870381
F.	AV2	AV2	130271	2571617	4290602	187130	242020	52332	15920	0	11813189	51504	21232	2989472	1423428	119042
F.	AV3	AV3	72727	1272017	2648615	96189	227719	49627	17481	0	17089185	99808	516933	628098	6034349	341330
F.	AV4	AV4	154300	2322787	4656944	524632	283508	77085	65871	0	4139834	79905	68880	14489	9191176	7670
			48167917	94506902	112796831	10470790	3146347	1737027	0	236844379	2298034	2657017	18105076	66880033	4810840

· 115 ·

续表

		LSOE.C29	LSOE.C30	LSOE.C31	LSOE.C32	LSOE.C33	LSOE.C34	LSOE.C35	LSOE.C36	LSOE.C37	LSOE.C38	LSOE.C39	LSOE.C40	LSOE.C41	LSOE.C42
C01	1.C01	0	0	0	0	0	0	0	0	0	0	0	0	0	0
C02	1.C02	0	3688	4055	0	1856	9102	1576	3642	6636	11108	5076	26416	1146	10486
C03	1.C03	0	0	0	0	0	0	0	0	0	0	0	0	0	0
C04	1.C04	0	0	0	0	0	0	8027	1580	2187	0	0	0	0	0
C05	1.C05	0	0	0	0	0	0	136	76	803	171	1409	2201	638	2795
C06	1.C06	10114	73582	172588	44649	18992	57572	15088	6532	11219	25307	8227	46535	125543	10941
C07	1.C07	555	11150	15542	1374	7425	28724	12093	1603	4701	15651	4180	16487	3664	9956
C08	1.C08	5789	18790	9723	11869	11486	17013	4747	3620	7914	8651	2896	15777	10250	9179
C09	1.C09	0	0	0	0	0	0	0	0	0	0	0	0	0	0
C10	1.C10	26938	29882	11546	38018	17126	44076	6995	18581	6322	14636	10586	22259	33662	10199
C11	1.C11	8329	49953	24134	153262	45854	119897	7848	92563	25396	23738	8341	22355	10030	12136
C12	1.C12	19222	133023	31851	57167	47427	109763	74460	84504	32629	37597	8666	465575	85449	12186
C13	1.C13	1132	2463	5514	1418	2074	2481	3925	3517	6065	2589	4278	7084	4529	7535
C14	1.C14	48	5680	266	0	7427	4489	4214	22313	8590	7291	2608	201	593	0
C15	1.C15	6204	3847	5094	6816	14149	22192	10176	17605	6353	7727	4114	6238	4249	5677
C16	1.C16	25935	26871	6427	72364	21610	34456	12466	23706	17721	6816	4736	208980	3685	9446
C17	1.C17	24013	134977	17003	45418	23122	107190	7431	50327	24018	29946	7838	4935	6472	11993
C18	1.C18	62372	55999	26220	22352	34203	65648	28879	72393	18561	20174	5665	13738	7100	9178
C19	1.C19	64229	40704	2326	8257	17863	98107	28579	79581	13487	23907	5900	3180	7698	11565
C20	1.C20	17206	3178	171	21960	9573	11361	15438	24249	9963	11981	6946	7969	4043	6946

续表

		LSOE.C29	LSOE.C30	LSOE.C31	LSOE.C32	LSOE.C33	LSOE.C34	LSOE.C35	LSOE.C36	LSOE.C37	LSOE.C38	LSOE.C39	LSOE.C40	LSOE.C41	LSOE.C42
1	C21	3640	5235	3019	5751	5370	9129	2798	4150	4242	7099	3441	3500	2237	6732
1	1.C21	0	0	0	0	0	0	0	0	0	0	0	0	0	0
1	1.C22	61197	319452	71421	337408	33947	59417	20418	24654	23535	19848	10164	100415	16364	11381
1	1.C23	2591	2348	18013	472	894	5694	274	640	1144	2068	2313	2042	900	2093
1	1.C24	6144	5039	11346	6431	1615	4307	1435	3330	2476	5504	4196	3228	1132	4217
1	1.C25	7445	35235	12504	19797	51156	5877	3057	8377	20456	15577	7112	121041	12805	11991
1	1.C26	61020	663202	46680	503302	36330	140038	40373	331549	20312	24399	10403	30365	70983	12671
1	1.C27	7249	33303	3154	229983	6896	45128	1496	3533	1154	4765	5180	1345	3794	13069
1	1.C28	61884	82176	14901	199675	21917	19795	4683	13325	9501	8839	8222	41012	11503	12031
1	1.C29	61865	85445	62396	90149	25714	97536	19067	42891	14520	23276	8117	195958	45017	12094
1	1.C30	30606	60934	21105	68834	31902	57399	20699	45947	15589	17351	11053	26844	27228	7040
1	1.C31	54955	440044	61050	836717	69458	136645	4574	211963	26181	26493	11923	48532	44050	12690
1	1.C32	53269	305087	39421	534086	43290	72489	3860	32411	3729	27037	7911	8862	21669	11159
1	1.C33	69914	286828	36718	307791	59299	112057	7320	50124	13830	19088	9500	29597	35889	12041
1	1.C34	5251	7630	23	13051	1409	2041	15907	4461	897	43	726	758	442	49
1	1.C35	19971	70335	1104	8728	15498	4584	13640	495420	6458	2510	5044	6735	925	7512
1	1.C36	1296	2666	1934	7461	2753	45849	529	532	19752	4502	3772	1118	1247	9641
1	1.C37	17558	44332	25201	28921	23116	35552	2492	19070	15459	21200	7313	18893	11329	10811
1	1.C38	5157	7050	1538	27211	2006	2858	2880	2544	2058	997	6727	4238	1336	11807
1	1.C39	1369	1834	992	8140	2963	967	2283	2389	4610	1042	4031	11942	1999	10212
1	1.C40														

续表

		LSOE. C29	LSOE. C30	LSOE. C31	LSOE. C32	LSOE. C33	LSOE. C34	LSOE. C35	LSOE. C36	LSOE. C37	LSOE. C38	LSOE. C39	LSOE. C40	LSOE. C41	LSOE. C42
1	C41	1. C41	22014	81358	14427	190790	29965	27908	16056	16861	8597	10495	6941	6786	91793	11995
1	C42	1. C42	2272	3570	1292	7757	5777	1572	254	1160	731	1093	1079	885	335	2740
2	C01	2. C01	0	0	0	0	0	0	0	0	0	0	0	0	0	0
2	C02	2. C02	0	3657	4016	0	1846	8915	1571	3612	6538	10855	5041	24530	1143	10450
2	C03	2. C03	0	0	0	0	0	0	0	0	0	0	0	0	0	0
2	C04	2. C04	0	0	0	0	0	0	7952	1563	2142	0	0	0	0	0
2	C05	2. C05	0	5498	0	0	0	0	136	76	811	171	1434	2266	644	2888
2	C06	2. C06	9962	65383	158020	39397	18367	53490	14685	6467	11049	24803	8270	42575	97670	10950
2	C07	2. C07	570	11275	16068	1396	7340	31670	12326	1618	4573	16069	4040	17388	3762	9930
2	C08	2. C08	6738	28243	12352	16588	15145	24112	5467	3981	9626	10502	3148	23117	13901	10233
2	C09	2. C09	4492	14476	7382	8067	8558	12000	3149	3597	10548	12955	8164	19443	12885	9998
2	C10	2. C10	26844	29763	11521	37840	17081	43935	6984	18519	6314	14606	10564	22181	33516	10184
2	C11	2. C11	8252	47012	23450	126480	43857	109955	7774	79859	24818	23270	8281	21667	9465	11905
2	C12	2. C12	14619	41982	21739	24279	31283	48845	34992	31712	23640	27665	8434	99654	29860	11653
2	C13	2. C13	1266	3209	11467	1652	2579	3232	6824	5299	13897	3428	7133	26983	9945	11303
2	C14	2. C14	47	5498	265	0	7066	4376	4106	19571	8218	7022	2573	200	591	0
2	C15	2. C15	6889	4112	5559	7793	17006	28016	12248	22537	7098	8730	4449	7115	4606	6026
2	C16	2. C16	25107	25591	6356	57303	20915	32679	12149	22656	17342	6743	4726	155910	3659	9452
2	C17	2. C17	23091	99419	16441	38676	22048	92599	7297	44367	23304	29134	7880	4874	6369	12017
2	C18	2. C18	52676	44706	23365	19603	30330	54102	24934	55567	17086	18757	5512	12539	6779	8986

· 118 ·

第四章 核心变量指标构建与测算结果分析

续表

		LSOE.C29	LSOE.C30	LSOE.C31	LSOE.C32	LSOE.C33	LSOE.C34	LSOE.C35	LSOE.C36	LSOE.C37	LSOE.C38	LSOE.C39	LSOE.C40	LSOE.C41	LSOE.C42
2	C19	47182	29134	2266	7534	14946	66599	22194	48391	11936	20794	5576	3070	7077	11000
2	C20	18544	3227	172	24584	10071	12002	16832	27201	10486	12580	7187	8351	4129	7083
2	C21	4190	7170	3290	8724	7707	16806	3555	5047	5231	10545	3901	4886	2620	8186
2	C22	0	0	0	0	0	0	0	0	0	0	0	0	0	0
2	C23	60760	281344	70794	315188	33722	58613	20265	24448	23439	19795	10213	96646	16241	11467
2	C24	2615	2368	19208	473	897	5812	274	642	1148	2083	2334	2058	903	2110
2	C25	6253	5131	11590	6568	1653	4384	1461	3393	2525	5599	4255	3284	1155	4330
2	C26	7443	35204	12497	19787	51076	5876	3057	8375	20446	15570	7110	120588	12800	11990
2	C27	63755	1078364	48174	806037	37342	155566	41437	418847	20561	24779	10328	30917	74068	12504
2	C28	6888	32026	3146	183023	6843	41501	1494	3520	1153	4745	5161	1344	3777	13127
2	C29	69512	127432	15686	631547	23434	21295	4778	14099	9820	9097	8167	53271	12220	12113
2	C30	61243	84163	61814	88484	25591	95820	18995	42556	14485	23196	8118	179997	44697	12097
2	C31	50086	314184	31833	365215	49535	144751	38014	249505	20638	22178	10885	72214	88571	8308
2	C32	56544	519720	63071	1040635	72672	148934	4583	236930	26454	27019	11896	49616	44862	12159
2	C33	53351	300478	39496	559289	43298	72687	3861	32467	3730	27033	7911	8866	21696	11145
2	C34	76291	612080	39098	694571	63215	135427	7451	57257	14184	19665	9343	33727	39855	11902
2	C35	5253	7634	23	13060	1410	2041	15923	4462	897	43	726	758	442	49
2	C36	19381	60731	1102	8564	15087	4547	13235	218254	6387	2499	5028	6639	923	7496
2	C37	1297	2670	1936	7495	2758	46837	529	532	19874	4512	3777	1119	1248	9644
2	C38	23394	92045	36799	54154	32073	59797	2616	30890	19314	27294	7753	30959	16386	11820

· 119 ·

续表

		LSOE. C29	LSOE. C30	LSOE. C31	LSOE. C32	LSOE. C33	LSOE. C34	LSOE. C35	LSOE. C36	LSOE. C37	LSOE. C38	LSOE. C39	LSOE. C40	LSOE. C41	LSOE. C42
2	C39	2.C39	5184	7088	1541	27983	2015	2865	2887	2549	2062	998	6738	4255	1338	11819
2	C40	2.C40	1369	1834	992	8138	2962	967	2283	2389	4609	1042	4030	11937	1998	10211
2	C41	2.C41	22034	81742	14437	192840	30002	27943	16072	16876	8601	10499	6940	6789	92282	11986
2	C42	2.C42	1885	3243	940	8100	6642	1183	216	820	489	770	762	635	300	1943
3	C01	3.C01	0	0	0	0	0	0	0	0	0	0	0	0	0	0
3	C02	3.C02	0	3427	3747	0	1784	7702	1527	3386	5849	9330	4749	15229	1120	9958
3	C03	3.C03	0	0	0	0	0	0	0	0	0	0	0	0	0	0
3	C04	3.C04	0	0	0	0	0	0	7541	1549	2114	0	0	0	0	0
3	C05	3.C05	0	0	0	0	0	0	136	76	795	170	1385	2142	633	2710
3	C06	3.C06	10106	73203	170893	44513	18952	57358	15071	6529	11210	25269	8222	46363	124380	10937
3	C07	3.C07	559	13047	19158	1400	8332	38852	14612	1637	5010	18212	4465	21380	3856	10579
3	C08	3.C08	8805	148831	21068	53016	27560	65346	7030	4649	14200	15122	3576	94279	37645	12147
3	C09	3.C09	4789	18011	8220	9252	9838	14212	3301	3784	12234	14939	8868	26202	16059	10610
3	C10	3.C10	59728	122559	18673	208227	30588	140181	10133	58081	8315	22090	13182	72759	164806	11912
3	C11	3.C11	7948	37223	21485	65963	39128	78615	7425	52420	23080	21892	8467	18880	8919	12263
3	C12	3.C12	19402	146250	32287	59834	47804	115101	78083	86653	32732	37649	8605	566899	91663	12089
3	C13	3.C13	1249	3108	10317	1622	2512	3130	6330	5027	12320	3313	6747	21082	8364	10775
3	C14	3.C14	48	5664	266	0	7386	4478	4205	22100	8553	7262	2603	201	593	0
3	C15	3.C15	8077	4540	6337	9688	22782	42416	16775	35317	8395	10458	4906	8787	5212	6470
3	C16	3.C16	25797	26644	6415	70174	21504	34141	12411	23521	17657	6804	4735	196037	3680	9457

第四章 核心变量指标构建与测算结果分析

续表

			LSOE.C29	LSOE.C30	LSOE.C31	LSOE.C32	LSOE.C33	LSOE.C34	LSOE.C35	LSOE.C36	LSOE.C37	LSOE.C38	LSOE.C39	LSOE.C40	LSOE.C41	LSOE.C42
3	C17	3.C17	24055	136566	17028	45598	23184	107790	7435	50549	24052	29990	7840	4937	6475	11997
3	C18	3.C18	85774	120271	31660	32971	41909	105256	39899	214424	20918	22515	5695	16447	7701	9275
3	C19	3.C19	83488	60540	2368	8895	20609	158052	36798	216476	14686	26370	5961	3263	8635	11713
3	C20	3.C20	14527	3030	171	17206	8488	9831	12625	19033	8795	10695	6645	6991	3789	6696
3	C21	3.C21	4867	9557	3700	12927	10383	29232	4067	6115	6380	14250	4475	6007	2878	9231
3	C22	3.C22	0	0	0	0	0	0	0	0	0	0	0	0	0	0
3	C23	3.C23	26346	34946	28091	31358	17800	22217	10510	12165	14069	12916	9496	22114	8891	10619
3	C24	3.C24	2563	2325	16757	471	891	5563	274	639	1138	2050	2290	2024	897	2074
3	C25	3.C25	3752	3298	5135	3452	1401	2990	1266	2487	1990	3448	2866	2374	1029	3227
3	C26	3.C26	6488	28046	10478	16464	40304	5239	2981	7385	17544	13417	6382	69096	11119	11469
3	C27	3.C27	54951	276350	42470	199869	33481	108379	35170	154401	19442	23627	11287	27069	55022	12677
3	C28	3.C28	5589	13864	2852	27522	5268	19111	1426	3000	1111	4092	4412	1286	3032	11771
3	C29	3.C29	69516	127467	15687	632427	23435	21296	4779	14100	9820	9097	8167	53278	12221	12112
3	C30	3.C30	50685	50460	50454	46380	22689	65701	16333	31278	13442	21479	8310	85101	30080	12143
3	C31	3.C31	47750	222938	30655	257469	48503	124029	35508	166361	20141	21885	11716	63613	75798	7928
3	C32	3.C32	1300	2113	1306	3075	2034	1841	502	1235	1013	1167	1274	826	771	1770
3	C33	3.C33	53613	329807	39733	626186	43575	73426	3864	32671	3732	27087	7907	8883	21802	11139
3	C34	3.C34	58371	144301	32414	157305	50727	81501	6965	35000	13030	17962	9593	24079	26590	11897
3	C35	3.C35	5144	7403	23	12294	1401	2024	14782	4383	894	43	724	756	441	49
3	C36	3.C36	13667	25134	1071	6813	11071	4079	9488	46412	5493	2350	4558	5551	901	6963

· 121 ·

续表

		LSOE.C29	LSOE.C30	LSOE.C31	LSOE.C32	LSOE.C33	LSOE.C34	LSOE.C35	LSOE.C36	LSOE.C37	LSOE.C38	LSOE.C39	LSOE.C40	LSOE.C41	LSOE.C42
3	3.C37	1289	2639	1918	7226	2714	39372	528	531	18331	4417	3700	1113	1241	9443
3	3.C38	15284	34093	21144	23076	19701	28916	2429	16140	13637	18941	6840	15854	10033	10293
3	3.C39	5118	6996	1534	26268	1994	2848	2871	2537	2053	996	6682	4216	1335	11751
3	3.C40	1424	1880	1047	7841	2924	1023	2345	2411	4497	1098	3912	11578	2060	10033
3	3.C41	12923	20591	9707	24058	16227	14488	9270	9958	6560	7832	5958	5119	19519	10324
3	3.C42	544	892	335	1203	717	485	172	456	282	318	305	348	232	574
4	4.C01	0	0	0	0	0	0	0	0	0	0	0	0	0	0
4	4.C02	0	2982	3196	0	1629	5820	1431	2951	4646	6820	3916	9006	1067	8416
4	4.C03	0	0	0	0	0	0	0	0	0	0	0	0	0	0
4	4.C04	0	0	0	0	0	0	7619	1565	2160	0	0	0	0	0
4	4.C05	0	0	0	0	0	0	136	76	809	171	1429	2252	643	2862
4	4.C06	10129	74381	177159	44947	19070	57981	15122	6538	11236	25389	8236	46896	128084	10951
4	4.C07	564	17587	25998	1436	9685	71772	21336	1682	5451	22276	4716	41676	4142	11088
4	4.C08	8902	201786	21612	58439	28515	70783	7103	4677	14431	15355	3588	112544	41909	12117
4	4.C09	5363	35400	10056	13324	12752	20793	3594	4151	16273	19449	10139	80199	36944	11982
4	4.C10	68546	252402	19683	647942	33678	197543	10514	77230	8509	23040	12721	117266	444514	11731
4	4.C11	7869	35194	20933	59791	37855	73530	7326	48537	22568	21492	8453	18221	8772	12186
4	4.C12	19608	156983	32906	61557	49434	122936	82004	86683	33391	36372	8649	765896	95814	12044
4	4.C13	1279	3299	12598	1677	2639	3321	7319	5560	15281	3525	6933	42362	11154	11261
4	4.C14	48	5665	266	0	7387	4479	4206	22100	8555	7263	2604	201	593	0

· 122 ·

第四章 核心变量指标构建与测算结果分析

续表

			LSOE.C29	LSOE.C30	LSOE.C31	LSOE.C32	LSOE.C33	LSOE.C34	LSOE.C35	LSOE.C36	LSOE.C37	LSOE.C38	LSOE.C39	LSOE.C40	LSOE.C41	LSOE.C42
4	C15	4.C15	9793	5082	7379	14834	35835	109407	32777	175767	10275	12784	5182	12694	6361	6719
4	C16	4.C16	26355	27304	6454	75773	21972	35167	12570	24040	17915	6845	4751	240575	3693	9473
4	C17	4.C17	23997	134504	16994	45364	23100	106966	7429	50261	24004	29931	7836	4934	6471	11996
4	C18	4.C18	87229	124835	31960	33309	42488	108743	40446	230446	21044	22658	5702	16541	7720	9285
4	C19	4.C19	82388	59512	2367	8874	20450	154885	36444	206064	14632	26261	5951	3261	8610	11702
4	C20	4.C20	28251	3482	172	56471	13273	17234	29774	63099	13903	15954	8413	12747	4835	7754
4	C21	4.C21	5226	11932	3905	20966	12251	45474	4340	7096	7040	16381	4675	7114	3006	9490
4	C22	4.C22	0	0	0	0	0	0	0	0	0	0	0	0	0	0
4	C23	4.C23	48102	105926	53598	97627	28662	44367	17720	21967	21098	18156	11289	54327	14556	12142
4	C24	4.C24	2622	2374	19580	473	898	5848	274	642	1150	2088	2339	2063	904	2114
4	C25	4.C25	6092	5001	11176	6353	1607	4278	1429	3310	2463	5460	4168	3210	1128	4186
4	C26	4.C26	7375	34083	12270	19387	48994	5842	3049	8319	20180	15366	7105	105977	12628	11988
4	C27	4.C27	18719	34585	15229	25799	13880	25895	11470	21943	9820	12417	8176	9495	12240	9711
4	C28	4.C28	3921	6281	2559	8622	3725	7653	1449	2659	1261	3232	3344	1357	2550	6660
4	C29	4.C29	69684	128260	15699	648393	23467	21315	4780	14108	9824	9101	8169	53429	12230	12112
4	C30	4.C30	45518	42977	45074	39097	21154	56840	15198	27759	12833	20440	8196	68909	25386	12015
4	C31	4.C31	42052	117815	27611	133868	42798	92070	29467	86596	18850	20579	11966	42781	47107	7605
4	C32	4.C32	35973	83730	38036	135658	46461	61909	4173	49261	20394	21419	12265	23342	20943	12147
4	C33	4.C33	53214	294325	39395	541213	43187	72400	3860	32387	3729	27003	7909	8860	21649	11142
4	C34	4.C34	67111	228748	35853	248757	57031	102691	7238	44685	13671	18831	9531	28037	32211	11999

· 123 ·

续表

		LSOE.C29	LSOE.C30	LSOE.C31	LSOE.C32	LSOE.C33	LSOE.C34	LSOE.C35	LSOE.C36	LSOE.C37	LSOE.C38	LSOE.C39	LSOE.C40	LSOE.C41	LSOE.C42
4	C35	4.C35	5044	7265	23	12230	1427	2032	14863	4318	928	43	757	785	473	49
4	C36	4.C36	14455	27774	1076	7059	11640	4155	9973	53681	5636	2375	4661	5712	905	7086
4	C37	4.C37	1293	2655	1928	7363	2739	43077	529	531	19176	4468	3745	1116	1245	9567
4	C38	4.C38	20395	61276	30591	38107	27443	45448	2559	23233	17554	24088	7691	23271	13724	11356
4	C39	4.C39	5173	7076	1540	27727	2010	2862	2885	2547	2060	998	6735	4249	1337	11828
4	C40	4.C40	1364	1826	989	7970	2923	965	2271	2377	4558	1039	3983	11546	1989	10112
4	C41	4.C41	14576	24869	10927	28816	18652	16886	10775	11556	7357	8645	6092	5874	24487	10945
4	C42	4.C42	1811	3148	916	7508	4717	1165	216	814	486	756	747	631	299	1860
5	C01	5.C01	0	0	0	0	0	0	0	0	0	0	0	0	0	0
5	C02	5.C02	0	3667	4029	0	1850	8977	1573	3621	6570	10941	5053	25197	1144	10484
5	C03	5.C03	0	0	0	0	0	0	0	0	0	0	0	0	0	0
5	C04	5.C04	0	0	0	0	0	0	7989	1578	2185	0	0	0	0	0
5	C05	5.C05	10115	73645	172930	44672	18999	57605	136	76	804	171	1412	2209	639	2806
5	C06	5.C06	564	17648	26113	1436	9700	72670	15091	6533	11220	25315	8228	46563	125749	10942
5	C07	5.C07	8862	182060	21364	56469	28071	68605	21438	1683	5455	22342	4719	42066	4145	11081
5	C08	5.C08	5086	23145	9123	10694	11215	17037	7075	4667	14330	15251	3582	105416	40804	12141
5	C09	5.C09	56027	105519	18146	161809	29389	121988	3452	3972	14265	17233	9723	37678	21699	11250
5	C10	5.C10	8330	49912	24108	153873	45475	118133	9924	50395	8203	21609	13172	63602	132597	11933
5	C11	5.C11	19562	155034	32759	61313	49125	121579	7847	92406	25333	23630	8322	22356	10027	11966
5	C12	5.C12							81272	89608	33265	36247	8634	708453	94910	12027

第四章 核心变量指标构建与测算结果分析

续表

			LSOE. C29	LSOE. C30	LSOE. C31	LSOE. C32	LSOE. C33	LSOE. C34	LSOE. C35	LSOE. C36	LSOE. C37	LSOE. C38	LSOE. C39	LSOE. C40	LSOE. C41	LSOE. C42
5	C13	5.C13	1278	3291	12500	1675	2633	3313	7284	5540	15155	3517	6928	41208	11077	11280
5	C14	5.C14	48	5679	266	0	7426	4488	4214	22317	8588	7289	2607	201	593	0
5	C15	5.C15	9187	4897	7019	12585	29903	66397	24180	65211	9629	12061	5203	11338	6054	6728
5	C16	5.C16	26162	27106	6442	74257	21806	34845	12523	23888	17827	6832	4743	225650	3689	9459
5	C17	5.C17	24025	135425	17011	45468	23141	107363	7432	50390	24028	29959	7839	4935	6473	11994
5	C18	5.C18	87061	123835	31901	33209	42424	108476	40349	227790	21025	22644	5700	16522	7717	9283
5	C19	5.C19	80472	58319	2364	8848	20212	148211	35979	193342	14562	26048	5940	3257	8584	11697
5	C20	5.C20	19126	3242	172	25817	10288	12227	17414	28634	10709	12829	7372	8476	4154	7167
5	C21	5.C21	4751	9092	3631	12012	9868	26034	3979	5922	6179	13485	4396	5803	2835	9041
5	C22	5.C22	0	0	0	0	0	0	0	0	0	0	0	0	0	0
5	C23	5.C23	41242	67640	45175	61350	25779	35909	15432	18036	19490	17008	11278	39466	12752	11937
5	C24	5.C24	2542	2308	15892	470	888	5466	273	637	1134	2036	2272	2010	894	2059
5	C25	5.C25	3600	3176	4872	3301	1378	2890	1247	2416	1944	3315	2774	2305	1017	3143
5	C26	5.C26	7444	35220	12501	19792	51116	5877	3057	8376	20451	15573	7111	120820	12802	11990
5	C27	5.C27	31561	69810	25178	52043	21875	46974	18883	43153	14232	17653	10417	14882	21306	11464
5	C28	5.C28	2923	4616	1918	6373	2740	5737	1147	1981	930	2420	2631	1046	1973	7045
5	C29	5.C29	68715	120995	15599	478858	23228	21139	4770	14026	9787	9069	8177	51986	12155	12162
5	C30	5.C30	60446	80552	61024	83559	25344	92580	18801	41588	14409	23118	8151	164384	43603	12146
5	C31	5.C31	42561	122389	27897	138937	43274	94135	29954	89888	18971	20695	11978	43851	48600	7626
5	C32	5.C32	20102	35636	20689	56314	26578	30755	3508	22632	13259	14618	9545	12786	11437	10222

· 125 ·

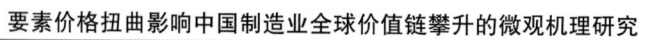

续表

		LSOE. C29	LSOE. C30	LSOE. C31	LSOE. C32	LSOE. C33	LSOE. C34	LSOE. C35	LSOE. C36	LSOE. C37	LSOE. C38	LSOE. C39	LSOE. C40	LSOE. C41	LSOE. C42
5	C33	5.C33	54183	368119	40137	709967	44039	74437	3867	32909	3736	27200	7920	8903	21948	11149
5	C34	5.C34	56376	133464	31542	145561	49275	77801	6901	33647	12856	17718	9546	23336	25518	11844
5	C35	5.C35	5222	7566	23	12822	1407	2036	15575	4439	896	43	725	757	442	49
5	C36	5.C36	19704	66069	1103	8660	15311	4568	13468	321867	6427	2505	5035	6695	924	7503
5	C37	5.C37	1295	2661	1931	7416	2747	44595	529	532	19508	4487	3761	1118	1246	9614
5	C38	5.C38	24690	126832	39742	84701	34530	70176	2639	37814	19774	28711	7651	37880	17692	11949
5	C39	5.C39	5188	7092	1541	28054	2016	2866	2887	2549	2062	999	6741	4257	1338	11817
5	C40	5.C40	1369	1834	992	8138	2962	967	2283	2389	4609	1042	4030	11937	1998	10211
5	C41	5.C41	14236	24210	10463	29420	18197	16164	10105	10795	6920	8306	6239	5354	23153	10702
5	C42	5.C42	1883	3242	939	8091	6540	1183	216	820	489	769	762	635	300	1941
6	C01	6.C01	0	17914	212996	0	4198	65657	124405	87614	41588	36488	9385	160256	57871	0
6	C02	6.C02	0	3686	4053	0	1855	9096	1576	3640	6632	11101	5074	26358	1146	10485
6	C03	6.C03	0	0	0	0	0	0	0	0	0	0	0	0	0	0
6	C04	6.C04	0	0	0	0	0	0	8104	1568	2151	0	0	0	0	0
6	C05	6.C05	0	0	0	0	0	0	137	76	817	171	1453	2323	648	2932
6	C06	6.C06	10148	75592	179785	45419	19161	58533	15173	6546	11260	25472	8245	47438	132305	10960
6	C07	6.C07	564	17733	26271	1436	9730	73543	21576	1683	5462	22420	4723	42609	4149	11095
6	C08	6.C08	8909	205363	21653	58814	28576	71105	7107	4679	14447	15370	3589	113770	42140	12118
6	C09	6.C09	5388	36587	10150	13521	12918	21217	3606	4165	16505	19778	9780	86453	37023	11822
6	C10	6.C10	71455	268198	19834	904392	34140	213071	10566	80497	8537	23335	12539	122838	512935	10858

续表

			LSOE.C29	LSOE.C30	LSOE.C31	LSOE.C32	LSOE.C33	LSOE.C34	LSOE.C35	LSOE.C36	LSOE.C37	LSOE.C38	LSOE.C39	LSOE.C40	LSOE.C41	LSOE.C42
6	C11	6.C11	8325	49533	24068	147817	45552	117178	7839	90898	25354	23660	8352	22269	10015	11976
6	C12	6.C12	19705	166904	33159	63144	49723	125214	83556	100907	33523	36331	8646	938751	100193	12038
6	C13	6.C13	1281	3309	12708	1680	2646	3331	7353	5583	15423	3537	6956	43594	11242	11251
6	C14	6.C14	48	5677	266	0	7424	4487	4214	22311	8585	7287	2606	201	593	0
6	C15	6.C15	9839	5094	7405	14952	36508	114684	33357	185203	10322	12849	5187	12794	6383	6724
6	C16	6.C16	26628	27652	6473	78940	22195	35674	12652	24314	18041	6866	4760	277107	3699	9489
6	C17	6.C17	24051	136376	17026	45576	23178	107738	7435	50522	24049	29987	7840	4936	6475	11997
6	C18	6.C18	88583	129385	32208	33667	42885	111017	40896	244764	21140	22759	5708	16625	7736	9294
6	C19	6.C19	81038	58843	2365	8860	20252	150818	36183	199426	14587	26104	5942	3258	8595	11688
6	C20	6.C20	36650	3587	172	251945	14966	19154	54466	264889	15352	17105	8169	13820	4807	7630
6	C21	6.C21	5252	12080	3919	21463	12411	47849	4359	7147	7087	16618	4687	7170	3014	9490
6	C22	6.C22	0	0	0	0	0	0	0	0	0	0	0	0	0	0
6	C23	6.C23	56241	226648	64229	237041	32320	55212	19838	23897	22880	19345	10276	87981	15978	12151
6	C24	6.C24	2622	2374	19568	473	898	5848	274	642	1150	2088	2339	2063	904	2114
6	C25	6.C25	6240	5123	11546	6552	1652	4378	1461	3390	2523	5589	4250	3280	1155	4327
6	C26	6.C26	7454	35417	12530	19859	51468	5882	3058	8387	20514	15610	7120	128397	12840	12002
6	C27	6.C27	64199	1299998	48457	852564	37520	158677	41710	444822	20611	24845	10331	31081	75176	12398
6	C28	6.C28	5631	11838	3167	19850	5356	15181	1625	3326	1383	4313	4492	1512	3215	8942
6	C29	6.C29	69896	129463	15716	672338	23512	21343	4781	14121	9831	9107	8172	53655	12243	12113
6	C30	6.C30	65460	92881	66456	98627	26414	106068	19447	47061	14715	23754	8180	239958	47383	11998

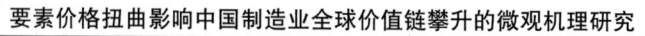

续表

		LSOE. C29	LSOE. C30	LSOE. C31	LSOE. C32	LSOE. C33	LSOE. C34	LSOE. C35	LSOE. C36	LSOE. C37	LSOE. C38	LSOE. C39	LSOE. C40	LSOE. C41	LSOE. C42
6	C31	6.C31	55666	671180	33645	1054256	56754	168841	40702	394864	21369	23178	10955	74908	101831	8556
6	C32	6.C32	60591	1111746	68462	4037132	90186	196506	4602	293198	27217	27988	11907	52260	46914	11994
6	C33	6.C33	54392	379349	40270	765899	44177	74799	3868	33000	3737	27244	7926	8910	22007	11155
6	C34	6.C34	78182	979363	39618	908169	64859	143253	7473	58753	14251	19780	9331	34228	40635	11844
6	C35	6.C35	5252	7633	23	13060	1410	2041	15919	4462	897	43	726	758	442	49
6	C36	6.C36	20010	70894	1104	8737	15528	4586	13663	519925	6462	2511	5046	6740	925	7514
6	C37	6.C37	1297	2670	1936	7500	2759	47003	529	532	19903	4514	3778	1119	1248	9647
6	C38	6.C38	27544	439985	47620	176611	40346	102493	2671	49157	21308	29103	7592	49187	20593	11870
6	C39	6.C39	5191	7096	1542	28116	2017	2866	2888	2550	2063	999	6745	4258	1338	11820
6	C40	6.C40	1370	1834	992	8147	2965	967	2283	2390	4612	1043	4033	11960	1999	10218
6	C41	6.C41	22017	81371	14428	190791	29972	27911	16057	16862	8598	10496	6941	6786	91804	12001
6	C42	6.C42	1886	3244	940	8104	6657	1184	216	820	489	770	762	635	300	1944
F.	C01	F.C01	0	72	15668	0	18	375	853	263	799	1004	208	542	180	0
F.	C02	F.C02	0	1	1	0	1	2	0	1	2	4	2	5	0	9
F.	C03	F.C03	0	0	0	0	0	0	0	0	0	0	0	0	0	0
F.	C04	F.C04	0	0	0	0	0	0	409	77	108	0	0	0	0	0
F.	C05	F.C05	0	0	0	0	0	0	8	4	47	10	88	127	37	164
F.	C06	F.C06	178	1780	55221	373	355	3325	729	123	604	3700	1531	1769	3518	1096
F.	C07	F.C07	55	805	4033	143	1411	10800	1607	176	460	3322	334	1238	611	1521
F.	C08	F.C08	97	394	97	106	216	304	26	23	103	347	85	284	1284	2011

续表

		LSOE.C29	LSOE.C30	LSOE.C31	LSOE.C32	LSOE.C33	LSOE.C34	LSOE.C35	LSOE.C36	LSOE.C37	LSOE.C38	LSOE.C39	LSOE.C40	LSOE.C41	LSOE.C42
F.C09	F.C09	321	1343	590	513	734	1080	218	228	1141	2161	2956	2352	1846	6677
F.C10	F.C10	9464	8016	1567	18432	3416	36967	717	2848	662	4017	5302	3890	42802	8574
F.C11	F.C11	163	684	530	1134	2013	3414	148	932	829	1076	578	312	219	1768
F.C12	F.C12	5099	13421	7099	7910	20809	37412	19788	11776	12117	22361	4629	467079	21742	8183
F.C13	F.C13	48	116	461	55	94	120	247	183	656	132	744	937	1122	1461
F.C14	F.C14	4	443	22	0	623	364	265	1387	685	707	158	17	84	0
F.C15	F.C15	903	439	672	854	5027	11303	2145	5459	963	1548	831	900	935	1020
F.C16	F.C16	6111	4294	1212	9229	5376	6677	2394	3725	4444	1452	1370	46763	1102	2891
F.C17	F.C17	1864	5820	1157	1702	1881	10275	413	2154	2515	6357	1488	269	622	4977
F.C18	F.C18	30565	10505	4744	2668	12174	18007	4168	15211	5162	5952	1737	1993	2171	2200
F.C19	F.C19	20507	12205	294	1180	2438	9802	2092	17732	615	6372	1602	280	3117	2751
F.C20	F.C20	26866	2797	95	12281	18701	19306	31290	106736	11266	10536	9238	8129	5536	5105
F.C21	F.C21	208	361	156	411	457	1512	171	232	274	1080	292	222	242	880
F.C22	F.C22	0	0	0	0	0	0	0	0	0	0	0	0	0	0
F.C23	F.C23	458	520	501	333	198	224	70	68	140	143	292	205	48	472
F.C24	F.C24	0	0	0	0	0	0	0	0	0	0	0	0	0	0
F.C25	F.C25	0	0	0	0	0	0	0	0	0	0	0	0	0	0
F.C26	F.C26	0	0	0	0	0	0	0	0	0	0	0	0	0	0
F.C27	F.C27	40119	303133	23224	227235	13862	72683	13191	98881	7007	17470	12511	12958	45667	12178
F.C28	F.C28	1313	2949	3040	9424	811	1617	242	596	178	1581	3887	614	1061	10006

续表

		LSOE.C29	LSOE.C30	LSOE.C31	LSOE.C32	LSOE.C33	LSOE.C34	LSOE.C35	LSOE.C36	LSOE.C37	LSOE.C38	LSOE.C39	LSOE.C40	LSOE.C41	LSOE.C42
F.	C29	14730	9041	1666	53908	1097	1037	207	525	714	933	4127	5380	1568	7866
F.	C30	0	0	0	0	0	0	0	0	0	0	0	0	0	0
F.	C31	0	0	0	0	0	0	0	0	0	0	0	0	0	0
F.	C32	2242	17790	3408	49312	5154	9435	203	2686	1315	3870	3773	1142	1736	5946
F.	C33	0	0	0	0	0	0	0	0	0	0	0	0	0	0
F.	C34	57127	793163	51030	794186	49125	94657	4490	31647	7407	21945	11826	57940	45236	11242
F.	C35	12066	78667	179	32676	2293	5590	30467	10205	1813	276	9274	7629	5535	404
F.	C36	0	0	0	0	0	0	0	0	0	0	0	0	0	0
F.	C37	0	0	0	0	0	0	0	0	0	0	0	0	0	0
F.	C38	0	0	0	0	0	0	0	0	0	0	0	0	0	0
F.	C39	0	0	0	0	0	0	0	0	0	0	0	0	0	0
F.	C40	0	0	0	0	0	0	0	0	0	0	0	0	0	0
F.	C41	8903	15421	5907	26441	13955	9277	1936	5255	3034	4756	5832	2522	27253	11096
F.	C42	26	75	24	58	53	16	2	10	5	17	31	16	6	38
F.	AV1	557594	6480202	1059997	8413870	1484206	2221711	2571729	6375318	1272165	665856	2354183	11161338	4709463	0
F.	AV2	209879	9872534	207514	2670978	2289708	756766	98285	938140	47150	65269	11233	44791	741416	11010
F.	AV3	1185271	4291834	462556	1214167	3578728	7206919	377297	1360855	151112	68849	30785	1167949	1399689	18557
F.	AV4	2021695	13758219	300132	1107	3792257	615587	491095	3604867	71598	65881	16040	271298	385960	12717
		9368163	56626175	7091506	42311323	15987886	22155039	6562537	23853249	42776244	4139817	3926516	24206388	12923556	2226592

说明：限于篇幅，课题组只给出了大型国有企业的相应结果，其他结果备案。

第五章　要素价格扭曲微观渠道影响制造业全球价值链攀升的实证检验

第一节　微观层面模型构建、指标选取与数据来源

一、实证模型构建

(一) 微观层面价值链攀升水平的度量指标

利用上一章构建的关于制造业价值链攀升的理论模型，我们推导出了全球化序贯生产模式下厂商和中间产品供应商的最优议价份额 $\beta^*(m)$。

针对相关议题的实证研究，我们面临的首要问题是，究竟选择什么样的指标能够比较准确地反映价值链攀升水平。结合前文所述，在这一节中，课题组试图将我国一个特定产业的价值链攀升水平的高低与厂商在生产中的最优议价份额 $\beta^*(m)$ 的大小紧密关联，而这个最优议价份额 $\beta^*(m)$ 的大小可以通过行业在价值链中所获取的附加值来体现，相应的理由具体陈述如下。

李海舰、冯丽 (2004) 认为，全球价值链以价值权力的获取为假设前提，我国制造业长期处于全球价值链低端的主要原因是，"低环"嵌入全球价值链导致价值权力被不断吞蚀。俞荣建 (2010) 在此基础上，进一步强调了企业价值来源

在很大程度上要通过租金获取来体现。上述论述也充分表明，在全球化生产体系中，如果我国特定行业的中间品供应商能够在和厂商的谈判过程中获取相应的、通过附加值率体现的、对自身比较有利的最优议价份额，是能够说明企业是具备在围绕核心资源的争夺中，争取较高份额的价值链租金分配能力的，也是能够体现我国制造业的产业价值链攀升水平的。

进一步地，结合上一节的分析，我们容易看出，鉴于我国加工贸易比重较高的特征，运用非竞争型投入产出表能够较好地克服竞争型投入产出表中，由进口中间品比例在一般贸易和加工贸易中所占比重相同的不合理假设所带来的测算偏误，但由于数据可得性有限，我们只能运用2008年的经济普查数据对非竞争型投入产出表加以构造，其弊端在于，不能得到连续年份的时间结果，进而难以得到有信服力的实证结论。此外，基于连续的WIOD投入产出表，以全球序贯生产模式的视角，在考虑到全球迂回生产方式可能对传统贸易统计口径造成冲击与影响的情形下，采用Koopman等（2014）所提供的，在本书第四章第二部分所详细阐述的、改进了的测算方法对我国制造行业的出口国内增加值率进行测算①可以得到连续年份的价值链攀升水平数据，但由于数据限制，相应方法只能测算出行业或区域等中观层面的数据，这显然和课题组的研究目标有所偏差。为了从微观层面直接考察要素价格扭曲影响价值链攀升水平的机理，课题组主要借鉴了Upward等（2012）的微观测算方法，但考虑到其没有进行进口资本品的折旧可能导致DVA的高估，所以我们对Upward等（2012）中的测算模型进行了一定程度的改进，改进后的测算如方程（5.1）所示：

$$DVA_{ijt} = (Y_{ijt} - IMP_{ijt} - D_{ijt})/Y_{ijt} \qquad (5.1)$$

$$D_{ijt} = \sum_{j=1}^{T} \delta IMP_{ijt}(T \geq 1) \qquad (5.2)$$

方程（5.1）用于估算制造业 i 部门 j 企业在年份 t 的出口国内增加值率 DVA_{ijt}。其中，IMP_{ijt} 表示该企业当年实际使用的进口中间产品额，课题组用海关记录的企业进口中间产品额加以替代。D_{ict} 表示进口资本品的累计折旧所得，可以通过方程（5.2）来反映。通过在方程（5.2）有关贸易增加值的估算方程中

---

① 具体测算过程及相应结果见本书第四章第二节，篇幅有限，不再赘述。

将其减除可以得到更加理想的测算结果。进口资本品的累计折旧所得 D_{ict} 的测算 T 表示企业到统计时间为止存活的年限。具体而言，假定企业存活了 T 年，那么企业在 t 时期内进口的资本品需要在余下的每一期减去其相应的折旧。对于固定资产折旧率 δ，课题组根据单豪杰（2008）的研究成果直接将其设定为10.96%。

（二）微观层面实证模型的构建

课题组结合经济社会的现实状况，对上章所述的三个理论假说进行经验检验。我们首先构建了一个能够从微观层面检验我国制造业价值链攀升水平的计量方程，一方面，用于揭示影响我国制造业全球价值链攀升的核心因素，另一方面，深入探究要素价格扭曲对制造业价值链攀升造成的影响及相应的影响机理，这也是本书的重点内容。据此，我们设定计量模型为：

$$\beta^*(m)_{it} = \beta + \omega(1-\alpha m^{\alpha-\rho/\alpha})_{it} + \varphi \ln Dist_{it} + Control_{it} + \varepsilon_{it} \qquad (5.3)$$

方程（5.3）中，各变量的下标 i 和下标 t 分别代表行业和年度。被解释变量为前文详细阐述的，企业层面所测算的出口国内增加值率所体现的最优议价份额 $\beta^*(m)_{it}$。考虑到最优议价份额 $\beta^*(m)_{it}$ 可能具有延续性，故在方程右边加入了滞后一期变量。

其中，需要重点关注的解释变量是 $Dist$，此外，$(1-\alpha m^{\alpha-\rho/\alpha})_{it}$ 也需要进行恰当的度量。这个方程主要用来验证理论假说1。

$$\beta^*(m)_{it} = \beta + \omega(1-\alpha m^{\alpha-\rho/\alpha})_{it} + \varphi_1 \ln Dist_{it} \times research + \varphi \ln Dist_{it} + Control_{it} + \varepsilon_{it} \qquad (5.4)$$

基于方程（5.3），引入要素价格扭曲与企业研发投入的交互项可形成方程（5.4），用来检验理论假说2。

$$\beta^*(m)_{it} = \beta + \omega(1-\alpha m^{\alpha-\rho/\alpha})_{it} + \varphi_1 \ln Dist_{it} \times ownership + \varphi \ln Dist_{it} + Control_{it} + \varepsilon_{it} \qquad (5.5)$$

基于方程（5.3），引入要素价格扭曲与国有资产占比的交互项可形成方程（5.5），用来检验理论假说3。

二、相关变量指标选取与构建

（一）我国制造业在价值链中所处阶段 m

根据前文所述的理论和实证模型，我们不难发现，厂商的最优议价份额与我国本土制造企业所处行业在产业链中的位置紧密相关。基于此，课题组采用产业上游度（Upstreamness）这一指标来对我国制造业在价值链中所处阶段 m 加以衡量。

根据 Antras 和 Chor（2012）的观点，产业上游度（Upstreamness）指的是将一种最终产品的生产加工过程视为包含各个环节所构成的整个纵向链条。以某一种最终产品的产业链为例，靠近产业链末端的是最终产品，而靠近产业链前端的可能是初级原材料，中间部分可能是零部件等中间产品。

这一小节，课题组将基于 Fally（2012）和 Antras 等（2012）的求解路径，采用定量的方法，对我国价值链上游度进行测算，具体如下。

我们首先建立一个由 N 行业组成的封闭经济环境，其中，对于每一个产业 i，总产出 Y_i 的值等于最终产品 F_i 和其他产业对该产业投入的中间品 Z_i 的加总求和，即：

$$Y_i = F_i + Z_i \tag{5.6}$$

根据列昂惕夫的表述，一国某行业的总产出可以表示为该行业的最终产品和其他行业为该行业生产中间品的总消耗，其中，d_{ij} 表示 i 行业为生产 1 单位 j 行业产品所需的投入量，F_i 表示 i 行业的最终产品。按照这个逻辑，我们可以将 i 行业的产出表达为一个无穷数列，以反映这个行业在价值链上不同位置的产出，即：

$$Y_i = F_i + \sum_{j=1}^{N} d_{ij} F_j + \sum_{j=1}^{N} \sum_{k=1}^{N} d_{ik} d_{kj} F_j \tag{5.7}$$

式（5.7）的右边第二项表示 i 行业用于直接生产其他产业最终产品所进行的投入，而右边第三项则表示 i 行业所有用于间接生产其他产业最终产品所进行的投入。基于此，Antras 和 Chor（2012）得出一个行业的产出在价值链中的加权平均位置 U_i，即：

$$U_i = 1 \times \frac{F_i}{Y_i} + 2 \times \frac{\sum_{j=1}^{N} d_{ij}F_j}{Y_i} + 3 \times \frac{\sum_{j=1}^{N}\sum_{k=1}^{N} d_{ik}d_{kj}F_j}{Y_i} +$$
$$4 \times \frac{\sum_{j=1}^{N}\sum_{k=1}^{N}\sum_{i=1}^{N} d_{il}d_{lk}d_{kj}F_j}{Y_i} + \cdots \tag{5.8}$$

其中，U_i（$U_i \geq 1$）为 i 行业最终产品及各阶段中间产品在总产出中所占比率的加权平均值，该值越大，表明该行业拥有相对更高的上游度。当且仅当 i 行业所有产品都是最终产品时，U_i 等于1。同时，i 产业距离最终消费品越远，其上游度指数就越大。

（二）关于 $1 - \alpha m^{\alpha - \rho/\alpha}$

事实上，在前一节，课题组在理论层面已经探讨了次序互补和替代的情形，这两种情形分别可以用 $\rho > \alpha$ 或 $\rho < \alpha$ 的条件来加以描述。

理论而言，实证研究需要解决的首要问题是有效测度 ρ 和 α，但遗憾的是，由于数据所得受到限制，且相应的经验研究缺乏文献支撑，所以对中间品投入之间替代率的测算尚缺乏可行性。因此，课题组首先必须假设相应的前提，其一，我们假设跨部门间中间品投入之间的替代率 α 的值与最终产品所面临的市场需求价格弹性是无关的；其二，我们将 ρ 简化为特定行业生产的最终产品所面对的进口需求平均弹性（Elasticity of Demand Faced by the Average Buyer）。这样一来，我们只需要得到进口需求平均弹性[1]这一个指标，并进一步将次序互补型行业和比较高的进口需求平均弹性联系起来，将次序替代型行业和比较低的进口需求平均弹性联系起来，就能够解决 ρ 和 α 在目前数据受限的情形下无法被有效准确测度的问题。

（三）关于其他控制变量

控制变量的选取主要参照 Antras 和 Chor（2013），企业微观层面的主要变量包括分别通过人均资本存量和单位产出劳动投入来反映的资本和劳动的要素使用密集度、研发投入，行业层面的主要变量包括由行业平均薪酬代表的人力资本水平（见表 5-1）。

---

[1] 需要特别指出的是，我们选用的进口需求平均弹性相关数据来源于陈勇兵等（2014）。

表 5-1　模型所使用的全部变量及其定义

变量	含义	样本量	最小值	最大值	均值	标准差
dva	出口国内增加值率	116211	0.096	0.832	0.419	0.2512
distk	资本价格扭曲	116397	0.735	19.477	15.332	9.566
distl	劳动价格扭曲	111654	12.427	127.534	14.716	3.993
diste	能源价格扭曲	112145	0.426	7.513	6.126	3.138
upl	价值链所处位置	111456	0.237	0.489	0.358	0.182
elasticity	进口需求弹性	112876	0	1	0.513	0.499
lncapital	企业资本使用密集度	112543	5.585	14.668	8.892	1.974
lnlabor	企业劳动使用密集度	112135	5.081	9.406	7.556	0.827
lnresearch	企业研发投入	113242	3.401	12.124	7.795	2.299
lnwg	行业平均薪酬	114620	5.219	2.389	3.553	1.591
ps	行业国有资产占比	114620	0.227	0.678	0.214	0.111

注：为了证实结论的可靠性，我们在后文的稳健性检验部分使用了另一种测度上游度的指标。

三、数据来源及相应处理

在价值链相关指标测算的领域，结合上一节的分析，我们首先发现，Prude 大学开发的全球贸易分析项目（GTAP）提供了可资利用的数据。Johnson 和 Noguera 在此基础上，首次提出了附加值贸易的概念，并从跨国角度进行了相当翔实的实证分析。此外，Koopman 等（2008）结合中国第三次经济普查数据和海关按 HS 编码细分的产品贸易数据，首次构建了非竞争型投入产出表，通过分离进口中间投入品与国产中间品在一国产出中的作用，证实了中国出口在加工贸易比重较大的特殊情形下，出口国内增值所占比重被高估的事实。

但相较本项目的关注点，上述研究还有两点不足：一是他们仅从跨国视角对附加值贸易加以考察，而专门针对中国问题的深度分析相对缺乏；二是相应数据普遍缺乏连续性，不能通过平衡面板数据来对全球价值生产网络的最新变化加以表征，不能不说是一个遗憾。

为此，在具体测算出口国内增加值率的过程中，我们将 2000~2006 年作为研究的时段，通过合并中国工业企业数据库、海关数据库①，在企业层面对中国制造业的出口增加值率进行测算。

对于企业所处行业价值链的位置，我们将采用 OECD/WTO 在 2012 年 5 月面向全球正式发布的全球投入产出数据库（WIOD）对能够反映企业所处行业的上游度指标加以估算。该数据库涵盖了 1999~2011 年，全球 41 个国家和地区包括农业、采矿业、制造业和运输、金融等服务业在内的总共 35 个部门的连续数据。企业及行业层面的其他变量，如企业各类要素使用密集度、研发投入及企业所处行业的平均薪酬水平等数据，全部来源于历年的中国工业企业数据库和《中国工业经济统计年鉴》，课题组对上述各项指标均以 2000 年为基期进行了平减处理。

需要注意的是，课题组在测算出口国内增加值时，所采用的全球投入产出数据库的行业分类标准（ISCI rev.3）和中国标准产业的分类标准存在差异，故课题组又参照王卓（2013）的成果，对二者进行了整合归并。

第二节 基础及拓展性实证结果与分析

在基本实证部分，课题组试图构建面板模型，从基础实证和拓展性实证两个方面依次展开。

一、基础实证结果与分析

针对不同特征（替代型或互补型）的行业，我们试图细致考察中国制造企业在嵌入全球价值链利益分配体系的进程中，不同环节的供应商所获取的价值链租金份额与行业的要素价格扭曲特征及这些供应商所处序贯生产的阶段究竟存在怎样的关联，进而在资源配置合理化视角下，寻找中国制造企业全球价值链攀升

---

① 企业层面的数据均来源于中国国家统计局 2000~2006 年工业企业统计数据库和海关数据库，鉴于该数据库所存在的疏漏，课题组并参照李玉红等（2008）的相关文献，将数据库中企业产值小于零及工业增加值高于总产出等在逻辑关系方面存在明显错误的观测值全部删除。

表5-2详细列出了由出口国内增加值比率反映的,将中国制造业自身生产过程对最终产品的收益边际贡献分成比例作为被解释变量,以不同供应商全球价值链所处位置为核心解释变量的计量估计结果。为了反映不同类型要素的价格扭曲所可能对计量结果造成的影响,我们分别引入了资本、劳动和能源价格扭曲并对相关因素加以控制,最终形成了模型(1a)、模型(1b)和模型(1c)。此外,为了反映不同行业特征回归结果的差异,我们进一步进行了分样本回归,其中模型(1a)~模型(1c)显示了包含所有行业的回归结果,模型(2a)~模型(2c)显示了替代型行业的回归结果,模型(3a)~模型(3c)显示了互补型行业的回归结果。

表5-2 基础回归结果

	所有行业			替代型行业			互补型行业		
	模型(1a)	模型(1b)	模型(1c)	模型(2a)	模型(2b)	模型(2c)	模型(3a)	模型(3b)	模型(3c)
up1	1.432 *	0.926	1.877 **	9.524 *	11.63 *	5.657	-3.095 ***	-2.559 ***	-2.856 ***
	(0.655)	(0.635)	(0.636)	(4.470)	(5.187)	(7.814)	(0.432)	(0.423)	(0.419)
lncapital	0.170 ***	0.170 ***	0.184 ***	0.0686	0.0425	0.0501	0.231 ***	0.230 ***	0.213 ***
	(0.0145)	(0.0145)	(0.0147)	(0.0839)	(0.0923)	(0.0887)	(0.0164)	(0.0164)	(0.0169)
lnlabor	9.683 *	9.560 *	9.925 *	6.367 *	5.652 *	6.032 *	8.217 **	8.296 **	3.901
	(4.310)	(4.314)	(4.300)	(2.614)	(2.819)	(2.666)	(2.755)	(2.761)	(2.940)
lnresearch	1.052 **	1.047 **	0.633	5.176 *	4.782 *	2.402	0.495 *	0.494 *	0.304
	(0.348)	(0.348)	(0.353)	(2.138)	(2.216)	(4.816)	(0.208)	(0.208)	(0.213)
lnwg	0.0412	0.0408	0.0486 *	0.302	0.199	0.695	0.0968 ***	0.0964 ***	0.0747 ***
	(0.0238)	(0.0239)	(0.0238)	(0.298)	(0.334)	(0.681)	(0.0138)	(0.0139)	(0.0148)
distk	-0.431 **			-0.525 *			-0.607 ***		
	(0.176)			(0.257)			(0.149)		
distl		-0.346 **			-0.575 *			-0.975	
		(0.141)			(0.249)			(0.140)	
diste			-0.322 **			-0.625 ***			-0.625 ***
			(0.103)			(0.112)			(0.149)
indus	control	control	control	control	control	control	control	control	control
year	control	control	control	control	control	control	control	control	control
country	control	control	control	control	control	control	control	control	control
_cons	-12.46 ***	-12.28 ***	-8.139 *	-24.77	-14.34	-8.422	-2.489	-2.428	-3.463
	(3.539)	(3.549)	(3.598)	(31.53)	(35.08)	(40.50)	(1.885)	(1.890)	(1.899)
R-sq	0.233	0.327	0.389	0.354	0.211	0.479	0.288	0.276	0.122

注:括号内为变量的稳健性标准误,*、**、*** 分别代表10%、5%和1%的显著性水平。表5-4、表5-5、表5-6、表5-16同。

第五章 要素价格扭曲微观渠道影响制造业全球价值链攀升的实证检验

从表5-2中我们容易发现，资本、劳动、能源三类要素市场扭曲程度的加深都对我国制造业由在企业层面所测算的贸易附加值所体现的价值链攀升水平的提升产生了较为严重的负面影响。具体而言，从表5-2模型（1a）~模型（1c）中可以看出，资本、能源、劳动市场扭曲的系数估计结果全部为负，且三者都通过1%的显著性水平检验，结果证实，资本和能源市场的扭曲程度增加1%，制造业通过企业出口国内附加值率体现的价值链攀升水平分别减少0.431%、0.322%，同时，劳动市场的扭曲程度加深1%，会造成制造业企业层面通过出口国内增加值率体现的价值链攀升水平降低0.346%。这些结果还能进一步表明，改善要素配置的市场扭曲情况是促进我国制造业价值链攀升的一个重要途径。

从企业及行业层面的其他控制变量来看，企业研发投入对出口国内增加值率的增长具有显著的正向作用，其中，企业研发投入主要通过提高单位产品的附加价值来促进行业的全球价值链攀升。此外，企业劳动密集度、企业资本密集度对于出口国内增加值率的增长具有显著的推动作用，相应结果表明，我国制造业全球价值链攀升受规模推动的特征还相对比较明显。出乎我们意料的是，实证发现企业所处行业的人均薪资水平对出口国内增加值率的影响并不显著，可能的解释是，尽管人均薪酬水平的提高意味着更高的人力资本，但由此带来的生产成本的提高也在一定程度上给价值链攀升带来了不利的影响，这也说明我国现阶段大部分出口制造企业在"人口红利"逐步消失的背景下，应在控制人力成本的前提下着力于学习如何充分挖掘人才潜力，以提高生产效率并不断提升利润空间。

从表5-2中我们还不难发现，和我们的理论预期完全一致，相应实证结果均表明，通过行业上游度加以反映的供应商在全球价值链中所处的位置，对出口国内增加值率的影响在具有不同行业特征的样本中表现出十分显著的差异。具体而言，对于以进口需求弹性较高为特征的互补型行业而言，以在价值链生产中经历较多环节为特征的价值链上游度的提高，将显著抑制中国制造业出口国内附加值率的提高；而对于以进口需求弹性较低为特征的替代型行业而言，以在价值链生产中经历较多环节为特征的价值链上游度的提高，将显著促进中国制造业出口国内附加值率的提高。

这种结果背后的逻辑解释在于，对于互补型行业而言，更高的上游度指数往往意味着产品需要通过更多的阶段才能成为最终产品,这也同时表明供应商处于更上游的阶段,是由行业特征所决定的,不同环节间所提供的价值具有相互互补的特性,可使处于上游阶段的供应商通过追加投资提高所有下游阶段供应商的边际产出价值。此时,在契约不完全情形下,为实现价值链整体利益的最大化,厂商在同供应商围绕对最终产品边际贡献的博弈中占据较低的份额进而刺激自身进一步投资的动机是明智的。与此相反,对于替代型行业而言,当供应商处于更上游的阶段,由行业特征所决定的,不同环节间所提供的价值具有相互替代的特性,可使处于上游阶段的供应商通过追加投资来抑制所有下游阶段供应商的边际产出价值。此时,在契约不完全情形下,厂商在同供应商围绕最终产品边际贡献的博弈中,通过敲竹杠等方式获取更多的议价空间并占据较高的份额进而获取更高的超额租金分配份额,成为实现价值链整体利益最大化的重要途径。

从微观层面观察,对于互补型行业而言,价值链上游度提升1个单位会造成中国制造业出口国内增加值率降低2.559%~3.095%。这也同时表明,相较而言,在行业间生产关系互为补充的情形下,中国制造业倘若嵌入全球价值链中的上一个环节,会降低2.559%~3.095%的边际贡献分成比例。与此相对应,对于进口需求弹性较低的替代型行业而言,以在价值链生产中经历较少环节成为最终品为特征的价值链上游度的下降将显著阻碍我国制造业出口国内附加值的增加。具体来看,对于替代型行业而言,价值链上游度降低1个单位会造成出口国内增加值率下降5.657%~9.524%。这也同时表明,相较而言,在行业间生产关系互为替代的情形下,中国制造业如果嵌入全球价值链中的上一个环节,会提高5.657%~9.524%的边际贡献分成比例(见表5-3)。

表5-3 拓展性回归模型估计结果

	模型(4) lndva	模型(5) lndva	模型(6) lndva	模型(7) lndva	模型(8) lndva	模型(9) lndva
distk	-0.858*** (5.05)	-0.986*** (6.43)				
distl			-0.166* (1.82)	-0.155 (1.59)		
diste					-0.322* (-1.85)	-0.331 (-1.53)

续表

	模型（4）lndva	模型（5）lndva	模型（6）lndva	模型（7）lndva	模型（8）lndva	模型（9）lndva
up1	0.0884**	0.0431	0.0324	0.0345	0.0563	0.0546
	(2.43)	(1.25)	(0.88)	(0.92)	(1.00)	(0.88)
lncapital	0.918***	0.904***	0.867***	0.835***	0.849***	0.850***
	(3.65)	(4.11)	(3.86)	(3.42)	(3.42)	(3.36)
ps	-0.0681*	-0.0623**	-0.0570*	-0.0655*	-0.0613	-0.0543
	(1.90)	(1.98)	(1.77)	(1.66)	(1.50)	(0.53)
lnresearch	0.475*	0.398*	0.500*	0.521*	0.561**	0.568*
	(1.81)	(1.72)	(1.93)	(1.94)	(1.99)	(1.90)
lnwg	0.0422	0.0519	0.0622*	0.0602*	0.0629*	0.0625*
	(1.14)	(1.59)	(1.79)	(1.69)	(1.73)	(1.67)
lnlabor	1.561***	1.526***	1.590***	1.586***	1.566***	1.568***
	(19.39)	(21.45)	(15.65)	(15.36)	(14.08)	(13.66)
distk × lnresearch	0.0696***					
	(3.64)					
distk × ps		-0.0657***				
		(3.42)				
distl × lnresearch			0.0341*			
			(2.011)			
distl × ps				-0.0800**		
				(2.382)		
diste × lnresearch					0.0253*	
					(1.713)	
diste × ps						-0.00559*
						(1.7033)
indus	control	control	control	control	control	control
year	control	control	control	control	control	control
country	control	control	control	control	control	control
_cons	0.799	1.059	0.422	0.107	0.0980	0.125
	(0.40)	(0.61)	(0.22)	(0.05)	(0.05)	(0.06)
R-sq	0.267	0.336	0.156	0.421	0.433	0.378

注：括号内为变量的t统计量，*、**、***分别代表10%、5%和1%的显著性水平。表5-7~表5-15同。

二、拓展性回归结果与分析

在新的贸易核算体系框架下，为了捕捉要素市场扭曲对价值链攀升水平的作用机制，对于初步的拓展性回归，我们采用不区分区域差异的总体样本，在模型（1）中分别加入资本市场扭曲与企业研发投入、企业平均国有资产的交互项形成了模型（4）、模型（5），在模型（1）中分别加入劳动市场扭曲与企业研发投入、企业所有制类型的交互项形成了模型（6）、模型（7），在模型（1）中分别加入能源市场扭曲与企业研发投入、企业所有制类型的交互项形成了模型（8）、模型（9），以便更好地对两者之间的内在关联加以反映。接下来，我们观察包含有能够反映要素市场扭曲影响价值链攀升水平作用机理的交互项系数，相应结果显示在模型（4）～模型（9）中，发现其均证实了我们的理论假说。以模型（4）和模型（5）为例，我们不难发现，模型（4）中资本、劳动及能源市场扭曲与研发投入强度的交互项系数显著为正，说明在控制其他因素的情形下，要素市场扭曲对出口国内增加值率的负向影响会因为更高的研发投入而削弱，而模型（5）中资本、劳动及能源市场扭曲与企业所有制类型交互项的系数显著为负，且都通过了10%的显著性检验，这表明在控制其他因素的情形下，要素市场扭曲对出口国内增加值率的负向影响会因为更强的国有企业这一特殊属性而得到增强。上述结论进一步验证了前文提出的，资本市场扭曲可能通过抑制企业内研发投入及资源配置国有偏向来对制造业价值链攀升造成阻碍的重要机理。此外，从表5-2中我们不难发现，研发投入强度的系数显著为正，具体而言，研发投入增加1%会使通过附加值率体现的价值链攀升水平提高0.398%～0.568%。这表明，制造业各部门研发投入的增加能提高其技术创新能力和出口竞争优势，进而能够提升价值链攀升水平。对于企业所有制类型，其系数估计结果均为负，具体而言，国有企业相对非国有企业的身份会造成通过附加值率体现的价值链攀升水平降低0.0543%～0.0681%。这也证实了现有文献中提出的，由于政府在要素配置上的权力介入程度不同，国有化程度更高的企业的价值链攀升动力存在不足的假说。

其他控制变量方面的结果同样与我们的理论预期基本相符，资本密集度和劳

第五章　要素价格扭曲微观渠道影响制造业全球价值链攀升的实证检验

动密集度对我国制造业价值链攀升水平的正向促进作用通过了1%的显著性检验。具体而言，企业层面，资本密集度提高1%，通过附加值率体现的价值链攀升水平将提高0.835%~0.918%，这也从一个侧面表明，由资本要素使用密集度的提高带来的效率提升有助于降低生产成本，扩大出口规模，这对行业总体价值链的攀升也具有积极的正面作用。劳动密集度对各制造业附加值率提高的促进作用也非常显著，从回归结果中我们可以看出，劳动密集度增加1%能使通过附加值率体现的价值链攀升水平显著提高1.561%~1.590%，这表明我国现阶段的劳动力禀赋优势的提高对制造业各部门附加值的提高产生了不可忽视的正面影响。

三、按区域进行样本划分的拓展性回归结果与分析

这一小节主要讨论进一步的拓展性回归。为了探究要素市场扭曲对我国不同区域价值链攀升水平的作用机制可能产生怎样不同的影响，我们对总体样本按照东、中、西部三个区域进行了相应划分①。和初步的拓展性回归分析类似，我们在基础模型（1）中分别加入资本市场扭曲与企业研发投入、企业平均国有资产的交互项形成了模型（4）、模型（5）；在模型（1）中分别加入劳动市场扭曲与企业研发投入、企业所有制类型的交互项形成了模型（6）、模型（7）；在模型（1）中分别加入能源市场扭曲与企业研发投入、企业所有制类型的交互项形成了模型（8）、模型（9），以便更好地对不同区域两者之间的内在关联加以反映。我国西、中、东部地区的拓展性回归结果如表5-4、表5-5、表5-6所示。

---

① 根据《中共中央、国务院关于促进中部地区崛起的若干意见》《国务院发布关于西部大开发若干政策措施的实施意见》，本书将我国除港澳台以外31个省市自治区分为东部地区、中部地区及西部地区三个区域。其中，西部地区指陕西、甘肃、青海、宁夏、新疆、四川、重庆、云南、贵州、西藏10个省、直辖市、自治区；中部地区包括山西、内蒙古、吉林、黑龙江、安徽、江西、河南、湖北、湖南9个省、自治区；东部地区包括12个省、直辖市、自治区，分别是辽宁、北京、天津、河北、山东、江苏、上海、浙江、福建、广东、广西、海南。

表5-4 我国西部地区的拓展性回归结果

	模型（4）lndva	模型（5）lndva	模型（6）lndva	模型（7）lndva	模型（8）lndva	模型（9）lndva
distk	-0.740*** (0.0141)	-0.445*** (0.0489)				
distl			-0.517*** (0.00805)	-0.445*** (0.0490)		
diste					-0.203*** (0.00722)	-0.245*** (0.00860)
up1	-0.746 (0.419)	-2.455*** (0.349)	-3.989*** (0.462)	2.930*** (0.238)	0.149 (0.0891)	2.930*** (0.235)
lncapital	0.0482*** (0.00138)	0.0609*** (0.00174)	0.0621*** (0.00194)	0.0237*** (0.00345)	-0.0207*** (0.00129)	0.0237*** (0.00344)
ps	18.44*** (0.525)	18.17*** (0.613)	36.29*** (2.024)	11.50*** (1.120)	-6.502*** (0.413)	11.50*** (1.117)
lnresearch	7.669*** (0.335)	5.939*** (0.307)	6.851*** (0.308)	0.0275*** (0.00066)	0.0271*** (0.00056)	0.0222*** (0.00117)
lnwg	3.959*** (0.176)	3.497*** (0.148)	3.524*** (0.166)	0.0858*** (0.00494)	0.0721*** (0.00426)	0.0813*** (0.00444)
lnlabor	5.083*** (0.210)	4.594*** (0.171)	4.230*** (0.221)	4.186*** (0.691)	7.658*** (0.598)	8.074*** (0.768)
distk × lnresearch	11.81*** (1.579)					
distk × ps		-0.0143* (0.00669)				
distl × lnresearch			4.371*** (0.623)			
distl × ps				-0.0318 (0.0251)		
diste × lnresearch					3.500*** (0.487)	
diste × ps						-0.0326*** (0.00331)
indus	control	control	control	control	control	control

第五章　要素价格扭曲微观渠道影响制造业全球价值链攀升的实证检验

续表

	模型（4）lndva	模型（5）lndva	模型（6）lndva	模型（7）lndva	模型（8）lndva	模型（9）lndva
year	control	control	control	control	control	control
country	control	control	control	control	control	control
_cons	0.0016	0.0013	1.464***	0.244***	8.243***	0.129
	(0.0012)	(0.0009)	(0.195)	(0.0105)	(0.830)	(0.09)
R-sq	0.207	0.197	0.211	0.276	0.431	0.236

表5-5　我国中部地区的拓展性回归结果

	模型（4）lndva	模型（5）lndva	模型（6）lndva	模型（7）lndva	模型（8）lndva	模型（9）lndva
distk	-0.388***(0.03)	-0.230***(0.04)				
distl			-0.240***(0.04)	-0.361***(0.09)		
diste					-0.133***(0.02)	-0.162***(0.07)
up1	-0.0369***-0.0369***	-0.00188*-0.00188*	0.00622***0.00622***	0.0180***0.0180***	0.0114***0.0114***	-0.00491-0.00491
lncapital	22.21***(2.95)	-0.812**(0.29)	3.366***(0.27)	-6.351***(0.59)	5.018***(0.82)	11.22***(1.53)
ps	-0.231***(0.03)	-0.493***(0.07)	-0.673***(0.09)	1.429***(0.15)	-0.100(0.33)	-1.545***(0.25)
lnresearch	0.107***(0.01)	0.0127***(0.00)	0.0165***(0.00)	0.0160***(0.00)	0.00829(0.00)	0.137***(0.00)
lnwg	0.0710***(0.01)	0.266***(0.03)	0.152***(0.02)	-0.234***(0.03)	-0.0325(0.02)	-0.151***(0.02)
lnlabor	0.562**(0.19)	3.704***(0.32)	-2.767***(0.19)	1.713***(0.23)	-1.702***(0.13)	1.511***(11.28)
distk×lnresearch	2.846***(0.58)					
distk×ps		-27.01***(2.37)				

·145·

续表

	模型（4）lndva	模型（5）lndva	模型（6）lndva	模型（7）lndva	模型（8）lndva	模型（9）lndva
distl × lnresearch			2.641***			
			(0.602)			
distl × ps				−10.84***		
				(1.81)		
diste × lnresearch					1.562**	
					(0.19)	
diste × ps						−1.979***
						(0.17)
indus	control	control	control	control	control	control
year	control	control	control	control	control	control
country	control	control	control	control	control	control
_cons	−1.630*	2.268***	11.18***	−7.811***	−1.392	−6.275***
	(0.73)	(0.65)	(1.01)	(0.61)	(0.75)	(0.39)
R−sq	0.337	0.248	0.299	0.308	0.333	0.411

表 5−6　我国东部地区的拓展性回归结果

	模型（4）lndva	模型（5）lndva	模型（6）lndva	模型（7）lndva	模型（8）lndva	模型（9）lndva
distk	−0.0352***	−0.0460***				
	(0.00)	(0.00)				
distl			−0.0651***	−0.0346***		
			(0.00)	(0.00)		
diste					−0.0229***	−0.00382
					(0.00)	(0.00)
up1	−0.00825	−0.0266***	0.00793***	0.00755	0.0764***	−0.151***
	(0.02)	(0.00)	(0.00)	(0.00)	(0.00)	(0.00)
lncapital	0.738	0.401***	0.0686	0.0906	2.463***	1.610***
	(0.52)	(0.03)	(0.03)	(0.10)	(0.13)	(0.21)
ps	25.37***	2.425***	0.336	12.98***	2.063	15.73***
	(5.00)	(0.47)	(0.30)	(0.89)	(1.26)	(2.59)
lnresearch	0.117***	0.0193***	0.0137***	0.0301***	0.130***	0.0321**
	(0.02)	(0.00)	(0.00)	(0.00)	(0.00)	(0.01)

续表

	模型（4）lndva	模型（5）lndva	模型（6）lndva	模型（7）lndva	模型（8）lndva	模型（9）lndva
lnwg	-2.281*** (0.66)	-0.403*** (0.05)	-0.0609 (0.04)	0.0403 (0.13)	1.551*** (0.17)	1.170*** (0.28)
lnlabor	6.530*** (1.70)	21.17*** (2.12)	6.831*** (1.18)	3.704*** (0.32)	2.767*** (0.19)	1.713*** (0.23)
distk × lnresearch	0.00895** (0.00)					
distk × ps		-1.702*** (0.13)				
distl × lnresearch			0.118*** (0.01)			
distl × ps				-21.70*** (2.69)		
diste × lnresearch					2.218*** (0.32)	
diste × ps						-0.139*** (0.03)
indus	control	control	control	control	control	control
year	control	control	control	control	control	control
country	control	control	control	control	control	control
_cons	-15.58*** (3.94)	-0.393 (0.36)	2.979*** (0.40)	7.692*** (0.83)	9.729*** (1.08)	-21.40*** (2.05)
R-sq	0.227	0.196	0.286	0.346	0.366	0.376

观察表5-4~表5-6我们容易发现，首先，地方政府对要素市场进行干预所导致的资本、劳动及能源价格扭曲，对我国东、中、西部三大区域内通过由企业层面数据测算出的出口国内增加值率体现的，不同行业的制造业价值链攀升水平的提高均产生了不同程度的阻碍作用，但从这三大区域的比较来看，不同类型的要素价格扭曲对于不同区域制造业价值链攀升水平的影响存在明显差异。依据distK、distL和distE的整体系数绝对值判断，西部＞中部＞东部。也就是说，要素价格扭曲程度每增加1%，对区域内制造业价值链攀升水平的阻碍作用依东、

中、西部的顺序递增。相应结果的可能解释是，由于我国中西部地区长期以来的对外开放程度较低，经济基础相对薄弱，受物质资本存量相对匮乏及国际知识溢出对于技术创新的作用还未完全显露出来的影响，当地企业对于地方政府在要素市场的偏向型优惠政策的依赖强度更高，具体体现为能够反映相关水平的系数也相对更大。

其次，我们观察包含有能够反映要素市场扭曲影响价值链攀升水平作用机理的交互项系数，相应结果显示在表5-4～表5-6的各个模型中，均证实了我们的理论假说。以模型（4）和模型（5）为例，我们不难发现，模型（4）中资本、劳动及能源市场扭曲与研发投入强度的交互项系数显著为正，说明在控制其他因素的情形下，要素市场扭曲对出口国内增加值率的负向影响会因为更高的研发投入而削弱，而模型（5）中资本、劳动及能源市场扭曲与企业所有制类型的交互项系数显著为负，且绝大部分系数均通过了1%的显著性检验，这表明在控制其他因素的情形下，要素市场扭曲对出口国内增加值率的负向影响会因为更强的国有企业这一特殊属性而得到增强。上述结论进一步验证了前文提出的，资本市场扭曲可能通过抑制企业内研发投入及资源配置国有偏向来对制造业价值链攀升造成阻碍的重要机理。

最后，通过观察交互项系数我们还能够进一步发现，要素价格扭曲通过影响资源配置国有偏向抑制当地制造业价值链攀升水平提升的效应在西部地区更为显著，而在东、中部地区并不明显。与此相反，要素价格扭曲通过削弱企业内研发投入抑制当地制造业价值链攀升水平提升的效应在西部更为显著，而在东、中部地区则相对较弱。反映该结果的交互项 distk × lnresearch、distl × lnresearch、diste × lnresearch 的系数绝对值在西部样本中比较高，而在东、中部样本中相对较低。交互项 distk × ps、distl × ps、diste × ps 的系数绝对值在东、中部样本中相对较高，而在西部样本中则相对较低。

这种现象可能与我国西部地区制造企业技术研发水平及技术创新效率均落后于东、中部地区，以及由经济发展水平整体比较落后导致的所有制歧视更为严重的状况有关。因此，不断弱化西部地区地方政府在制定优惠政策时的国有偏向，通过积极优化西部地方投资环境以提高我国西部地区使用创新资源的效率，对于缩小我国地区间企业全球化生产水平的差距，协调我国区域经济发展很有必要。

第三节 稳健性检验结果与分析

一、基础模型的稳健性检验结果

为排除变量选取、实证模型及回归结果的偶然性和随意性,课题组在稳健性检验部分从如下四方面进行了尝试。

第一,本书旨在对参与增加值贸易的制造企业进行研究,其中存在的一个突出问题是,开展增加值贸易的制造企业仅为是少数,使我们必须对企业样本进行筛选,去掉不符合增加值贸易特征的企业,筛选出两类企业,第一类属于产品仅在本国研发、生产与销售的企业,第二类属于单向进口或出口的制造企业。筛选时需注意,只有当进行增加值贸易是企业的随机行为时,对于企业是否进行增加值贸易进行判断,才能减少研究结果误差。然而事实上,现实中我们无法判断企业参与增加值贸易的行为是否是随机事件,具体来说,现状是企业进行增加值贸易并不是一种随机行为,这个行为受一定因素影响,如融资规模的大小是左右企业行为的重要因素。这样一来,样本经过相应处理后,研究结果便会由此产生偏误。这充分表明,现有数据库中,默认将这部分不进行增加值贸易的制造企业样本剔除显然会对估计结果的偏误造成影响。

因此,当且仅当企业的增加值贸易行为发生符合随机分布时,剔除不进行增加值贸易的企业样本才可能成为相对合理的结果。而事实上,那些受地方要素价格扭曲政策负面影响较小的企业与受地方要素价格扭曲政策负面影响较大的企业在进行增加值贸易的动机方面可能存在显著差异,这将导致企业的增加值贸易行为并非是随机分布的。针对课题组研究问题中可能存在的样本选择偏差问题,我们采用了目前文献中运用较为普遍的Heckman两步法,将企业的增加值贸易模型分为两个阶段:第一个阶段是用probit模型反映的扩展边际模型,即企业选择增加值贸易与否;第二个阶段为集约边际模型,进一步考察要素价格扭曲对企业出口国内增加值率的影响①。模型如下：

$$pr(if_{vaijkt}=1) = \phi(L.if\_va_{ijkt} + \alpha_1 dist_{ijkt} + \alpha_2 X_{ijkt} + v_j + \eta_k + k_t + \varepsilon_{ijkt}) \quad (5.9)$$

$$DVAR_{ijkt} = \beta_1 dist_{ijkt} + \beta_2 X_{ijkt} + \beta_3 \lambda_{ijkt} + v_j + \eta_k + K_t + \zeta_{ijkt} \quad (5.10)$$

式（5.9）为阶段一的模型，即增加值贸易选择模型。该式中的变量 ϕ 为标准正态分布的分布函数，$pr(if_{vaijkt}=1)$ 为选择概率，$dist_{ijkt}$ 表明特殊区域企业所处行业所面临的要素价格扭曲状况，X_{ijkt} 为涵盖资本密集度、企业研发强度、行业平均薪酬等指标在内的控制变量集，v_j 为行业固定效应，η_k 为地区固定效应，K_t 为时间固定效应，ε_{ijkt} 表示随机扰动项。此外，$L.if\_va_{ijkt}$ 这个虚拟变量，在第一阶段回归中，反映是否进行增加值贸易的一期的滞后。设置该虚拟变量的理由在于，能够反映企业在上一期进行增加值贸易是否会对当期进行增加值贸易的概率造成影响。

式（5.10）为二阶段的模型，即用以反映出口国内增加值率影响因素的计量模型，其中，λ_{ijkt} 项代表了为避免企业样本选择性偏差引入的逆米尔斯比率，需要特别指出的是，λ_{ijkt} 项是一阶段的估计结果，具体公式为：$\lambda_{ijkt} = \varphi(.)\phi(.)$。式中，$\varphi(.)$ 表示阶段一中的密度函数，$\phi(.)$ 是相应的分布函数。由二阶段模型我们不难发现，引入 λ_{ijkt} 项重点在于解决由被解释变量与残差项负相关，采用普通最小二乘回归时，一个平均值小于零的残差造成的结果偏差。从另一个角度看，只要 λ_{ijkt} 显著不为 0，在这种情况下，判断样本存在偏差便具有充分的理由。基于此，对样本进行估计使用两阶段模型是必要且合理的。

第二，考虑到模型中，被解释变量的取值范围受到限制导致普通面板回归可能存在偏误，我们构建托宾模型进行了重新回归。

第三，由于学界对要素价格扭曲系数的测算方法存在一定的争议，为了进一步从核心解释变量指标构建与测算视角等方面验证实证结果的稳健性，我们运用施炳展、冼国明（2011）的测算方法重新测算了要素价格扭曲②。

第四，课题组参考郭克莎（2005）③ 对制造业的分类标准，将制造业 16 个

---

① 限于篇幅，我们仅给出了 Heckman 第二阶段的结果，第一阶段结果作者备索。
② 篇幅有限，相应测算方法及过程不再赘述。
③ 郭克莎. 我国技术密集型产业发展的趋势、作用和战略 [J]. 产业经济研究，2005（5）：1-12.

部门分为技术、非技术密集型样本①。基础及拓展性回归结果如表 5-7、表 5-8、表 5-9② 所示。

进一步地,为了探究要素市场扭曲对我国不同区域价值链攀升水平的作用机制是否稳定,我们同样对总体样本按照东、中、西部三个区域进行了相应划分,并分别给出了相应的结果,如表 5-10~表 5-15 所示。

表 5-7 是基础模型的稳健性检验结果。总的来说,两种密集型产业的各类扭曲与出口国内增加值率的相关方向均为负,这进一步证实,资本、劳动、能源三类要素市场扭曲程度的加深都对我国制造业各部门通过分行业贸易附加值率体现的价值链攀升水平的提升产生了较为严重的负面影响。具体而言,资本要素扭曲系数每下降 1%,附加值率增加 0.197%~0.342%;劳动要素扭曲系数每下降 1%,附加值率增加 0.215%~0.371%;能源要素扭曲系数每下降 1%,附加值率增加 0.069%~0.587%。总体来看,资本要素价格扭曲对于技术密集型行业价值链攀升水平的负面影响大于非技术密集型,而劳动和能源价格扭曲对非技术密集型产业价值链攀升产生的负面影响大于技术密集型。该结果可能与我国技术密集型产业资本价格扭曲依赖程度更高紧密相关,其能从另一个角度进一步表明,改善要素配置的市场扭曲情况是促进我国制造业各行业价值链攀升的一个重要途径。

此外,通过基础模型的实证结果我们还能发现,相比技术密集型产业,非技术密集型产业的被解释变量与模型中所设定的其他控制变量之间的关系并没有显示出相对显著的区别。这说明,我国技术密集型产业中,资本要素使用的比重相较劳动更高,但这并不会使其他控制变量对技术密集型产业出口国内增加率的影响更大。

二、拓展模型的稳健性检验结果

表 5-8 是第一个拓展模型的稳健性检验结果。总体来看,和之前的回归结果一样,其结果证实了资本、劳动、能源三类要素市场扭曲程度的加深都对我国制造业各部门通过分行业贸易附加值率体现的价值链攀升水平的提升产生了较为

---

① 技术、非技术密集型行业分别对应郭克莎(2005)文中高及中高、中低及低技术密集度的部门。
② 限于篇幅,我们在稳健性检验结果部分只显示了部分控制变量的回归结果,其余结果课题组备索。

严重的负面影响。具体而言，资本要素扭曲系数每下降1%，附加值率增加0.291%~1.319%；劳动要素扭曲系数每下降1%，附加值率增加0.019%~0.037%；能源要素扭曲系数每下降1%，附加值率增加0.058%~0.522%。这些结果同时说明，改善要素配置的市场扭曲情况是促进我国制造业各行业价值链攀升的一个重要途径。此外，依据拓展模型的实证结果，我们还能发现，在技术密集型行业样本中，资本、劳动、能源等要素扭曲水平与研发投入的交互项系数均显著为正，且相较非技术密集型行业系数绝对值更大。上述结论再一次证实了要素扭曲对附加值率的负面影响会因为研发投入的增加而降低，同时也会因为国有化程度的增加而加剧。课题组认为，技术密集型产业往往利用研发来获取在产品和专利市场更强的竞争优势，是导致要素扭曲与研发投入的交互项系数均显著为正且相较非技术密集型行业系数绝对值更大的主要成因。

  表5-9是第二个拓展模型的稳健性检验结果。其结果再次证实，资本、劳动、能源三类要素市场扭曲程度的加深都对我国制造业各部门通过分行业贸易附加值率体现的价值链攀升水平的提升产生了较为严重的负面影响。具体而言，资本要素扭曲系数每下降1%，附加值增加0.017%~2.672%；劳动要素扭曲系数每下降1%，附加值率增加0.020%~0.060%；能源要素扭曲系数每下降1%，附加值率增加0.068%~1.939%。这些结果同样再次说明，改善要素配置的市场扭曲情况是促进我国制造业各行业价值链攀升的一个重要途径。由交互项的系数可知，要素扭曲与国有偏向的交互项几乎都为负，这进一步证实了课题组在理论模型中所提出的第三个假说：要素市场扭曲对附加值率的影响会因为国有偏向有所加强。就现实的中国经济来看，出于发展地方经济的考虑，政府在要素价格方面，对国有企业和非国有企业并非一视同仁。地方政府为了取得政绩，往往对国有企业给予更多的政策优惠，这种做法成为要素价格非市场化的重要动因，也进一步加剧了要素价格扭曲对价值链攀升的不良影响。此外，相比非技术密集型产业，技术密集型产业的要素扭曲通过国有偏向对附加值率的影响更为显著。课题组认为，产生这种差异的原因可能是由于在不同的技术密集型结构行业中，国有企业的比重不同及行业对不同要素的需求程度不同。具体而言，非技术密集型产业以国有企业身份在市场中构筑垄断势力的普遍现象，很可能成为非技术密集型产业中资本、劳动、能源等要素扭曲系数均显著为负且绝对值更大的主要成因。

第五章 要素价格扭曲微观渠道影响制造业全球价值链攀升的实证检验

表 5-7 基础模型的稳健性检验结果

	技术密集型行业			非技术密集型行业			
	样本选择偏误模型	样本选择偏误模型	托宾模型	托宾模型	样本选择偏误模型	样本选择偏误模型	托宾模型	托宾模型
distk	−0.342* (1.76)		−0.503* (1.68)		−0.319* (1.81)		−0.197** (2.60)	
distl		−0.311* (2.53)		−0.210 (0.43)		−0.371** (2.53)		−0.226* (1.67)
diste			−0.222** (2.34)					−0.587 (0.17)
up2	1.361** (2.39)	1.631*** (3.35)	1.568*** (8.57)	1.568*** (12.12)	1.739** (2.99)	1.631** (2.51)	1.560** (8.12)	1.560*** (12.04)
lncapital	0.0298 (0.60)	−0.00893 (0.16)	0.141* (1.84)	0.141*** (2.60)	0.0680 (1.31)	−0.00893 (0.16)	0.138* (1.71)	0.138** (2.54)
lnlabor	−0.223 (1.44)	0.0226 (0.22)	0.00665 (0.07)	0.00665 (0.10)	−0.0512 (0.28)	0.0226 (0.22)	−0.00235 (0.02)	−0.00235 (0.03)
lnwg	−0.204 (0.62)	0.197 (0.62)	−0.0990* (1.81)	−0.0990** (2.56)	−0.300 (0.96)	0.197 (0.62)	−0.0994* (1.74)	−0.0994** (2.58)
indus	control	control	control	control	control	control	control	control
year	control	control	control	control	control	control	control	control
country	control	control	control	control	control	control	control	control
_cons	1.447 (0.15)	6.660 (0.65)	1.938 (0.60)	4.403 (1.08)	−0.139 (1.63)	−0.177** (3.02)	−0.0460 (0.35)	−0.0460 (0.51)

表 5-8　第一个拓展模型的稳健性检验结果

	技术密集型行业				非技术密集型行业			
	样本选择偏误模型	托宾模型	托宾模型	样本选择偏误模型	样本选择偏误模型	样本选择偏误模型	托宾模型	托宾模型
distk	−1.319* (1.81)	−0.497** (2.60)			0.291 (0.65)			
distl			−0.226* (1.67)			−0.224** (2.45)		
diste				−0.0587 (0.17)				−0.149* (1.42)
up2	1.739** (2.99)	0.143 (1.52)	−0.211 (0.40)	1.560*** (12.04)			−0.478 (0.40)	−0.192* (1.45)
			1.560** (8.12)		1.296** (2.27)	1.392** (2.36)	−0.243 (0.45)	1.542*** (8.09)
						1.392*** (3.28)		1.542*** (12.00)
distk × ln research	0.0680* (1.31)	0.00448 (0.07)			0.00960* (1.18)		0.00872* (1.12)	
distl × ln research		0.0226* (1.22)	0.138* (1.71)			0.0638* (1.68)	0.00628* (1.36)	
diste × ln research		0.197** (1.82)		0.0994** (2.58)				0.0722* (1.58)
						0.00740* (1.53)		
indus	control	control	control	control	control	control	control	control
year	control	control	control	control	control	control	control	control
country	control	control	control	control	control	control	control	control
_cons	−0.139 (1.63)	−0.177** (2.18)	−0.0460 (0.35)	−0.0460 (0.51)	0.0401 (1.03)	0.0749** (2.17)	−0.0147 (0.20)	0.0685 (1.05)
		0.00095 (0.01)				0.0749*** (3.00)	0.0685 (0.71)	
	−0.177*** (3.02)							

表 5-9 第二个拓展模型的稳健性检验结果

	技术密集型行业			非技术密集型行业		
	样本选择偏误模型	托宾模型		样本选择偏误模型	托宾模型	
distk	-2.672*** (3.119)	-0.503** (2.283)		-0.0178*** (3.161)		-0.0931 (0.0827)
distl	-0.0222*** (3.0011)		-0.0609*** (3.0017)	-0.0207*** (3.0012)	-0.274 (0.144)	
diste		-1.939*** (3.307)	-0.229*** (2.024)			-0.0680 (0.0450)
up2	-0.0813*** (3.0044)	-0.0721*** (3.0042)	-0.203*** (3.0072)	-0.217*** (3.0080)	-0.0445*** (3.0048)	-0.0740*** (3.0014)	1.716* (1.848)	1.422 (0.842)	1.677* (1.846)
distk × lnps	-0.0215*** (3.00066)	-0.0412*** (3.00138)		-0.0237*** (3.00345)	-0.0451 (0.0371)	
distl × lnps	-0.191 (0.79)		-0.0117*** (6.13)	-0.195 (1.25)	-0.0587 (-0.11)	
diste × lnps		-6.851*** (3.308)	-0.0369*** (2.024)			-11.50*** (3.117)	-0.759*** (3.173)
indus	control	control	control	control	control	control
year	control	control	control	control	control	control
country	control	control	control	control	control	control
_cons	0.522* (1.75)	-0.371** (-2.38)	-0.330 (-1.12)	-0.226** (-2.48)	0.263 (0.95)	0.330 (1.18)	-0.324*** (-3.40)	0.489*** (2.79)	0.489*** (4.14)	-0.149 (-0.28)	-0.192** (2.15)	0.293 (1.15)

表5-10 我国东部地区第一个拓展模型的稳健性检验结果

	技术密集型行业			非技术密集型行业		
	样本选择偏误模型	托宾模型	样本选择偏误模型	样本选择偏误模型	托宾模型	样本选择偏误模型
distk	−4.506*** (1.076)	−1.060*** (0.229)		−3.602*** (0.486)		−0.114 (0.0836)
distl	−0.123 (0.106)		−2.441*** (0.289)		−0.0207 (3.0012)	−20.54*** (0.998)
diste	−0.243* (0.105)		−0.229*** (2.024)		−3.463*** (0.152)	−4.234*** (0.934)
up2	−0.769 (0.588)	0.996*** (0.114)	−0.780*** (0.150)	1.643*** (0.264)	−0.417*** (0.0696)	1.405*** (0.271)	0.0734 (0.192)	5.882*** (0.274)	−0.145*** (0.0532)
distk × ln research	1.711*** (0.141)	0.442*** (0.129)		0.621*** (0.0237)		0.0672** (0.0239)
distl × ln research	6.982*** (0.561)		3.181*** (0.181)		0.621*** (0.0237)	0.377*** (0.0413)
diste × ln research	0.478* (0.189)		0.138*** (0.0339)	1.812*** (0.524)		0.323** (0.113)
indus	control	control	control	control	control	control
year	control	control	control	control	control	control
country	control	control	control	control	control	control
_cons	2.218*** (0.32)	0.139*** (0.03)	−0.231*** (0.03)	−0.493*** (0.07)	−0.673*** (0.09)	1.429*** (0.15)	−0.100 (0.33)	−1.545*** (0.25)	0.562** (0.19)	3.704*** (0.32)	−2.767*** (0.19)	1.713*** (0.23)

表 5-11 我国东部地区第二个拓展模型的稳健性检验结果

	技术密集型行业			非技术密集型行业		
	样本选择偏误模型	托宾模型		样本选择偏误模型	托宾模型	
distk	-0.132*** (0.0332)		-1.290*** (0.0780)	-1.789*** (0.151)		-9.111* (3.948)
distl		-0.0702** (0.0265)			-0.159*** (0.0260)	-1.144 (5.094)
diste		-0.237*** (0.0586)	-0.439*** (0.127)			-3.359*** (0.233)
up2	2.206** (0.706)	3.085*** (0.121)	42.26*** (3.203)	-0.949*** (0.147)	-1.714*** (0.406)	-1.711*** (0.141)	-3.085*** (0.121)	-3.463*** (0.152)	-11.48*** (1.851)	-0.162*** (0.0511)
distk × lnps	-0.0275*** (3.00066)		-0.0482*** (3.00138)	-0.0237*** (3.00345)		
distl × lnps		-0.193 (0.79)			-0.195 (1.25)	-0.0451 (0.0371)	-0.0587 (-0.11)
diste × lnps		-6.851*** (3.308)	-18.17*** (6.13)		-11.50*** (3.117)	-36.29*** (2.024)	-0.759*** (3.173)
indus	control	control	control	control	control	control
year	control	control	control	control	control	control
country	control	control	control	control	control	control
_cons	5.617** (2.181)	0.436* (0.200)	0.979*** (0.195)	-2.540*** (0.363)	2.199*** (0.462)	0.716 (0.942)	3.039*** (0.542)	-45.88*** (3.614)	20.75*** (1.165)	2.767** (1.064)	-20.06*** (1.385)	5.394*** (0.258)

表 5-12　我国中部地区第一个拓展模型的稳健性检验结果

	技术密集型行业				非技术密集型行业			
	样本选择偏误模型		托宾模型		样本选择偏误模型		托宾模型	
distk	-2.540*** (0.259)			-0.417*** (0.0696)		0.401*** (0.03)		
distl		-1.139* (0.519)	9.111* (3.948)			0.0686 (0.03)	-7.268 (5.198)	-7.268 (5.198)
diste	0.619 (0.400)	-1.904*** (0.254)		0.411*** (0.0375)				18.45*** (3.677)
up2	0.606*** (0.0310)	-0.0508 (0.927)	-0.867*** (0.0636)	0.561*** (0.0379)	0.237 (0.180)	-0.0445*** (3.0049)	-0.0740*** (3.0014)	-0.0445*** (3.0048)	1.716* (1.848)	1.422 (0.842)	1.677* (1.846)
distk × ln hnresearch				1.702*** (0.13)	2.463*** (0.13)		0.538*** (0.162)	
distl × ln hnresearch	3.827*** (1.091)		0.766 (0.57)			1.610*** (0.21)		3.013*** (0.295)
diste × ln hnresearch		1.801 (1.464)	0.738 (0.52)				0.737 (0.59)		2.215** (0.699)
indus	control	control	control	control	control	control	control	control
year	control	control	control	control	control	control	control	control
country	control	control	control	control	control	control	control	control
_cons	0.293 (1.15)	0.522* (1.75)	-0.371** (-2.38)	-0.330 (-1.12)	0.489*** (2.79)	-0.226** (-2.48)	0.263 (0.95)	0.330 (1.18)	-0.324*** (-3.40)	0.489*** (4.14)	-0.149 (-0.28)	-0.192*** (2.15)

表 5-13 我国中部地区第二个拓展模型的稳健性检验结果

	技术密集型行业			非技术密集型行业		
	样本选择偏误模型	托宾模型	样本选择偏误模型	托宾模型	样本选择偏误模型	托宾模型
distk	-3.085*** (0.121)	-3.366*** (0.533)		-3.085*** (0.121)		
distl	-5.276*** (0.603)		-0.949*** (0.147)		-3.463*** (0.152)	
diste		-0.321 (0.917)	-1.714*** (0.406)			-1.812*** (0.524)
up2	-4.506*** (1.076)	-0.243* (0.105)	2.441*** (0.289)	-3.602*** (0.486)	3.463*** (0.152)	0.114 (0.0836)	2.54*** (0.698)	4.134*** (0.934)	2.206** (0.706)	2.142*** (0.184)
distk×lnps	-0.0672** (0.0239)		-0.159*** (0.0260)	-1.789*** (0.151)	-9.111* (3.948)	-9.331* (3.926)		
distl×lnps	-0.377*** (0.0413)					-0.619 (0.400)	
diste×lnps		-0.323** (0.113)		-1.711*** (0.141)		-1.144 (5.094)		-3.827*** (1.091)
indus	control	control	control	control	control	control
year	control	control	control	control	control	control
country	control	control	control	control	control	control
_cons	0.142 (0.302)	0.132*** (0.0332)	0.0702** (0.0265)	1.290*** (0.0780)	0.237*** (0.0586)	0.439*** (0.127)	-1.711*** (0.141)	-6.982*** (0.561)	-0.478* (0.189)	0.442*** (0.129)	-3.181*** (0.181)	0.138*** (0.0039)

表 5-14 我国西部地区第一个拓展模型的稳健性检验结果

	技术密集型行业				非技术密集型行业			
	样本选择偏误模型		托宾模型		样本选择偏误模型		托宾模型	
distk	-1.801 (1.464)	-0.606*** (0.0310)		-0.606*** (0.0310)	-0.561*** (0.0379)		-1.904*** (0.254)	
distl	-2.540*** (0.259)		-0.606*** (0.0310)			-0.867*** (0.0636)		-0.411*** (0.0375)
diste		-1.139* (0.519)		-0.0508 (0.927)				-0.417*** (0.0696)
up2	10.97* (4.433)	3.099*** (0.463)	2.816* (1.225)	4.954* (2.374)	-1.139* (0.519)	160.3*** (22.66)	-52.02*** (8.649)	46.30*** (10.70)
distk×ln research	1.702*** (0.13)	0.401*** (0.03)			2.463*** (0.13)			-37.43*** (1.985)
distl×ln research		0.766 (0.57)	0.0686 (0.03)			1.610*** (0.21)	7.268 (5.198)	7.268 (5.198)
diste×ln research		0.738 (0.52)		0.0906 (0.10)				18.45*** (3.677)
indus	control	control	control	control	control	control	control	control
year	control	control	control	control	control	control	control	control
country	control	control	control	control	control	control	control	control
_cons	-0.769 (0.588)	-0.740*** (0.0564)	-0.810*** (0.0520)	-0.780*** (0.150)	1.643*** (0.264)	0.996*** (0.114)	-0.417*** (0.0696)	-0.145** (0.0532)

附：最后一列第二、三行数据：5.882***(0.274)；0.0734(0.192)；10.67***(0.929)；1.405***(0.271)

表5-15 我国西部地区第二个拓展模型的稳健性检验结果

	技术密集型行业				非技术密集型行业			
	样本选择偏误模型		托宾模型		样本选择偏误模型		托宾模型	
distk	-0.538*** (0.162)			-3.493*** (0.982)	-0.0458*** (3.651)			-0.0958 (0.0865)	-0.221 (0.124)
distl		-3.013*** (0.295)	-0.0642 (0.182)			-0.0292*** (3.0176)		
diste		-2.215*** (0.699)						-0.0637 (0.0421)
up2	2.218*** (0.32)	0.139*** (0.03)	-0.673*** (0.09)	1.429*** (0.15)	-0.100 (0.33)	-1.545*** (0.25)	3.704*** (0.32)	-2.767*** (0.19)
distk × lnps	-0.0257*** (3.7866)			-3.039*** (0.542)	-0.0287*** (4.60345)			1.713*** (0.23)
distl × lnps		-0.193 (0.79)	-8.17*** (5.73)			-1.178*** (3.226)		
diste × lnps						-0.295 (1.375)	-0.0271 (0.0971)	-0.0287 (-0.121)
indus	control	control	control	control	control	control	control	control
year	control	control	control	control	control	control	control	control
country	control	control	control	control	control	control	control	control
_cons	5.617*** (2.181)	0.436* (0.200)	2.199*** (0.462)	-2.540*** (0.363)	3.039*** (0.542)	-45.88*** (3.614)	2.767** (1.064)	-20.06*** (1.385)
		0.979*** (0.195)		0.716 (0.942)		20.75*** (1.165)		5.394*** (0.258)
				-6.19*** (6.11)		-11.99*** (3.987)		-0.339*** (3.982)
		-6.851*** (3.308)						

接下来,从表5-10~表5-15中我们可以发现,首先,地方政府对要素市场进行干预所导致的资本、劳动及能源价格扭曲对我国东、中、西部三大区域内,通过由企业层面数据测算出的出口国内增加值率体现的,不同行业的制造业价值链攀升水平的提高同样产生了不同程度的阻碍作用。其次,我们观察包含有能够反映要素市场扭曲影响价值链攀升水平作用机理的交互项系数,发现相应结果均证实了我们的理论假说。

第四节 内生性处理与工具变量回归结果分析

一、内生性问题与工具变量选取

在模型结果估计与分析部分,课题组面对的一个关键问题是如何解决内生性。遗漏重要变量是内生性产生的重要原因。举例而言,珠三角地区低端劳动力的平均收入长期低于长三角地区是一个较为普遍的现象,相关学者很可能将该现象产生的原因归结于两大区域内"人情型"和"市场型"两种不同的劳资纠纷处理模式,这些独特的模式很难通过相应指标直接量化及度量,这便会直接导致内生性问题。同样道理,制造业价值链攀升及要素价格扭曲的相关现象很可能受到不同的企业结构和制度等难以通过具体指标刻画的因素影响。而这些因素源于政府制度安排,且试图在研究中通过量化方法研究这种因素的难度很大,所以内生性问题的产生成为必然。目前,解决内生性的一个有效途径在于,寻找一个与解释变量紧密相关但与模型残差项相互独立的变量并将其作为工具变量。基于此,本书将各省份省委书记上任时距离退休的年限作为要素价格扭曲的工具变量,同时我们使用两阶段最小二乘法进行估计。以下对工具变量的选择做出进一步解释。

第一,根据徐现翔、王贤彬(2010)的观点,目前,我国地方政府行政官员升职需要考核经济绩效,这是改革开放后我国实施财政分权改革带来的重大转变。中央对地方官员的考核主要看地方经济治理"锦标赛式的竞争",而非之前的政治表现。如此一来,激励地方官员的政绩竞争模式变得普遍起来,造成的后果就是地方官员为了更快提升,采取的经济治理方式更加粗放。具体而言,为了实现引资、就业及 GDP 等多项经济指标的领先,不惜使用一系列可能引致要素价格扭曲的政策措施。

第二,我国政府部门行政人员在现行考核制度下,其行为往往针对考核的结果进行。这也就意味着行政人员的工作积极性不仅与行政周期、考核周期,还与个人利益及晋升速度紧密相关。而依据现行体制对退休年限的硬性规定,会出现地方官员任职周期超出其退休年龄,任期结束后其直接退居二线的情况。如此一来,在规定官员退休年限的制度下,一个官员的任职时间与退休年限间的年份较短,其经济绩效竞争的激励就较弱,经济治理的政策将会较正常任职周期的官员温和很多,通过各项措施干预要素市场进而导致要素价格扭曲的动机也相对偏弱。强制退休制度是中国当前官员治理政策中的关键规定。这个制度安排的核心是,如果地方"一把手"关于任期结束退居二线的预期强烈,那么相较上任时距离退休年限较短的地方"一把手"官员,其通过干预要素市场从而实现刺激辖内经济增长并进而实现政治激励的理性反应,明显偏弱。

二、基础模型的工具变量回归结果与分析

表 5-16 显示了将省委书记上任时距离退休的年限作为该研究工具变量的回归结果。我们对工具变量的第一阶段进行了回归,以对工具变量的有效性加以验证,结果与预期完全一致。在那些省委书记上任时距离退休的年限较长的省域,要素价格扭曲的水平倾向更高。此外,Cragg-Donald 统计量及 Hansen-Sargan 过度识别检验所得出的结论也进一步证实了工具变量选取的合理性[1]。

从估计结果看,资本及劳动要素市场扭曲与企业研发投入的交互项系数仍为正,并且通过了 1% 的显著性水平检验;资本及劳动要素市场扭曲和企业所有制类型的交互项系数仍为负,并且通过了 1% 的显著性水平检验。这充分证实了,

---

[1] 限于篇幅,我们并未给出第一阶段的回归结果,作者备索。

要素市场扭曲、地方政府国有偏向、企业研发、出口国内增加值率之间存在着客观内在的联动关系。此外，这些结果也再次证明，要素市场扭曲作为地方政府竞争的重要手段，不仅可以通过直接削弱企业研发动机抑制出口国内增加值率的提高，还可以通过扭曲资源在企业间的合理配置、恶化当地公平竞争的市场环境间接阻碍制造业出口国内增加值率的提高。

表 5-16 基础模型第二阶段工具变量的估计结果与分析

	所有行业		替代型行业		互补型行业	
distk	-0.767*** (0.0166)	-0.417*** (0.0422)				
distl			-0.511*** (0.00218)	-0.478*** (0.0211)		
diste					-0.289*** (0.00211)	-0.219*** (0.00333)
up1	-0.722 (0.417)	-2.456*** (0.378)	3.244*** (0.339)	2.128*** (0.411)	-0.166 (0.0855)	-2.917*** (0.265)
lncapital	0.0429*** (0.00118)	0.0693*** (0.00188)	0.0615*** (0.00111)	0.0212*** (0.00316)	-0.0255*** (0.00133)	0.0267*** (0.00317)
lnresearch	7.213*** (0.322)	5.166*** (0.317)	6.822*** (0.318)	0.0215*** (0.00033)	0.0229*** (0.00066)	0.0217*** (0.00127)
lnwg	3.956*** (0.121)	3.422*** (0.191)	3.524*** (0.135)	0.0811*** (0.00666)	0.0777*** (0.00555)	0.0666*** (0.00222)
lnlabor	5.188*** (0.222)	4.765*** (0.366)	4.285*** (0.342)	4.697*** (0.276)	7.888*** (0.298)	8.976*** (0.222)
_cons	0.0052 (0.0029)	0.0033 (0.0016)	1.315*** (0.109)	0.822*** (0.009)	8.533*** (0.822)	0.129 (0.082)
indus	control	control	control	control	control	control
year	control	control	control	control	control	control
country	control	control	control	control	control	control
R-sq	0.233	0.139	0.287	0.269	0.433	0.276

在控制变量方面，和本章前面各小节的结果类似，研发投入强度的系数大多

数都显著为正。随机效应模型的实证结果表明，研发投入强度提高1%，在运用不同方法测算要素价格扭曲的情形下，制造业出口国内增加值率上升0.0217%~7.213%。此外，大多数其他控制变量的系数和本章前面各小节的实证结果类似。

三、拓展模型的工具变量回归结果与分析

对拓展模型的工具变量回归，和前面的章节类似，我们同样采用了不区分区域差异的总体样本，在基础模型中分别加入资本市场扭曲与企业研发投入、企业平均国有资产的交互项；劳动市场扭曲与企业研发投入、企业所有制类型的交互项；能源市场扭曲与企业研发投入、企业所有制类型的交互项，以便更好地对要素价格扭曲和价值链攀升水平这两者之间的内在关联机理加以刻画。接下来，在此基础上，我们观察包含有能够反映要素市场扭曲影响价值链攀升水平作用机理的交互项系数，相应结果，均再次证实了我们的理论假说。我们不难发现，模型中资本、劳动及能源市场扭曲与研发投入强度的交互项系数显著为正，说明在控制其他因素的情形下，要素市场扭曲对出口国内增加值率的负向影响会因为更高的研发投入而削弱，而模型中资本、劳动及能源市场扭曲与企业所有制类型交互项的系数显著为负，并且都通过了10%的显著性检验。这表明在控制其他因素的情形下，要素市场扭曲对出口国内增加值率的负向影响会因为更强的国有企业这一特殊属性而得到增强。上述结论表明，尽管采用了能够缓解内生性问题的工具变量回归，但其结果还是进一步验证了前文提出的，资本市场扭曲可能通过抑制企业内研发投入及资源配置国有偏向来对制造业价值链攀升造成阻碍的重要机理。

其他控制变量的方向同样与我们的理论预期基本相符，资本密集度和劳动密集度对我国制造业价值链攀升水平的正向促进作用通过了1%的显著性检验。此外，研发投入水平提高1%，通过附加值率体现的价值链攀升水平将提高0.255%~7.691%。这也从一个侧面表明，由研发投入增加带来的效率提升有助于降低生产成本，扩大出口规模，这对行业总体价值链的攀升也具有积极的正面作用。通过平均工资加以反映的劳动力质量这一指标对各制造业附加值率提高的促进作用也非常显著，从回归结果中（见表5-17）我们可以看出，平均工资水平增加

1%能使通过附加值率体现的价值链攀升水平显著提高 0.0789% ~3.977%，这表明我国现阶段的劳动力禀赋优势的提高，尤其随着教育投入增加带来的劳动力质量的不断提升，同样会对制造业各部门附加值率的提高产生不可忽视的正面影响。

表 5-17 拓展模型第二阶段工具变量的估计结果与分析

	模型（1）lndva	模型（2）lndva	模型（3）lndva	模型（4）lndva	模型（5）lndva	模型（6）lndva
distk	-0.788 *** (0.0234)	-0.466 *** (0.0479)				
distl			-0.533 *** (0.00811)	-0.411 *** (0.0455)		
diste					-0.266 *** (0.00711)	-0.277 *** (0.00829)
up1	-0.712 (0.455)	-2.422 ** (0.344)	-3.938 *** (0.412)	2.911 *** (0.248)	0.155 (0.0827)	2.918 *** (0.233)
lncapital	0.0488 *** (0.00117)	0.0655 *** (0.00117)	0.0613 *** (0.00122)	0.0217 *** (0.00315)	0.0222 *** (0.00133)	0.0256 *** (0.00312)
ps	18.55 *** (0.561)	18.66 *** (0.612)	36.88 *** (2.055)	11.11 *** (1.128)	-6.519 *** (0.423)	11.55 *** (1.138)
lnresearch	7.691 *** (0.333)	5.988 *** (0.355)	6.869 *** (0.344)	0.0255 *** (0.00022)	0.0266 *** (0.00088)	0.0279 *** (0.00146)
lnwg	3.977 *** (0.155)	3.489 *** (0.166)	3.565 *** (0.177)	0.0829 *** (0.00411)	0.0789 *** (0.00457)	0.0688 *** (0.00366)
lnlabor	5.177 *** (0.289)	4.169 *** (0.343)	4.143 *** (0.378)	4.299 *** (0.251)	7.379 *** (0.222)	8.637 *** (0.389)
distk × lnresearch	9.16 *** (1.311)					
distk × ps		-0.0111 * (0.00326)				
distl × lnresearch			4.176 *** (0.256)			
distl × ps				-0.0235 (0.0167)		

续表

	模型（1）lndva	模型（2）lndva	模型（3）lndva	模型（4）lndva	模型（5）lndva	模型（6）lndva
diste × lnresearch					3.766*** (0.411)	
diste × ps						-0.0328*** (0.00123)
_cons	0.0055 (0.0049)	0.0027 (0.0019)	1.388*** (0.122)	0.677*** (0.032)	8.529*** (0.811)	0.188 (0.091)
indus	control	control	control	control	control	control
year	control	control	control	control	control	control
country	control	control	control	control	control	control
R-sq	0.287	0.119	0.222	0.235	0.458	0.277

第六章 研究结论与政策调整建议

第一节 研究结论

随着全球分工和价值链垂直分解日益深化,全球价值链和全球生产网络已成为经济全球化的主脉和框架。更广阔的全球发展格局和更广泛的网络合作为企业提供了内部能力发展的新动力和外部经济增长的新源泉,网络成长成为一种更优的企业成长模式。在全球生产网络中,原先垂直一体化的内部价值链逐步解体、分割,并利用跨界网络将在全球范围内选择的合作企业组织起来,最终形成全球价值链。在这个进程中,由于我国低成本的竞争优势已经丧失,且创新能力不足,所以依靠传统国际代工方式嵌入全球价值链的发展模式正受到愈来愈严峻的考验。与此同时,沿袭中国市场经济改革早期试图建立"政府主导型的市场经济"的思路,迫于政绩考核的压力,政府仍然保持着支配资源的大部分权力,这在很大程度上导致了劳动、资本、能源等要素的价格不能反映要素真实的稀缺程度,进而干扰了企业生产组织模式选择并对产业发展造成了诸多不良影响,故课题组围绕二者的相互关系这一重要议题展开研究。通过本课题的研究,我们得出以下几点结论:

(1)通过行业上游度反映的供应商在全球价值链中所处的位置,对能够反映价值链攀升水平的出口国内增加值率的影响,在具有不同行业特征的样本中表现出十分显著的差异。具体而言，对于以进口需求弹性较高为特征的互补型行业而言，以在价值链生产中需经历较多环节才能成为最终品为特征的价值链上游度的提高，将显著抑制能够反映价值链攀升水平的出口国内增加值率的提高；而对于以进口需求弹性较低为特征的替代型行业而言，以在价值链生产中经历较多环节才能成为最终品为特征的价值链上游度的提高，将显著促进能够反映价值链攀升水平的中国制造业出口国内增加值率的提高。

（2）不对行业和区域进行划分的全样本回归结果显示，资本、劳动、能源三类要素市场扭曲程度的加深，均对我国制造业各部门通过分行业贸易附加值率体现的价值链攀升水平的提升产生了较为严重的负面影响。具体而言，资本、能源、劳动市场扭曲的系数估计结果全部为负，且三者都通过1%的显著性水平检验，相应结果证实，资本和能源市场扭曲程度增加1%，制造业各部门通过分行业附加值率体现的价值链攀升水平分别减少0.431%、0.322%，同时，劳动市场扭曲程度加深1%会造成制造业各部门通过分行业附加值率体现的价值链攀升水平降低0.346%。此外，采用样本选择偏误模型、托宾模型及工具变量回归方法显示的结果均保持稳健。

按区域划分样本的回归结果显示，地方政府对要素市场进行干预所导致的资本、劳动及能源价格扭曲对我国东、中、西部三大区域内，通过由企业层面数据测算出的出口国内增加值率体现的，不同行业的制造业价值链攀升水平的提高均产生了不同程度的阻碍作用，但从这三大区域的比较来看，不同类型的要素价格扭曲对于不同区域制造业价值链攀升水平的影响存在明显差异。依据distK、distL和distE整体系数的绝对值判断，西部＞中部＞东部。也就是说，要素价格扭曲程度每增加1%，对区域内制造业价值链攀升水平的阻碍作用依东、中、西部顺序递增。此外，按行业技术密集度划分样本的回归结果显示，相较技术密集型产业而言，非技术密集型产业劳动与能源要素扭曲的系数绝对值更高，表明其对附加值率提升的负面影响更大，而相较非技术密集型产业而言，技术密集型产业资本要素扭曲的系数绝对值更高，反映出在技术密集型产业中，资本要素扭曲对附加值率提升的负面影响更大。

（3）不按照行业和区域进行划分的全样本回归结果显示，劳动及能源市场扭曲与研发投入强度的交互项系数显著为正，说明在控制其他因素的情形下，要素市场扭曲对贸易附加值率的负向影响会因为更高的研发投入而削弱,而资本、劳动及能源市场扭曲与企业平均国有资产交互项的系数显著为负,且都通过了10%的显著性检验,这表明在控制其他因素的情形下,要素市场扭曲对贸易附加值率的负向影响会因为更高的国有企业资产比例而增强。上述结论进一步说明,资本市场扭曲是通过抑制企业内研发投入及资源配置国有偏向两类渠道来对制造业价值链攀升造成阻碍。此外,采用样本选择偏误模型、托宾模型及工具变量回归方法显示的结果均保持稳健。

按区域划分样本的回归结果显示,要素价格扭曲通过影响资源配置国有偏向抑制当地制造业价值链攀升水平提升的效应在西部地区更为显著,而在东、中部地区并不明显;通过减少企业内研发投入抑制当地制造业价值链攀升水平提升的效应在西部更为显著,而在东、中部地区则相对较弱。此外,课题组还按行业技术密集度对样本进行了划分,进一步的回归结果显示,相比非技术密集型产业,技术密集型产业的要素扭曲通过研发投入来影响价值链攀升的作用更为显著且相应的系数绝对值更大,这表明要素价格扭曲通过研发投入对技术密集型产业价值链攀升产生的影响更大;相较技术密集型产业,非技术密集型产业的资本、劳动、能源等要素扭曲通过资源配置国有偏向阻碍价值链攀升的影响更为显著且相应的系数绝对值更大,这表明要素价格扭曲通过资源配置国有偏向对非技术密集型产业价值链攀升产生的影响更大。

第二节 政策调整建议

我国现阶段,在从以"量"取胜到以"质"取胜的转变中,应当不断优化国内生产资源市场化配置,逐步引导政府退出行政干预过度的要素市场,这对于改善贸易和外资结构,进而使我国制造业在全球价值链的利益分配格局中处于更加有利的地位,意义非常。具体来说,一是要改善土地、劳动力、资本和能源要素的市场扭曲,促进要素市场化改革,坚持绿色发展理念,逐步实现环境成本内部化;二是要转变政府职能,使政府在弥补市场失灵的同时发挥更大的投资和贸易便利化作用；三是要转变经济发展方式，促进产业结构升级，统筹内外，兼顾"质"和"量"；四是要引导企业不断优化内部要素结构，提高产品品牌形象，鼓励企业进行自主嵌入式价值链攀升。具体包括如下几个方面。

一、加快推进土地制度改革，规范政府对土地的管理

经过30多年的土地市场化改革，尽管我国已经建立了比较完整的以土地所有权转移和出让为核心的土地市场体系，但是财政分权体系驱使的纵向土地财政和地方政府政治晋升引致的横向外商投资争夺，导致土地价格扭曲现象仍然十分严重。目前，我国的土地征用模式是国家先低价征收农业用地，然后再分别以较低价格、超高价格出让给投资商和房地产开发商，虽然在这过程中，政府、投资商和房地产开发商都获得得了较高的利润，但这种土地征用模式引起的土地价格扭曲，既损害了被征地农户的利益，也抑制了民营企业价值链攀升的动力。为了在短期内达到发展经济、提高就业率的政绩目标，地方政府往往以极低的土地价格引入众多对土地等要素价格变动比较敏感的低技术含量和低附加值的"双低"企业，这类企业的进入容易造成土地资源的超额需求和过度使用，并形成一定程度的价值链低端锁定，进而使制造业丧失价值链攀升的能力。因此，通过创新土地制度，充分发挥土地制度的激励约束及资源优化配置的功能是帮助制造业企业获得价值链攀升动力的重要着力点，政府有必要明确农村土地产权，完善土地征收补偿制度，强化国家对土地的公共管理职能，继续完善土地流转制度。

首先，明晰农村土地产权。产权是激励约束、保障权益和优化配置资源的基础，只有产权主体明晰才会产生高效率的交易和谈判。农村长期以来的土地产权模糊是导致我国土地市场价格扭曲的主要原因，因此，原有的土地制度安排已不适应我国当前的经济发展需求，迫切需要对土地的产权体系进行改革创新。一方面，有必要明确现有的产权关系束，即所有权、使用权、转让权及其他与财产相关的权利关系，将处分权赋予农村土地，强化用益物权保障农民对于土地的财产收益权利；另一方面，在中国现行的土地制度下，国有土地和农村集体所有土地都存在土地产权主体不明导致的土地所有权虚置问题，因此，必须从法律上解决土地所有权的虚置，从其具体功能上去界定产权，在坚持农村集体土地所有制的

前提下，不断强化和完善集体土地使用权的物权属性，强化产权激励和约束。

其次，完善土地征收补偿制度，规范工业用地的定价方式。中国现行的土地征收和补偿制度的主要缺陷是定价非市场化，补偿费用的确定只考虑原用途，忽略了土地出让后的预期用途和土地市场的供需状况，造成土地价格的扭曲。因此，要解决因工业发展造成的土地资源价格扭曲，就应完善土地征收补偿制度，规范工业用地的定价方式。具体来说，我们可以从以下几个方面努力。第一，在避免耕地流失和规范土地用途的基础上，逐步放开政府对土地市场的干预。在这个过程中，政府只扮演对交易市场进行监管、对土地用途变更进行管制的角色，防止土地征用突破"耕地红线"，杜绝私用工业用地进行房地产投资的现象发生。第二，政府应成立仲裁服务机构对农地征用的冲突和法律问题进行裁决，同时，还应根据农地交易情况收取税收，对被征用农地所有者进行再分配。第三，从保障农民的可持续性收益和降低制造企业的成本压力出发，传统的征地方式转为跟农民签订土地租赁合约，并按年度付给农民租金。此外，还要注意由招商引资中非市场化的土地出让引起的价格扭曲，这就需要从以下两个方面规范政府招商引资的行为：第一个是建立有关利用土地招商引资的制度，严格限制非市场化的土地出让；第二个是设定招商引资门槛，限制对土地政策比较敏感的"双低"企业的进入。

再次，规范政府对土地的管理。政府对土地的管理应该坚持权责一致的原则，即土地所有权人获得的土地不仅受法律保护，还受法律约束，因此，对土地所有权实现进行有效监管是政府管理土地的关键所在。值得注意的是，政府对土地的管理重点是对土地所有权实现的保证和监督，而不是对土地的交易、流转进行过度的干预。换句话说，即政府对土地的公共管理是建立在法制和市场化基础之上的。此外，政府对土地进行管理还应关注土地被使用时所产生的环境问题，对超出土地既定功能、产生环境负外部性的土地使用不当行为及时收取罚金，甚至收回土地所有权。

最后，完善农村土地流转制度。土地市场价格扭曲归根结底是土地要素缺乏规范的流转制度，其在市场上不能自由流动，因此，完善农村土地流转制度是降低土地市场扭曲水平的重要途径。一方面，在互联网飞速发展的背景下，在确立农村土地产权的基础上，还要加强土地市场信息平台建设，把相关土地供需信息公开化、信息化。更为具体的是，政府要明确规定集体土地使用权的流转原则、范围、条件和形式，将土地使用权流转引入依法、公开、健康的运行轨道中来。另一方面，完善交易中介服务组织。土地使用权流转不仅涉及政府的确权政策和其对信息平台的建设扶持，还涉及交易主体各方，这就要求由专业的服务机构来提供地产市场信息发布、咨询、预测、评估等服务，所以政府要鼓励建立多种形式的服务机构，如土地银行、土地评估事务所、土地保险公司等。

二、加强劳动力市场建设，逐步破除劳动力区域间流动障碍

中国人口众多，实施多年的传统户籍制度曾在相当长一段时间内使劳动力市场的运行机制发生了城乡二元结构扭曲，同时，劳动者不能公平地享受社会福利，在社会保障、住房及教育等方面很难获取足够的资源，主要原因是各种制度安排使得劳动力资源很难在体制内和体制间进行自由流动，相应的优化配置也无法实现。因此，为改善劳动力市场的要素价格扭曲状况，有必要加强劳动力市场建设，提升人力资本质量。具体而言，就是要推进劳动合同立法、维护劳动者合法权益，深化户籍制度改革、消除劳动力流动障碍，完善社会保障制度、促进再分配公平，加大人力资本投入、提升人力资本质量。

首先，推进劳动合同立法，维护劳动者合法权益。就业市场上存在的种种不当的干预，强化了劳动者在"工资谈判"中的劣势地位，造成劳动力市场价格扭曲状况较为严重。对于劳动密集型行业而言，《劳动合同法》的实施规范了用工合同，提升了非正式和非固定劳动者的议价能力，有利于保护他们的合法权益，改善中国工业行业的工资扭曲现象。但值得注意的是，《劳动合同法》的一些规定还有待完善，同时户籍制度也存在一定问题，二者共同影响了人口的自由流动，制约了农村富余劳动力到城镇就业创业。因此，要适时调整完善《劳动合同法》，增强劳动力市场灵活性，促进劳动力在地区、行业、企业之间自由流动，建立劳资双方公平决定劳动者报酬的机制。

其次，深化户籍制度改革，消除劳动力流动障碍。实施多年的传统户籍制度是导致劳动力跨区域流动受限的重要因素，因此，改革户籍制度是扭转劳动力市场扭曲日趋加重局面的重要途径。总的来说，户籍制度改革要注意以下两个方面

的问题。一方面，中央要出台促进地方政府户籍制度改革的政策，明确改革成果考核指标。出于政绩考核等原因，地方政府可能会懈怠改革，中央要制定一个全面的实施计划，和地方政府共同承担改革的相关成本。同时，公安部要充分发挥户籍制度改革的牵头组织作用，切实加强顶层设计、政策研究和推动落实。另一方面，加快相关配套设施的建设，着力解决广大农业转移人口在教育、就业、医疗、养老、住房保障等方面的实际问题。

再次，完善社会保障制度，促进再分配公平。社会保障水平的跨区域、跨部门差异不仅提高了劳动力流动的成本，而且使区域、部门间劳动力市场存在着分割，导致劳动力的要素配置无法达到帕累托最优。要建立自由流动的劳动力市场体系、降低劳动力市场的扭曲程度、提升劳动力市场效率，就应建立完善的社会保障体系。建立完善的社会保障体系，可以从以下两方面进行：一方面，要增加公共财政对社会保障的投入，这需要建立健全公共财政收支体系，提升公共财政支出中社会保障投入的比例，为构建健全的社会保障体系提供资金支撑；另一方面，应该统一社会保障服务体系，从而为社会保障关系转移提供相关服务，在互联网愈加发达的背景下，应利用现代信息技术建立方便、快捷、规范的社会保障网络体系，以提升劳动力在自由流动过程中抵抗风险的能力。

最后，加大人力资本投入，提升人力资本质量。随着劳动力成本日益上升和人口红利不断减少，要想使我国制造企业在全球价值链的竞争中具有新优势，就必须推进劳动密集型产业转型，提升制造企业的劳动力质量，而提升我国整体的劳动力质量，最根本的是，政府要加快城镇化进程，改变农村和城市教育资源的二元差异状况，促进基础教育公平。同时，地方政府应加大财政投入力度，并设置专项资金对农民工子女进行资助，切实承担起发展基础教育的责任。此外，中央及地方政府应该重视劳动力培训，根据地方发展的需要，加强对毕业生和待业人员的职前培训，促进国家人力资本水平的提升。

三、完善金融市场功能，加快推动利率和汇率市场化改革

长期以来，我国政府对在银行信贷决策的干预及对利率的管控，导致银行贷款具有国有企业偏向，给制造企业的发展带来了诸多不良的影响。首先，银行在

当前没有充分发挥金融中介作用，导致与国有和大型企业获得的信贷支持相比，民营企业获得的资金支持相对较少，这不利于具有良好经济活力的民营企业的发展。其次，融资约束引发的资本价格扭曲，使得贷款成本低于经济最优水平，导致经济发展过度依赖投资和产能过剩。最后，金融系统变得越来越复杂。市场和金融机构的边界日益模糊，非银行金融机构和小额贷款业务日益增加，使得金融系统的风险逐渐增多。因此，必须加快金融改革，完善金融市场功能，促进资本价格要素市场化。完善金融市场功能，可以采取以下做法：一是要走渐进式的利率改革道路；二是要继续推进人民币汇率市场形成机制改革；三是要建立有效的商业银行风险机制。

第一，走渐进式的利率改革道路。政府对资本市场的干预，使得国有企业和民营企业间存在着融资成本差异和规模差异，急需进行存贷款利率市场化改革。然而，彻底的存贷款利率改革会带来商业银行的无序竞争，产生流动性风险，导致银行利润下降甚至倒闭，因此，利率市场化改革不可能一蹴而就，而是要走渐进式道路。渐进式的利率市场化改革主要是走逐步放开存款利率的浮动上限，通过银行业的竞争使存款利率适度上浮，改变长期低利率造成的要素市场扭曲，使利率在合理的区间内，反映出资本要素的真实价格。同时，也加强资本要素市场建设，完善投融资体制。需要特别注意的是，金融改革与国企改革、地方政府改革等结构性改革相互影响，只有改变政府的信贷干预问题，改变国企的预算软约束问题，改变地方政府融资平台的信用透支问题，金融资源的数量错配才能有本质的改善。

第二，继续推进人民币汇率市场形成机制改革。随着人民币被纳入 SDR（特别提款权），我国金融体系也应该进行相应的改革，只有如此，金融市场才能具有更高的抗风险能力。因此，继续推进人民币汇率形成机制中市场机制的配置作用是未来汇率改革的方向。首先，要逐步、渐近地推进人民币汇率的市场化进程。在努力使人民币汇率反映市场上货币供求关系的基础上，让人民币汇率在合理的区间内浮动，从而发挥人民币在国际收支平衡中的作用。其次，需加快外汇市场改革，充分发挥人民币汇率的市场配置作用。在外汇市场化进程中，积极稳妥地推进人民币资本项目可兑换进程，促进国内资本向国际资本市场有序流动，同时，不断创新外汇市场中金融衍生交易品种，从而为参与全球价值链的制造企业提供更完善的对冲和避险工具。最后，对短期国际投机资本流动加强监控。在人民币汇率市场机制形成的过程中，汇率的波动性会引起国际投机资本利用汇率变动获利，从而导致大量热钱频繁流入或流出，使制造企业大规模资金不足、发展滞后。因此，为形成稳定的汇率市场，同时避免大量热钱流动对制造企业投资产生冲击，有必要加大对国际资本的监管。

第三，建立有效的商业银行风险机制。一方面，随着理财产品的流行，理财客户应该承担相应的风险，改变"保守型理财"等于存款的观念，树立正确的风险观。另一方面，实行资本市场化改革，必须引导商业银行参与竞争，那么就需要商业银行制定相关的风险管理措施，同时，政府要针对被淘汰的商业银行建立合理的退出机制。

四、完善能源市场价格形成机制，促进环境成本内部化

长期以来，石油、天然气等能源较低的价格水平，形成了资本密集型增长方式，同时也带来了严重的资源浪费，因此，有必要调整能源市场的价格形成机制，而理顺价格关系，充分发挥市场机制引导资源配置的作用是调整能源市场价格形成机制的重点。具体来说，是要将国家指导价的适度浮动价和资源性商品合理比价下的市场自由价相结合，并建立一整套的辅助实行措施。首先，实行国家指导价的适度浮动价。基于市场供需调整，主要采用成本加成思路，以各种资源性商品标准成本为依据，实行一定比例的国家指导价适度浮动，实行资源性商品合理比价下的市场自由价。其次，借鉴国际通用的按热值计算的能源比价，结合我国实际的能源拥有情况，对煤炭、石油、天然气价格进行适度调整。最后，运用税收、财政、金融等多种方式完成能源价格市场化改革。比如，虽然是价格改革，但可以加大对使用节能节水产品和低油耗、低排量汽车，加大对浪费资源行为的惩罚性税收政策。

此外，长期以来，"高耗能、高污染、资源性"的粗放型增长模式造成了严重的环境污染和生态破坏，使中国经济、社会的可持续发展受到了严重威胁。为促进经济、社会的可持续发展，建设人与自然和谐共存的美丽中国，我们必须加大环境保护力度，不断促进环境成本内部化，走绿色发展的道路，这样做客观上

有利于我国经济的内外均衡。具体来说，我们可以从以下三个方面做出努力。

第一，将绿色发展指标纳入对地方官员的考核评价体系。事实上，我国已经出台了一些环境保护政策，但部分地方政府出于发展本地经济的目的，不注重环境污染现象，处理环境违法案件的力度也不够。因此，只有将绿色发展指标纳入对地方官员的考核评价体系，环境保护才能真正地被地方政府重视，才能真正行之有效。

第二，提高自然资源的使用效率，促进环境成本内部化。鉴于造成我国环境污染的主要原因是企业或居民使用资源的粗放方式，因此，应该采取措施提高资源的使用效率，以减少污染的排放。更为具体的是，在能源资源价格市场化的基础上，制定制造企业的环境标准，并采取惩罚和激励并举的环境保护政策，鼓励企业采用资源节约型的生产技术，对于环境友好型生产经营行为给予激励。

第三，鼓励绿色生产和消费，走绿色发展道路。无论是从我国经济发展的新要求还是减少碳排放的责任来看，鼓励企业进行技术创新、走绿色发展道路都是必由之路。具体来说，首先，鼓励企业加大对环境友好型技术的研发投入，促进企业技术创新。其次，对企业生产的产品进行绿色认证，在产品上张贴环保或绿色标识，便于消费者辨识。最后，鼓励消费者进行绿色消费，从而促进绿色生产企业的生产发展。

五、优化生产要素在企业间和行业间的配置结构，践行供给侧改革

在目前我国经济发展进入中高速增长的新常态时期的背景下，要素扭曲的存在及"高耗能、高污染、资源性"的粗放型增长模式加剧了传统要素优势成本的丧失、出口品技术含量低、附加值低和贸易摩擦形势严峻等困境给制造业出口企业带来的负面影响，在一定程度上造成了其全球价值链低端锁定的局面。因此，我们要改变要素驱动、投资驱动的粗放型经济发展方式，实现产业升级，提高资源使用效率，解决我国工业生产核心技术缺乏、产品附加值低的问题。

应当不断理顺企业间和行业间要素配置的结构，引导政府逐步退出要素市场，构建更为合理的要素价格市场化决定体系，进而促进资源被更多地配置到优质、有竞争力、有创新精神的企业中，让优质资源更多地流向有需求、有前途、

效益高的产业和经济形态,这样,我国制造业整体的价值链攀升水平才会借此提高。

企业是实现价值链攀升的主体,是资源和能力的集合体,资源是企业控制和拥有的要素的存量,能力是企业利用资源的才能,能否在竞争中取得竞争优势,关键在于企业是否具有利用资源、整合资源的能力。外部环境直接关系价值链各环节的不确定性,要素的变化直接关系企业升级的方式,需求力量的对比改变必然反映在价值链控制力量的变化,经济形势及国际关系的变迁也会综合影响需求关系及区域性的贸易转移。

引领新常态、推进供给侧结构性改革是现阶段推动我国制造业出口企业嵌入全球价值链高附加值环节的重要途径。首先,应按照"既要创造新供给,又要调整供给结构"的思路,利用新技术、新产业、新业态和新模式创造新供给,重塑比较优势,推动技术革新,调整供给结构。其次,新常态下供给侧结构性改革应在市场化、法制化建设基础上开展,着重在创新环境培育、税费改革、要素市场改革、自由贸易试验区实验改革和"一带一路"建设等方面推进出口贸易转型升级。最后,为切实体现科学发展,实现经济均衡可持续发展,就必须转变原来粗放型的经济发展方式,同时还应优化资源配置和产业布局,解决产能过剩、低水平重复建设和地区产业结构趋同的问题。鼓励东部沿海发达地区的企业根据自身实际把生产部门向投资环境日益改善的中西部地区转移,立足国内需求,以提供生产性服务的方式向中西部地区投入高级生产要素,延长产业价值链条,以获取更多的产业利润,增厚扩大再投资的物质基础,促进区域经济协调发展。

在这个进程中,政府应破除生产要素和商品在全国范围内的自由流通障碍、改变政府在制造出口领域充当资源配置主角的局面,并进一步发挥市场在资源配置中所起的决定性作用,逐步降低敌方政府控制制造出口企业生产要素使用价格的权限,以积极推动要素市场化改革,打造国企与民企公平竞争的市场环境,尽可能减少对不同所有制类型、不同产业获取资源的渠道与方式的干预,进而不断推动 GVC 中的高价值增值活动在本区域内植根并为之提供条件,即为推动本国走上"高端道路"创造基础。

六、引导企业内部要素配置结构不断优化，鼓励企业自主进行价值链攀升

政府在制定相关产业及贸易支持政策的同时，还必须通过纠正企业内部要素配置及其组合方面的扭曲，在微观层面促进我国制造业全球价值链的攀升。我国制造业在嵌入全球价值链，融入全球化的前提下，实现了跨越式发展。但随着时间的推移，我国制造业嵌入全球价值链越深，由于创新动力和创新能力的不足，越偏向于使用低级的劳动力要素。我国制造业大多数被锁定在全球价值链条中"附加值最低、最消耗资源、最破坏环境、不得不剥削劳动的制造环节"。具体表现为：我国劳动密集型制造企业垂直分工指数较低；贸易附加值逐年下降；技术复杂度指数显示我国还处于低水平的阶段。我国制造业全球价值链攀升需要政府首先改变传统的通过压低能源、劳动以及资本等生产要素使用价格来促进企业成长的粗放型经济发展战略，深入推行合理的产业资源配置政策，不断构建能够反映资源稀缺程度的要素价格体系，通过加大科研经费与财政投入，引导企业在要素市场中自主选择要素配置方式。

除此以外，在制定鼓励企业自主进行价值链攀升的相关政策方面，必须要结合产业在全球价值链中所处的位置，以及产业所嵌入的价值链内不同环节间的特定组织形式及相互间生产关系，综合考量。要结合产业链组织模式特色，不断加强建设高效的国家制造产业创新体系。并在此基础上进一步发挥企业内部各项创新要素的协同整合效能，以激发制造企业的创新竞争力。与此同时，重点鼓励和培育一批符合产业成长特色，专门为行业内相关企业融资投资决策和经营管理提供服务的咨询机构与组织，为制造企业提供信息配套服务。通过政策引导、搭建平台、创新合作体系、产业结构调整等方式，针对不同产业在全球价值链中所处位置以及不同行业的发展特性，一方面，逐步构建完整的国内价值链，延伸和拉长制造业的价值链条。另一方面通过鼓励企业走出去的方式，推动部分制造业向低成本国家转移，并借此逐步建立由我国主导的国际产业链。

综上，企业是实现价值链攀升的主体，是资源和能力的集合体，资源是企业控制和拥有的要素的存量，能力是企业利用资源的才能。能否在竞争中取得竞争优势，关键在于企业是否具有利用资源、整合资源的能力。通过纠正企业内部要

素配置及其组合方面的扭曲在微观层面促进我国制造业全球价值链攀升。我国制造业在嵌入全球价值链，融入全球化的前提下，实现了跨越式的发展，但随着时间的推移，我国制造业嵌入全球价值链越深，由于创新动力和创新能力的不足，越偏向于使用低级的劳动力要素。我国制造业大多数被锁定在全球价值链条中"附加值最低、最消耗资源、最破坏环境、不得不剥削劳动的制造环节"。具体表现为：我国劳动密集型制造企业垂直分工指数较低；贸易附加值逐年下降；技术复杂度指数显示我国还处于低水平的阶段。我国制造业全球价值链攀升需要政府首先改变传统的通过压低能源、劳动以及资本能生产要素使用价格来促进企业成长的粗放型经济发展战略，深入推行合理的产业资源配置政策，不断构建能够反映资源稀缺程度的要素价格体系，通过加大科研经费与财政投入，引导企业在要素市场中自主选择要素配置方式。同时，要推动企业品牌提升。一个重要的途径就是开展制造企业品牌建设，对新获得全球世界品牌、中国驰名商标、中国名牌的制造企业，均给予一定的奖励，并发挥知识溢出效应和竞争效应，带动其他制造企业主动优化内部要素配置，提升自身的竞争优势。

七、转变政府职能，进一步完善制造业价值链攀升的政策支持体系

在政府掌握生产要素定价权的局面没有得到改善的背景下，政府往往将价格低廉的生产资源配置给具备政治关联的国有企业。这种资源配置的人为扭曲容易导致出口制造企业在错误的信息中定制生产决策，对出口制造业的价值链攀升产生不利影响，进而阻碍产业结构的高级化进程、抑制制造业各部门出口企业的全球价值链攀升。因此，当前我国有必要厘清政府、市场、社会三者之间的关系。具体来说，一是要转变政府职能，推进行政体制和政府机构改革；二是实现政企分开，提高国企盈利能力；三是端正政府官员政绩观，建立中央和地方政府的新型关系。

（一）转变政府职能，推进行政体制和政府机构改革

政府干预导致要素市场扭曲而带来负面影响的事实要求政府要转变职能，逐步改变在市场资源配置、生产和分配中的角色，把微观主体的经济活动交给市场调节。政府由原来对微观主体的指令性管理转变为市场主体服务，为企业生产经营创造良好的发展环境，为产业结构调整创造环境、提供制度基础，为社会和民

众提供公共服务。

具体来说，政府有以下四个职能：第一，调节经济。政府应当科学实行相应决策，在制定和实行各项宏观政策的基础上，通过不断引导和调节国民经济的健康发展，继而达到共同富裕的最终目标；第二，市场监管。政府的本质功能在于为市场主体提供服务。具体措施包括，通过健全法律体系，规范各类经济主体的行为，来对正常的市场秩序加以维护；第三，社会管理和公共服务。为了营造好一个有利于国民经济发展的经济社会环境，政府需要对那些不以营利为目的的行业及相关事业单位进行必要的投入与支持；第四，管理国有资产。具体而言，国家应该致力于建立相对完善的管人、管资产和管事相结合的国有资产管理体制，并通过制定相关法律法规，做好能够履行出资人职责并在一定程度享有所有者权益的代表。

同时，在认清政府的职能之后，政府应该加快行政管理体制改革和政府机构改革，提高政府效率，建立服务型政府。党的十九大报告提出要"统筹考虑各类机构设置，科学配置党政部门及内设机构权力、明确职责"，由此来看，行政体制改革是政府机构改革的核心。因此，应将与单位行政权力捆绑在一起的"五公"权力分割出来，交给专门管理部门，并通过法律规范的方式，进一步明确机关事务管理局的行政职能，以保障行政对市场定价机制不会进行过度干预。

（二）实现政企分开，提高国企盈利能力

政府干预要素市场配置的原因，除了地方政绩驱动以外，还有政府与国有企业之间的政治关联，因此，转变政府职能的关键是实现政企分开。实现政企分开的首要任务是正确认识政府与国有企业的关系。对于政府与国有企业的关系，课题组认识到以下三点尤为关键：第一，政府应只对投入企业的资产享有所有者权益，对企业负债承担相应的有限责任；第二，企业应自主经营、自负盈亏、照章纳税，参与市场竞争，获取经济效益；第三，企业对其占有的国有资产负有保值增值的责任，政府监督企业资产运营和盈亏状况。

在正确认识政府与国有企业的关系后，应着手国有企业改革、精减国有企业人员、引入民间资本、给国有企业注入新的活力，引导国有企业技术创新、提高国有企业的盈利能力。首先，要加快国有企业改革、精减国有企业人员。大部分国有企业长期产能过剩、生产成本过高的积弊来源于不公平的招聘制度和冗余的

· 181 ·

非适配劳动力,因此,规范国有企业员工招聘制度、防止"裙带关系"泛滥、精简国有企业机构和人员是实现政企分开、提高国有企业盈利能力的重要途径。具体来说,国有企业应该从自身发展的战略出发,严格进行人员资格审查,保证员工与企业的适配性,妥善安置和补偿被精减员工。同时,要根据自身的改革发展需要,彻底革新招聘制度,使劳动力更具年轻化、竞争性。此外,政府还应该出台相应的措施,保证对失业员工的补偿,促进国有企业员工聘任制度的改革等。其次,要引入民间资本、加快完善现代企业制度、建立规范董事会。政企分开的一个困境是国有企业收益率不高、缺乏参与市场竞争的动力,根本原因是来源于委托代理制度的道德风险和逆向选择,缺乏利益相关者的监督,因此,拓宽社会资金的来源、将民间资本引进国有企业,可以增强国有企业活力,进而提高国有企业追求更高利润率的动力。最后,要引导国有企业技术创新、提高国有企业的盈利能力。为提高资源利用率和产品附加值,国有企业应着眼于自身提质增效的发展目标,寻求更为合适、更为创新、更为精进的经营方式。国有企业提高产品技术复杂度的一个途径是提升人力资本,这需要引入高素质的研究开发人员并加强内部员工培训。此外,对于不同经营状况的企业,政府应该奖罚分明,加大对经济效益好的企业的奖励和优惠政策扶持,而对效益不理想的僵尸企业,政府则要积极创造条件,帮助企业走上自我发展、良性循环的道路。

(三)端正政府官员政绩观,建立中央和地方的新型关系

驱使我国地方政府干预生产要素的配置,除了历史原因,更重要的直接原因是外资引进数量、地方生产总值增长率、就业率等都是地方干部考核的主要指标,是晋升的重要政绩依据。基于此,地方政府官员只关注短期的增长效益,而不考虑由其所采取的方式导致的扭曲可能引起的负面影响。因此,为了纠正各种人为扭曲,就应该改变地方政府官员的政绩观,确立中央与地方之间的新型关系,建立和完善科学的地方政府政绩考评体系,以保证地方经济发展的连续性、长远性和稳定性。

一方面,要真正转变政府官员政绩观,就必须确立中央与地方政府之间的新型关系。首先,要对中央与地方政府之间就财权、事权与调控权进行对称化改革,建立中央和地方政府财力与事权相匹配的财税体制,重点调整中央税与地方税的关系,从而破除地方政府"土地财政"的不良格局。其次,在不造成中央

与地方政府冲突的情况下，可以向地方政府授权，让其在地方事务的处理中拥有更多的自主权力，以方便其根据当地实际情况更加灵活地制定与调整政策，从而释放更多的改革红利。

另一方面，要真正转变政府官员政绩观，就有必要建立和完善科学的政绩考核体系。尽管我国已经进行了一系列的政府行政管理体制改革，但是目前地方政府的政绩考核体系仍然存在着考核项目空泛，考核标准缺乏科学依据等问题。在指标体系设置原则方面，考核指标体系应该综合反映经济、社会和环境的发展情况，不能片面地用经济指标代替其他指标；在指标体系设置内容方面，不能只偏重经济发展和 GDP 增长，要综合考虑教育、文化、卫生、环保等因素；在指标体系考核标准方面，不能只关注数字，要兼顾"质"和"量"。

此外，本项目发现，长久以来，单纯强调改变制造业全球价值链嵌入位置与嵌入深度的政策措施无益于提升真实的贸易利得。所以，为了能够同全球价值链生产环节当中的组织者争取更高的议价空间以实现价值链高端攀升，政府在统筹内外平衡、兼顾贸易的"量"与"质"的同时，应当从以下四点入手，进而对制造业价值链攀升的政策支持体系加以完善：

第一，政府在制定相关产业及贸易支持政策的同时，必须要结合产业在全球价值链中所处的位置，产业所嵌入的价值链内的不同环节间的特定组织形式及相互间的生产关系，进一步完善并综合考量。

第二，要结合产业链的组织模式特色，不断加强建设高效的国家制造产业创新体系，并在此基础上进一步发挥各项创新要素的协同整合效能，以激发制造企业的创新竞争力。

第三，重点鼓励和培育一批符合产业成长特色，专门为行业内相关企业制定融资投资和经营管理决策提供服务的咨询机构与组织，为制造企业提供信息配套服务。

第四，通过政策引导、搭建平台、创新合作体系、调整产业结构等方式，针对不同产业在全球价值链中所处的位置及不同行业的发展特性，一方面，逐步构建完整的国内价值链，延伸和拉长制造业的价值链条；另一方面，通过鼓励企业走出去的方式，推动部分制造业向低成本国家转移，并借此逐步建立由我国主导的国际产业链。

参考文献

[1] Anselin L., Varga, A., Acs, Z., 1997. Local Geographic Spillovers between University Research and High Technology Innovation [J]. Journal of Urban Economy, 42 (2): 442 -448.

[2] Atkinson S. E., R. Halvorsen. A Test of Relative and Absolute Price Efficiency in Regulated Utilities [J]. The Review of Economics and Statistics, 1980 (62): 81 -88.

[3] Anselin L., Raymond J., G. M. Flomax, Sergio J. Rey, 1998. Advance in Spatial Methodology, Tool and Applications [M]. Berlin: Springer Verlag.

[4] Antràs P., Davin Chor., 2013. Organizing the Global Value Chain [J]. Econometrica, 81 (6): 2127 -2204.

[5] Antràs P., E. Helpman., 2008. "Contractual Frictions and Global Sourcing". The Organization of Firms in a Global Economy [M]. Cambridge, MA: Harvard University Press.

[6] Antràs Pol, Davin Chor, Thibault Fally, Russell Hillberry, 2012. Measuring the Upstreamness of Production and Trade Flows [J]. American Economic Review, 102 (3): 412 -416.

[7] Amiti C., Freund J., 2008. An Anatomy of China Trade [R]. NBER Working Paper No. 33.

[8] Amurgo T., Pierola, L., 2008. Patterns of Export Diversification in Developing Countries [R]. World Bank Research Working Paper No. 5213.

[9] Allen, R. C., 2001. The Rise and Decline of the Soviet Economy [J]. Canadian Journal of Economics, 3 (4): 98 – 107.

[10] Aldwin R., Harrigan J., 2011. Zeros, Quality, and Space: Trade Theory and Trade Evidence [J]. American Economic Journal: Microeconomics, (3): 60 – 88.

[11] Berry, S., 1994. Estimating Discrete – Choice Models of Product Differentiation [J]. The Rand Journal of Economics, 25 (1): 242 – 262.

[12] Brenton K., Richard, T., 2007. Watching more than the Discovery Channel: Export Cycles and Diversification in Development [J]. China Economy Review, 22 (1): 117 – 131.

[13] Dean J. M., K. Fung, Z. Wang, 2011. Measuring Vertical Specialization: The Case of China [J]. Review of International Economics, 19 (4): 609 – 625.

[14] Fally T., 2012. On the Fragmentation of Production in the US [R]. Final Report for University of Colorado – Boulder.

[15] Gervais A., 2009. Price, Quality, and International Trade: Theory and Evidence [J]. Applied Economy, 11 (2): 213 – 255.

[16] Grossman G. M., E. Helpman, 2015. Outsourcing in a Global Economy [J]. Review of Economics Studies, 72 (1): 135 – 159.

[17] Hsiao C., 2006. Maximum Likelihood Estimation of Fixed Effects Dynamic Panel Date Model Covering Short Time Period [J]. Journal of Econometrics, 109 (2): 7 – 21.

[18] Hallak J., Sivadasan J., 2006. Productivity, Quality and Exporting Behavior under Minimum Quality Requirements [J]. Applied Economy, 12 (3): 113 – 137.

[19] Hallak J., 2006. Product Quality and Direction of Trade [J]. Journal of International Economics, 68 (2): 1 – 9.

[20] Hummels D., J. Ishii, Kei Mu Yi., 2001. The Nature and Growth of Vertical Specialization in World Trade [J]. Journal of International Economics, 54 (1): 75 – 96.

[21] Hsieh T., Klenow P., 2009. Misallocation and Manufacturing TFP in China and India [J]. Quarterly Journal of Economics, 24 (4): 1403 – 1448.

[22] Helble M., Okubo T., 2008. Heterogeneous Quality Firms and Trade Costs [R]. World Bank Policy Research Working Paper, No. 4550.

[23] Johnson Robert C., G. Noguera, 2011. Accounting for Intermediates: Production Sharing and Trade in Value Added [J]. Journal of International Economics, 86 (2): 224 – 236.

[24] J. Paul Elhorst, 2005. Models for Dynamic Panels in Space and Time, An Application to Regional Unemployment in the EU [R]. ERSA Conference Papers.

[25] Koopman R., Z. Wang, Shangjing Wei., 2008. How much Chinese Exports is Really Made in China—Assessing Foreign and Domestic Value Added in Gross Exports [R]. NBER Working Paper No. 14109.

[26] Kraemer K., G. Linden, J. Dedrick, 2011. Estimating Domestic Content in Exports When Processing Trade in Pervasive [J]. Journal of Development Economics, 99 (1): 178 – 189.

[27] Koopman, Robert, Zhi Wang, Shang – Jin Wei., 2014. Tracing Value Added and Double Counting in Gross Export [J]. American Economic Review, 104 (2): 459 – 494.

[28] Koopman R., W. Powers, Z. Wang, S. Wei, 2011. Give Credit Where Credit is Due: Tracing Value – added in Global Production Chains [R]. NBER Working Paper No. 16426.

[29] Koopman Robert, Zhi Wang, Shangjin Wei, 2012. Estimating Domestic Content in Exports when Processing Trade is Pervasive [J]. Journal of Development Economics, 12 (3): 5 – 27.

[30] Lejour A., Romagosa H., Veenendaal P., 2011. The Origins of Value in Global Production Chains [R]. Final Report for DG Trade, European Commission.

[31] Melitz J., 2003. The Impact of Trade on Intra – Industry Reallocations and Aggregate Industry Productivity [J]. Econometric, 71 (6): 1695 – 1725.

[32] Nerlove M, P. Balestra, 1996. Formulation and Estimation of Econometric

Models Panel Date, The Econometric of Panel Date [M]. The Netherlands, Kluwer: Mayas Press.

[33] Parker E., 1995. Shadow Factor Price Convergence and the Response of Chinese State – owned Construction Enterprise to Reform [J]. Economic Policy, 10 (1): 11 – 78.

[34] Rader T., 1976. The Welfare Loss from Price Distortions [J]. Econometrica, 44 (3): 123 – 157.

[35] Skoorka B. M., 2000. Measuring Market Distortion: International Comparisons, Policy and Computable Enterprises to Reform [J]. Applied Economics, 32 (3): 65 – 99.

[36] Upward R., Zheng Wang, Jinghai Zheng., 2013. Weighing China's Export Basket: The Domestic Content and Technology Intensity of Chinese Exports [J]. Journal of Comparative Economics, 41 (5): 527 – 543.

[37] Zhi Wang, Shang – Jin Wei, Xinding Yu, Kunfu Zhu., 2016. Characterizing Global Value Chains [R]. Working Paper No. 19821.

[38] 陈绵水、陈秋云：《后金融危机时期我国外贸结构调整方向及策略分析》，《国际贸易》2010年第4期。

[39] 陈永伟、胡伟民：《价格扭曲、要素错配和效率损失：理论和应用》，《经济学季刊》2011年第4期。

[40] 蔡昉、王德文、都阳：《劳动力市场扭曲对区域差距的影响》，《中国社会科学》2001年第2期。

[41] 蔡昉：《发展阶段转折点与劳动力市场演变》，《经济学动态》2007年第12期。

[42] 樊茂清、黄薇：《基于全球价值链分解的中国贸易产业结构演进研究》，《世界经济》2014年第2期。

[43] 付芳：《我国资本市场发展历程及多层次资本市场建设的对策》，《哈尔滨师范大学社会科学学报》2014年第5期。

[44] 冯猛、王琦晖：《什么影响了制造业行业内生产率结构变化？——基于1998~2007年中国工业企业数据的实证研究》，《产业经济研究》2013年第

3期。

[45] 樊纲、王小鲁、朱恒鹏:《中国市场化指数:各地区市场化相对进程2009年报告》,北京:经济科学出版社2010年版。

[46] 李廉水、周勇:《技术进步能提高能源效率吗?》,《管理世界》2006年第10期。

[47] 高敏雪、葛金梅:《出口贸易增加值测算的微观基础》,《统计研究》2013年第10期。

[48] 郭庆旺、贾俊雪:《中国全要素生产率的估算:1979~2004》,《经济研究》2005年第6期。

[49] 高宇翔、刘甜、杨洪全:《浅析中国土地市场的市场化进程》,《北方经济》2013年第8期。

[50] 耿伟:《要素市场扭曲、贸易广度与贸易质量——基于中国各省细分出口贸易数据的实证分析》,《国际贸易问题》2014年第10期。

[51] 郝枫、赵慧卿:《贸易自由化与中国要素扭曲市场的测定》,《统计研究》2010年第6期。

[52] 黄益平:《要素市场需引入自由市场机制》,《财经报道》2009年7月26日。

[53] 简泽:《市场扭曲、跨企业的资源配置与制造业部门的生产率》,《中国工业经济》2011年第1期。

[54] 林伯强、杜克锐:《要素市场扭曲对能源效率的影响》,《经济研究》2013年第9期。

[55] 李玉红、王皓、郑玉歆:《企业演化:中国工业生产率增长的重要途径》,《经济研究》2008年第6期。

[56] 李金华、李苍舒:《国际新背景下的中国制造业:悖论与解困之策》,《上海经济研究》2010年第4期。

[57] 李平、季永宝:《要素价格是否抑制了我国自主创新?》,《世界经济研究》2014年第1期。

[58] 罗德明、李晔、史晋川:《要素市场扭曲、资源错置与生产率》,《经济研究》2012年第3期。

[59] 李涛、胡学君：《市场政策演变与土地绩效评价》，《审计与经济研究》2006年第2期。

[60] 李小平、卢现祥：《国际贸易、污染产业转移和中国工业二氧化碳排放》，《经济研究》2010年第1期。

[61] 刘强、庄幸、姜克隽、韩文科：《中国出口贸易中的载能量及碳排放量分析》，《中国工业经济》2008年第8期。

[62] 李海舰、冯丽：《企业价值来源及其理论研究》，《中国工业经济》2004年第3期。

[63] 鲁晓东、史卫：《中国正在挤出东亚其他国家和地区的出口吗?》，《国际贸易问题》2011年第8期。

[64] 宁佰超：《对我国资本市场发展历程的简要梳理与评价》，《产权导刊》2012年第10期。

[65] 钱学锋：《企业异质性、贸易成本与中国出口增长的二元边际》，《管理世界》2008年第9期。

[66] 沈利生、唐志：《对外贸易对我国污染排放的影响》，《管理世界》2008年第6期。

[67] 施炳展、冼国明：《要素价格扭曲与中国工业企业出口行为》，《中国工业经济》2012年第2期。

[68] 盛誉：《贸易自由化与中国要素扭曲市场的测定》，《世界经济》2005年第6期。

[69] 盛仕斌、徐海：《要素价格扭曲的就业效应研究》，《经济研究》1999年第5期。

[70] 唐东波：《垂直化如何影响了中国的就业结构》，《经济研究》2011年第8期。

[71] 唐海燕、张会清：《产业内国际分工与发展中国家的价值链提升》，《经济研究》2009年第9期。

[72] 陶小马、邢建武、黄鑫、周雯：《中国工业部门的能源价格扭曲与要素替代研究》，《数量经济技术经济研究》2009年第11期。

[73] 王卓：《我国行业分类与国际标准行业分类的比较研究》，《统计研究》

2013 年第 4 期。

［74］王岚：《全球价值链背景下的新型国际贸易统计体系及其对中国的启示》，《国际经贸探索》2013 年第 11 期。

［75］王姝：《国际贸易 FDI 与污染转移——世界视角与中国实证》，复旦大学博士论文，2008 年。

［76］夏晓华、李进一：《要素价格异质性扭曲与产业结构动态调整》，《南京大学学报》2012 年第 3 期。

［77］冼国明、程娅昊：《多种要素扭曲是否推动了中国企业出口》，《经济理论与经济管理》2013 年第 4 期。

［78］向洪金、柯孔林、冯宗宪：《反倾销产业损害认定的理论与实证研究》，《中国工业经济》2009 年第 1 期。

［79］谢攀、李文溥：《政治关联、要素比价扭曲与再配置效应》，《经济管理》2015 年第 6 期。

［80］殷德生：《国际贸易，企业异质性与产品质量升级》，《经济研究》2011 年第 2 期。

［81］杨永华：《国际分割生产条件下的我国制造业比较优势分析》，《国际贸易问题》2013 年第 1 期。

［82］俞荣建：《基于共同演化范式的代工企业 GVC 升级机理研究与代工策略启示——基于二元关系的视角》，《中国工业经济》2010 年第 2 期。

［83］杨洋、魏江、罗来君：《谁在利用政府补贴进行创新？——所有制和要素市场扭曲的联合调节效应》，《管理世界》2015 年第 1 期。

［84］杨雪：《政府作用和劳动力市场发展——我国劳动力市场的改革与发展历程分析》，《科技风》2010 年第 10 期。

［85］钟昌标：《多重压力下我国出口贸易拓展的新思维》，《经济研究》2004 年第 12 期。

［86］张亚斌、李峰、曾铮：《贸易强国的评判体系构建及其指标化》，《世界经济研究》2007 年第 10 期。

［87］张杰、刘元春、郑文平：《为什么出口会抑制中国企业增加值率——基于政府行为的考察》，《管理世界》2013 年第 6 期。

［88］张少军:《全球价值链模式的产业转移与区域协调发展》,《财经研究》2009年第2期。

［89］张军、唐东波、詹宇波:《中国出口制造业的国外增加值》,《中国与世界经济》2012年第1期。

［90］张杰、周晓艳、郑文平、芦哲:《要素市场扭曲是否激发了中国企业出口》,《世界经济》2011年第8期。

［91］张友国:《中国贸易增长的能源环境代价》,《数量经济技术经济研究》2009年第1期。

［92］赵自芳、史晋川:《中国要素市场扭曲的产业效率损失:基于DEA方法的实证分析》,《中国工业经济》2015年第10期。

［93］踪家峰、杨琦:《要素价格扭曲影响中国的出口技术复杂度了吗?》,《吉林大学社会科学学报》2013年第3期。

后 记

时光荏苒,几经周转,本书出版在即。本书在 2014 年国家社科基金课题申报之际就已经开始构思,回想选题从构思到成文历经两年有余,不禁感慨万千。完成专著的过程是很艰辛的,但每当困惑、焦虑、沮丧来临之际,师兄王麒麟的自我劝慰语"待到论文付梓时,总有轻松来临时"总是涌上心头。当书稿真正停笔时,冀望已久的释怀并未降临,反而有万般思绪不断涌出。这些思绪有欣喜、有惆怅、有留恋,更有满腔的感激。时过境迁,如今该书虽然与研究前沿有一定距离,但总算有一本纸质书方便阅读参考,总算完成了一桩心事,欣慰之情溢于言表。

首先要特别感谢我的恩师袁红林教授。恩师"学高为师,身正为范",给予本人诸多的教诲、支持和帮助。他潜心钻研跨国公司与全球化治理模式十余年,学识渊博、治学严谨、为人谦逊、性格平和。在他悉心的指导下,我对于该书的内容体系建构有了许多新的认识和看法。此外,需要特别指出的是,在他的言传身教下,我懂得了许多为人处事的道理,明白了应该如何认真踏实地走自己的学术、人生道路。我的专著从最初选题到框架搭建,从中途多次撰写、修改到最终成稿,无不倾注恩师心力。当写作陷入迷境时,他寥寥数语总能让我豁然开朗。在生活中,恩师和师母也给予了我许多关心和照顾,无以言表的感激将永远铭记于心。

国际经贸学院的吴朝阳教授、许统生副教授、郑文副教授以及黄先明副教授的悉心指点使我丰富了理论学识、拓展了研究视野。需要特别指出的是,在课题结项报告的构思及撰写的过程中,诸位师长都曾给予悉心指点,为专著的最终成稿理清了思路。胡建国书记、廖勇勇副书记等院领导创造了良好的学习环境、提供了许多交流机会，使我受益匪浅。郭冰老师、夏跃强老师、宋武老师的辛勤工作为我解决了学习、资料查找及研究中的许多困难。与同行魏伟、谢锐、肖皓等的交流与探讨总能使我有意外之喜。王亚南经济研究院的王军辉同学在学习之余不仅常常与我探讨空间计量分析方法，还将许多计量软件的命令以及程序与我分享，为我博士论文的完成提供了极大帮助。曾淑桂同学为我收集数据资料，并对专著修改提供了许多中肯的建议。在此对他们表示我深深的感谢与敬意。

最后，感谢我的家人，正是他们无私的爱与包容才成就了今天的我。我深知博士毕业不过是一段求学生涯的结束，未来的路，难免会有荆棘塞途之时，但我坚信，有了这一段在江西财经大学的工作经历，有着家人、老师和同学们的鼓励与帮助，我一定能克服所有阻碍与困难。

蒋含明

2018 年 11 月 12 日于

江西财经大学国际经贸学院 317 室